Schriftstellerinnen V

KLG Extrakt

Herausgegeben von
Axel Ruckaberle

Schriftstellerinnen V

Herausgegeben von
von Carola Hilmes

Bibliografische Information der Deutschen Nationalbibliothek
Die Deutsche Nationalbibliothek verzeichnet diese Publikation in der Deutschen Nationalbibliografie; detaillierte bibliografische Daten sind im Internet über www.dnb.de abrufbar.

ISBN 978-3-96707-809-1

Umschlaggestaltung: Thomas Scheer
Umschlagabbildung: © Anita Ponne – stock.adobe.com

Das Werk einschließlich aller seiner Teile ist urheberrechtlich geschützt. Jede Verwertung, die nicht ausdrücklich vom Urheberrechtsgesetz zugelassen ist, bedarf der vorherigen Zustimmung des Verlages. Dies gilt insbesondere für Vervielfältigungen, Bearbeitungen, Übersetzungen, Mikroverfilmungen und die Einspeicherung und Verarbeitung in elektronischen Systemen.

© edition text + kritik im Richard Boorberg Verlag GmbH & Co KG, München 2024
Levelingstraße 6a, 81673 München
www.etk-muenchen.de
Satz: Claudia Wild, Konstanz

Druck und Buchbinder: Esser printSolutions GmbH, Westliche Gewerbestraße 6, 75015 Bretten

Inhalt

CAROLA HILMES
Einführung 7

GISELA ULLRICH / SIBYLLE CRAMER /
JULIA BERTSCHIK / TANJA VAN HOORN
Brigitte Kronauer 15

ECKHARD FRANKE / ROMAN LUCKSCHEITER / INGRID LAURIEN
Monika Maron 49

RIKI WINTER / MARTIN ZINGG / ESTHER KÖHRING
Gertrud Leutenegger 80

ANNA RAUSCHER
Esther Kinsky 104

KARIN HERRMANN / KATRIN DAUTEL
Karen Duve 115

PETRA GÜNTHER / SHANTALA HUMMLER
Sibylle Berg 139

LINDA KOIRAN
Anna Kim 154

ANNE FLEIG
Antje Rávik Strubel 171

KALINA KUPCZYNSKA
Teresa Präauer 184

JULIANA KÁLNAY
Nora Bossong 199

PETER LANGEMEYER
Nino Haratischwili 217

Biogramme 241

Carola Hilmes

Einführung

Im März 2019 veröffentlichte der Verein Deutsche Sprache einen *Aufruf zum Widerstand* gegen den „Gender-Unfug!" Zu den Initiatoren gehören der Journalist und Sprachkritiker Wolf Schneider, der Vereinsvorsitzende Walter Krämer sowie Josef Kraus, ehemaliger Präsident des Deutschen Lehrerverbandes, und last but not least die Schriftstellerin Monika Maron: „Die sogenannte gendergerechte Sprache beruht erstens auf einem Generalirrtum, erzeugt zweitens eine Fülle lächerlicher Sprachgebilde und ist drittens konsequent gar nicht durchzuhalten. Und viertens ist sie auch kein Beitrag zur Besserstellung der Frau in der Gesellschaft." (https://vds-ev.de/aktionen/aufrufe/schluss-mit-gender-unfug/) Unter den 100 Erstunterzeichnern sind 20 Frauen, davon acht Autorinnen, zwei Übersetzerinnen und fünf Germanistinnen bzw. Deutschlehrerinnen. Sie alle bevorzugen das generische Maskulinum, das auch die Frauen in den unterschiedlichen Berufen und ihrer gesellschaftlichen sowie privaten Situation mit meint (also eine Art stillschweigende Inklusion). Gendern, das sprachliche Verfahren zur fairen Behandlung von Personen, polarisiert. „Fast zwei Drittel der Deutschen lehnen einer Umfrage zufolge eine gendergerechte Sprache ab", heißt es in der „Frankfurter Allgemeinen Zeitung" im Mai 2021: „Die Bürger wollen keine Gendersprache" (https://www.faz.net/aktuell/feuilleton/debatten/grosse-mehrheit-laut-umfrage-gegen-gendersprache-17355174.html). Gendern nervt; es gibt doch Wichtigeres. Die stockende oder stolpernde Aussprache – ich sage nur „Spiegel_ei" – ist das wohl geringste Problem. Trotz aller Ambivalenzen und Schwierigkeiten trägt das Gendern zu einer größeren Sichtbarkeit der Frauen bei und verdeutlicht außerdem die Konstruiertheit von Geschlecht (hier sind die Männer mitgemeint). Auch die deutschsprachigen Schriftstellerinnen sind mit diesem Reizthema konfrontiert; für englische Autorinnen stellt sich das Problem so nicht.

Viele literarische Texte hinterfragen die sehr oft als selbstverständlich genommene Kultur und die gesellschaftlichen Machtverhältnisse, die traditionell patriarchal geprägt sind, also strukturell Männer bevorzugen. Die feministische Linguistin Luise Pusch (*1944 in Gütersloh) hat mit ihrem Buch „Das Deutsche als Männersprache. Diagnose und Therapievorschläge" (1984) Grundlagenarbeit geleistet. Die für die psychologisch differenzierte, sprachlich meisterliche Ausgestaltung ihrer Romane hochgelobte **Monika Maron** (*1941 in Berlin) schlägt einen anderen Karriereweg ein. Ihr Debütroman „Flugasche" (1981) thematisiert die Umweltverschmutzung in der DDR – Bitterfeld ist „die schmutzigste Stadt Europas" – und konnte nur in der BRD erscheinen. Im Juni 1988 reiste die Autorin mit einem Dreijahresvisum nach Hamburg aus. Seit 2010 vertritt sie islamkritische Positionen und gilt seit 2014 als Sympathisantin von Pegida. „Links bin ich schon lange nicht mehr", bekennt Maron 2017. Wegen ihrer Kooperation mit der neuen Rechten beendete der S. Fischer Verlag 2020 seine langjährige Zusammenarbeit mit der Autorin. Die streitbare Gesellschaftskritikerin war zwischen die Fronten geraten. Ein Fall von (linker) Cancel Culture ist das jedoch nicht (https://www.deutschlandfunk.de/fischer-verlag-beendet-zusammenarbeit-trennung-von-maron-100.html). Die Meinungsfreiheit ist hier nicht bedroht, wie Wolfgang Kubicki meint (https://www.faz.net/podcasts/f-a-z-podcast-fuer-deutschland/cancel-culture-wolfgang-kubicki-sieht-die-meinungsfreiheit-bedroht-17016903.html), denn Monika Marons Roman „Bonnie Propeller" konnte 2020 bei Hoffmann und Campe erscheinen. Die Debatten im Feuilleton dürften den Verkauf der Bücher eher befördert haben.

Für eine stärkere Sichtbarkeit von Frauen setzte sich Sibylle Berg 2018 ein mit der Initiative *Die Kanon* (https://diekanon.org/). Zusammengestellt sind 145 Frauen aus Literatur, Kunst und Philosophie, aus Politik und Geschichte, eine Alternative zum männlich dominierten Bildungskanon: „Frauen, die sie kennen müssen" (https://www.spiegel.de/kultur/gesellschaft/bildungskanon-welche-frauen-man-heute-kennen-muss-a-1224381.html). Dezidierte Gesellschaftskritik und ein ausdrückliches Votum gegen die als natürlich ausgegebene heteronormative Ordnung sind für Berg nicht zu trennen; sie selbst definiert sich als non-binär und reklamiert so für sich eine gender-non-konforme Position. **Sibylle Berg** (*1962 in Weimar) reiste 1984 nach Hamburg aus und lebt seit 1996 in Zürich. Mit ihrem Debütroman „Ein paar Leute suchen das Glück und lachen sich tot" (1997) landete sie einen Bestseller und zählt seither zu den erfolgreichsten Autorinnen der Popliteratur (vgl. KLG-Extrakt 2019). Ihr dystopischer Roman „GRM. Brainfuck" (2019) wurde nicht nur von der Literaturkritik gelobt, sondern war auch ein enormer finanzieller Erfolg; lange stand er auf der Spiegel-Bestsellerliste und wurde als „Grime. A Novel" (2019) ins Englische übersetzt. Die deutsch-schweizerische Autorin schreibt stark journalistisch; das gilt auch für ihre Dramentexte, in denen sie ebenfalls politisch und gesellschaftlich brisante Themen aufgreift, z. B. den Überwachungsstaat oder die Wohlstandsverwahrlosung von Jugendlichen. Persönliche und soziale Probleme sind nicht zu trennen; deshalb ist für Sibylle Berg Gendern wichtig. Intensiv arbeitet sie sich ein, spricht mit den Nerds, die vor Cyberangriffen warnen (vgl. „Nerds retten die Welt. Gespräche mit denen, die es wissen", 2020). Einigen ist der neueste Roman, „RCE. #RemoteCodeExecution" (2022), zu technisch, die Erzählhaltung zu düster, aber die Autorin bleibt – auch weiter und trotz alledem – engagiert, witzig und provozierend.

Gertrud Leutenegger (*1948 in Schwyz) ist eine Autorin der leisen Töne. Traumbilder, Erinnerungen und Reflexionen, Stimmungen und Assoziationen bestimmen ihr Schreiben. Ihre Romane und Erzählungen sowie ihre Gedichte und dramatischen Texte sind durchaus fortschrittskritisch und gendersensibel. Gelegentlich greift Leutenegger auf antike und biblische Motive zurück, um den alltäglichen Ereignissen Tiefe zu verleihen. Umweltzerstörung, die Gefährdung der Natur und die immer wieder scheiternde Sehnsucht nach Liebe bilden thematische Schwerpunkte eines lyrischen, zuweilen surrealen Schreibens. In „Matutin" (2008) und in „Panischer Frühling" (2014) eröffnet Leutenegger auch poetisch-ökokritische Perspektiven. In den 2022 erschienenen „Notaten" reflektiert sie ihr an Musikalität und Wahrnehmung orientiertes Schreiben; programmatisch nennt sie diesen Band „Partita".

Auch **Brigitte Kronauer** (*1940 in Essen; †2019 in Hamburg) gehört zur älteren Generation. 2005 wurde sie mit dem Georg-Büchner-Preis ausgezeichnet; zuerkannt wurde er „der spielerisch sicheren Erzählerin, die ihren Sinn für das scheinbar Banale, für Komik, Erotik und Sarkasmus hellhörig und präzise auf alles Doppelbödige in Gefühlen und Gesten richtet und so zu einer Meisterin des Vexierspiels, der höheren Heiterkeit und des musikalischen Schreibens wird." (https://www.deutscheakademie.de/de/auszeichnungen/georg-buechner-preis/brigitte-kronauer/urkundentext) Kronauer wurde eine Nähe zu Jean Paul und Ror Wolf bescheinigt; sie steht in der Tradition des französischen Nouveau Roman, ist also literarisch versiert und stellt konventionelle Erzählmuster infrage. Dazu bietet sie den traditionellen Bildungskanon auf, was auch produktive Dialoge zwischen Literatur und Kunst umfasst. Sie hat es in den Kanon der Gegenwartsliteratur geschafft; davon zeugt das für 2024 geplante Handbuch, das ihr literarisches und essayistisches Gesamtwerk vorstellt und würdigt; es gibt darin auch Querschnittsartikel, die systematische Aspekte behandeln wie Intertextualität und Intermedialität oder auch Frauenrollen, Kunst und Musik sowie Ökologie, Politik und Tiere.

Trotz der Auszeichnung mit unterschiedlichen Preisen bleiben viele Autorinnen eher unsichtbar. Das gilt insbesondere für Übersetzerinnen. **Esther Kinsky** (*1956 in Engelskirchen) übersetzte u.a. Olga Tokarczuk, Janusz Korczak und Joanna Bator. Sie lebte lange in London, in Ungarn an der Grenze zu Rumänien und Slowenien; derzeit hat sie ihren Wohnsitz in Berlin. Seit 2007 ist Kinsky freie Autorin; sie schreibt Romane, Gedichte und Essays. Reisen ist ein wichtiges Thema; Intermedialität (Text-Bild-Kombinationen) und Reflexionen auf die Sprache (Metasprachlichkeit) spielen immer wieder eine Rolle in ihren Texten, die sich zwischen den Genres bewegen. Kinsky ist eine Grenzgängerin. Ihr neuester Roman „Rombo" (2022) gehört zum Nature Writing; Thomas Steinfeld hat ihn einen ‚Geländeroman' genannt.

Anna Kim (*1977 in Daejeon, Südkorea) kam mit zwei Jahren erstmals in die BRD und lebt seit 1984 in Wien. Sie ist zweisprachig aufgewachsen, was die poetische Kraft ihrer Texte befördert. Aufgrund ihres Bildungswegs ‚germanisiert' wird sie von außen oft ‚koreanisiert', wie sie etwa in ihrem Essayband „Der sichtbare Feind" (2015) ausführt. Die Frage nach dem Verhältnis von Identität und Fremde ist für Kims Schreiben konstitutiv. In ihrem Roman „Anatomie einer Nacht" (2012) kritisiert sie am Beispiel Grönlands die europäische Kolonialpolitik. Ihr gut recherchierter historischer Roman „Die große Heimkehr" (2017) erzählt die Geschichte des Kalten Krieges in Korea;

es geht um Flucht, Bürgerkrieg und Gesinnungsterror. Sehr viel privater und doch immens politisch ist die „Geschichte eines Kindes" (2022), die in den 1950er Jahren im mittleren Westen der USA spielt: Das zur Adoption freigegebene Kind stammt von einem schwarzen Vater. Das führt mitten hinein in rassistische Kategorisierungen und identitätspolitische Debatten.

Auch **Nino Haratischwili** (*1983 in Tiflis, Georgien) ist zweisprachig. Sie studierte Filmregie in Tiflis und Theaterregie in Hamburg. Seit ihrer Studienarbeit 2006 verfasste sie viele, zum Teil sehr erfolgreiche Theaterstücke, in denen sie tagesaktuelle Probleme aus individualisierter Perspektive aufgreift und dabei gelegentlich auf mythologische und historische Stoffe rekurriert. Einem größeren Publikum wurde sie 2014 bekannt mit dem in Georgien spielenden Generationenroman „Das achte Leben (Für Brilka)", der „neben Stilelementen des magischen Realismus [...] metasprachliche Schreibstrategien" (Peter Langemeyer, KLG) aufweist. Die beiden neueren Romane setzen sich mit der zerfallenden Sowjetunion auseinander. Wurde „Die Katze und der General" (2018) von der Literaturkritik eher abgelehnt, werden ihre erzählerischen Qualitäten für „Das mangelnde Licht" (2022) gelobt; hier behandelt Haratischwili die ‚postsowjetischen Kriegsgrauen' in Georgien aus der Perspektive von vier Freundinnen. In der neueren deutschsprachigen Literatur sind mittlerweile viele Stimmen zu hören, die Probleme der Herkunftsländer der Autor*innen thematisieren und durch deren Mehrsprachigkeit das literarische Spektrum bereichern. Eingefahrene Erwartungsmuster und konventionelle Genregrenzen werden dabei immer wieder aufgebrochen und es entstehen überraschende Filiationen.

Gegen Ende der 1990er Jahre erfuhr die Literatur von jungen Schriftstellerinnen eine enorme Aufmerksamkeit, als Volker Hage im „Spiegel" (12/1999) das sog. ‚Fräuleinwunder' propagierte. Eine der Hauptvertreterinnen war Judith Hermann (*1970) mit „Sommerhaus, später" (vgl. KLG-Extrakt „Schriftstellerinnen II", 2019). Gelobt wurde die Rückkehr des Erzählens: „Die deutsche Literatur ist wieder im Gespräch und im Geschäft: Neue Autoren und vor allem Autorinnen fabulieren ohne Skrupel. Sie haben Spaß an guten Geschichten – und keine Angst vor Klischees und großen Gefühlen." (http://magazin.spiegel.de/EpubDelivery/spiegel/pdf/10246374) Das überaus fragwürdige Label funktionierte als Marketingstrategie sehr gut. Von ihr profitierten auch **Karen Duve** (*1961 in Hamburg) und ihr „Regenroman" (1999), der anspielungsreich und mit üppiger Bildlichkeit den Protagonisten sukzessive entmachtet. Seine Wunschwelt versinkt buchstäblich im Dauerregen der Moorlandschaft. Ebenfalls sehr erfolgreich war der auf eigene Erfahrungen zurückgreifende Roman „Taxi" (2008), der 2015 auch verfilmt wurde. Geschlechter- und gesellschaftskritische Aspekte werden bei Duve stets verbunden; so auch in ihrem Roman „Macht" (2016). Neuerlich hat sich Duve auf historische Stoffe konzentriert, zum einen auf die Autorin Annette von Droste-Hülshoff (2018) und zum anderen auf die österreichische Königin Sisi (2022). Duves unkonventioneller Blick rückt noch unbekannte Seiten der beiden Frauen in den Vordergrund.

Um Einfluss und Durchsetzungsmacht ging es **Antje Rávik Strubel** (*1974 in Potsdam) als sie die gegenwärtigen Möglichkeiten weiblicher Autorschaft in der Zeitschrift „Neue Rundschau" (H. 2, 2013) zur Diskussion stellte. Klug biegt sie die Analyse eines Gender-Bias um in die Frage nach dem Verhältnis von Schreiben und Erfahrung. Dabei geht es ihr um Qualität, nicht um Quote. Aber auch sie zählt, listet auf und rechnet, um das starke Ungleichgewicht zwischen den Geschlechtern im Literaturbetrieb u. a. Kulturinstitutionen aufzuzeigen. Jüngst hat Nicole Seiferts Buch „Frauen Literatur" (2021) diese Problematik publikumswirksam aufgegriffen. „Zu den empirischen Quellen Seiferts zählt der an der Universität in Rostock erstellte Datenreport #frauenzählen, der etwa zeigen konnte, dass Bücher von Männern doppelt so häufig rezensiert werden wie Bücher von Frauen – und nicht nur dies, Bücher von Autoren werden auch weit ausführlicher besprochen." (Rolf Löchel, https://literaturkritik.de/seifert-frauen-literatur,28358.html) Schriftstellerinnen sind sich dieser Problematik durchaus bewusst. ‚Frauenliteratur' als Nische ist für sie eine Falle. Wichtig sind Sichtbarkeit und Anerkennung, aber die hängen nicht nur von Schreibweisen und Themen, sondern auch von Marketingstrategien ab. Auf dem Buchmarkt wird mit harten Bandagen gekämpft; Innovation bleibt eine bewährte Münze, die von der Literaturkritik immer wieder ausgespielt wird.

Antje Rávik Strubel – sie arbeitet als Übersetzerin und als Autorin – gehört zu den ‚neuen Stimmen' der deutschsprachigen Gegenwartsliteratur. Anfangs setzte sie sich mit dem Leben in der DDR auseinander (Ost-West-Thematik), das sie mit Geschlechterzuschreibungen verband. Ihr Roman „Die blaue Frau" (2021) wurde mit dem Deutschen Buchpreis ausgezeichnet, eine #MeToo-Geschichte um eine junge Frau aus Osteuropa (Paul Jandl, NZZ). Auch **Nora Bossong** (*1982 in Bremen) äußert sich in ihren Gedichten, Romanen und Essays kritisch gegenüber Politik und Gesellschaft; das schließt Genderperspektiven ein, so etwa in den Generationenporträts „Die Geschmeidigen" (2022). Identitätspolitik spielt dabei kaum eine Rolle. Es ist vor allem der „neue Ernst des Lebens", ein Gefühl von Unsicherheit, Ohnmacht und Sorge, das Bossongs Selbstbefragung und ihr sozialpolitisches Engagement antreibt. Sie ist Mitbegründerin des PEN-Berlin und wurde 2023 zur Mühlheimer Metropolenschreiberin ernannt. Realistisches Schreiben, die Versprachlichung der Welt mit durchaus unterschiedlichen Mitteln, bezeichnet einen der breiten Hauptwege in der deutschsprachigen Literatur.

In unserer aktuellen Markt- und Mediengesellschaft ist aber nicht ausschließlich das Populäre erfolgreich. Viele Ausnahmen bestätigen die Regel. **Teresa Präauer** (*1979 in Linz) weiß immer neu zu verblüffen. Sie ist eine „dichtende Malerin und Performerin" (Kalina Kupczynska); gelobt wird ihr kreativer, zuweilen witziger Umgang mit Sprache und sie kennt sich mit „Poetischer Ornithologie" aus, wie ein Seminar an der Freien Universität Berlin (2016) zeigt. Ihr zweiter Roman, „Johnny und Jean" (2014), ist eine Satire auf den Kunstbetrieb, der folgende eine eigenwillige Auseinandersetzung mit Elementen des Popromans: „Oh Schimmi" (2016) ist ein Porträt des jungen Mannes als Affe – vielschichtig und überaus amüsant. Autobiografische Lesarten spielen dabei keine Rolle. Leichtigkeit und Humor zeichnen auch den jüngsten, von der Literaturkritik gelobten Roman aus: „Kochen im falschen Jahrhundert" (2023). Dass Präauer eine genaue, psychologisch versierte Beobachterin ist, verrät der Band „Mädchen" (2022), der die unterschiedliche Sozialisation der Geschlechter auf ungewöhnliche Weise erzählt.

Gender als Analysekategorie ist wichtig, denn zusammen mit anderen Differenzkriterien, wie Generation, Klasse, Ethnie, Glaube, Gesundheit etc. strukturiert sie Wahrnehmung, Erfahrung und Erinnerung. Gender und andere den gesellschaftlichen wie individuellen Zuschnitt der Figuren bedingende Unterschiede werden den literarischen Texten eingeschrieben und sind an ihnen ablesbar. In der je eigenen Lektüre können sie akzeptiert oder auch verworfen werden und, last but not least, sie können abgewandelt, umgemodelt und verändert werden. Dazu laden die fünf Bände von KLG Extrakt ein, in denen 50 Schriftstellerinnen der neueren deutschsprachigen Literatur vorgestellt werden: Lyrikerinnen, Dramatikerinnen und Erzählerinnen, Übersetzerinnen und Essayistinnen. Bei der Auswahl ging es weniger um die Einführung eines neuen, erweiterten Kanons, in dem nun auch preisgekrönte Autorinnen festgeschrieben werden, sondern es ging vor allem um eine größere Sichtbarkeit der vielfältigen, heterogenen literarischen Texte von Schriftstellerinnen, die auf Deutsch schreiben. Über die Anerkennung ihrer Leistungen entscheiden die Leser:innen.

GISELA ULLRICH / SIBYLLE CRAMER /
JULIA BERTSCHIK / TANJA VAN HOORN

Brigitte Kronauer

Seit Ende der 1960er Jahre hat Brigitte Kronauer Prosatexte und Aufsätze in Zeitschriften veröffentlicht; dann – 1974, 1975 und 1977 – erschienen drei Bände in Kleinverlagen: **„Der unvermeidliche Gang der Dinge", „Die Revolution der Nachahmung" und „Vom Umgang mit der Natur"**. Die etablierten Verlage lehnten ihre Manuskripte ab, und die Literaturkritik schenkte ihr keine Beachtung. Das änderte sich auf einen Schlag, als Klett-Cotta 1980 den ersten Roman („Frau Mühlenbeck im Gehäus") herausbrachte. Über die außerordentliche Begabung der Autorin waren sich nun die meisten Rezensenten einig. „Wie ist es möglich, solche Sätze zu machen und jahrelang den Suchstrahlen der Literatur-Akquisition zu entgehen? Solche Sätze werfen doch nicht nur mich um", fragte Hannelies Taschau 1980 in ihrer Besprechung. Und Uwe Schweikert schrieb 1984: „Gegenüber ihrer souveränen Mathematik des sprachlichen Spiels mutet der große Teil dessen, was sich jüngste deutsche Literatur nennt, höchst klippschülerhaft an."

Im Nachhinein fällt es nicht schwer, dies auch schon in Kronauers erstem Band „Der unvermeidliche Gang der Dinge" (1974) zu erkennen. Überschriften wie „Sechs Gefühle in drei Schritten bei zu verschiedenem Zeitpunkt erfolgter Benennung" oder „Vorkommnisse mit geraden und ungeraden Ausgängen" deuten allerdings darauf hin, dass nicht Geschichten im traditionellen Sinn zu erwarten sind. Kronauer benutzt vielmehr (wie sie selbst im Klappentext schreibt) die literarischen Konventionen, um „durch die Penetranz einer immer wieder durchgespielten, über die wechselnden Inhalte gestülpten Form die Machbarkeit von Realität zu demonstrieren". Indem sie die Erzählmuster verdeutlicht, führt sie dem Leser das Zurechtmachen von Wirklichkeit vor: „Vor aller Augen wird die Wirklichkeit durch den Geschichtenwolf gedreht." Zum Beispiel unter dem Titel „Verschiedene Ereignisse in gleicher Bewegung". Das Schema ist eine konstante Reihenfolge („jetzt schon' – ,noch immer' – ,jetzt bereits' – ,schließlich schon'), das die variablen Wahrnehmungsereignisse auf einen Ablauf festlegt. Eine sich ankündigende Veränderung stört die gewohnte Sicht. Darauf folgt zunächst ein retardierendes Moment, das auf Beharren im Vorgegebenen zielt, sich jedoch gegen die neue Betrachtungsweise nicht behaupten kann. Das Auge folgt bereits gespannt dem Wechsel. Eine Kontrastierung, eine Verschiebung von Linien, eine Verringerung von Abständen, ein Hervortreten von Einzelheiten bringt das vertraute Bild zum Einsturz. Dieser Text aus den frühen 1970er Jahren ist typisch für Brigitte Kronauers Erzählkunst: Wie bei einem Umspringbild kippt das Gewohnte plötzlich weg, und eine ganz andere, neuartige Welt entsteht. Es bedarf offenbar nur eines gesteigerten Hinsehens, um dem Alltäglichen die oberflächliche Bekanntheit zu nehmen.

Der Erzählungsband **„Die gemusterte Nacht"** (1981) enthält Arbeiten aus den Jahren 1969 bis 1980. Sie beeindrucken durch präzise Beobachtungen und kunstvollen Bau. Dem Nouveau Roman, der Brigitte Kronauer initiierend beeinflusst hat, sind sie im Misstrauen gegen vorgefertigte Wirklichkeitsdarstellungen nahe. Ebenso spürbar ist die Verwandtschaft mit Robert Walser im scheinbar unbefangenen Umgang mit den Konventionen. Diese „von klein auf gelernte Logik" desavouiert sie ja nicht, lässt ihr vielmehr neben der anderen, „aus eigener Kraft" hergestellten Anordnung der Dinge ihre Gültigkeit (wenn auch als „Exemplar aus allgemein dürftigem Sortiment"). „Wenn nicht dies, dann das!" ist der Titel einer aufschlussreichen Erzählung über die Erfassung und Beschreibung von Wirklichkeit. Dass diese „mal so, mal so", vertraut und fremd erscheint, nimmt dem Leser fast den Atem. Wie gemütlich die Geschichten auch immer beginnen mögen, eine Wachsamkeit, eine Beunruhigung ist schon da, und „plötzlich" (ein Schlüsselwort) nimmt der Gang der Dinge einen anderen Verlauf: „Mit etwas Konzentration: gelingt es mir, die gleichgültigen Einzelheiten mit einem Ruck wie Würfel auf einen Tisch zu setzen, ihre zufällige Anordnung zu einem Ergebnis zu machen, als hätte ich den Becher von ihnen gerissen und sie lägen nun, unterschiedlich wichtig, aber als Auskunft voneinander abhängig, offen vor mir."

Die Antinomie des Geschichtenerzählens – nach bekannten Mustern und „aus eigener Kraft" – bestimmt die Komposition und die Figuren des Romans **„Frau Mühlenbeck im Gehäus"**. Frau Mühlenbeck ist eine Heldin im traditionellen Sinn: deutlich charakterisiert, scharf umrissen, einprägsam, mit klaren Grundsätzen und stabiler Identität. Der Erzählerin dagegen, einer jungen Lehrerin, fehlen diese Eigenschaften. Name, Gesicht, Körper bleiben unbekannte Größen. Sie ist aufgelöst in ihre Wahrnehmungen, ihren Blick, ganz und gar in Anspruch genommen von der Entzifferung der Wirklichkeit in ihrer bedrängenden, diffusen Vielfalt.

Frau Mühlenbeck ist ein Naturtalent im Geschichtenerzählen. Was sie tut, was sie erlebt und erinnert – alles fügt sich zu kleinen Kalendergeschichten, die entweder auf ein Sprichwort hinauslaufen oder, umgekehrt, von einer Lebensweisheit ausgehen und diese exemplarisch erläutern. Ihre Standpunkte, aus Erziehung und Erfahrung gewonnen, sind sowohl Orientierungsmuster als auch Selektionsregeln. Verknüpfungen, Analogieschlüsse, Verallgemeinerungen, Deutungen und Wertungen machen ihr die Welt übersichtlich. Anhand der Anekdoten lässt sich die Richtigkeit ihrer Maximen beweisen, die nun wiederum das zukünftige Handeln leiten. Im Zirkel von Erlebnis – Lebensregel – Nutzanwendung, der sich auch sprachlich ausprägt in Wörtern wie ‚immer', ‚nie', ‚jedesmal', findet sie Geborgenheit: ihr Gehäuse. Nach diesem Muster verbinden sich die einzelnen Episoden zu einer kontinuierlichen, sinnvollen Biografie. Das Leben wird erzählbar als Kampf mit Siegen und Niederlagen, als Miteinander und Gegeneinander.

In ihrem Aufsatz über Ror Wolf und Robert Walser spricht Brigitte Kronauer vom „Schutz, den die Strukturierung von Wahrnehmungen zu Erlebnissen und Lebensläufen bietet". Die Erzählerin ihres Romans hat ihn nicht. Staunend hört sie Frau Mühlenbecks Geschichten und schreibt alles auf, als könnte ihr das Halt geben. Für sie ist die Wirklichkeit aufgesplittert in verwirrende, ungereimte Einzelheiten, die weder Zusammenhänge noch zielgerichtete Abläufe, weder Plan noch Sinn zeigen. Was sie in Selbstgesprächen berichtet, ergibt keine Geschichten und hat keine Ordnung. Sie kann keine Taten vorweisen und schon gar keine Prinzipien. Sie nimmt nur wahr; mit außerordentlicher Genauigkeit und nicht nachlassender Intensität, auf nichts vorbereitet, neugierig wie ein Kind.

Zwei Frauen stehen im Roman nebeneinander: die eine, lebenstüchtig, stützt sich auf ein Erfahrungsmuster, das sich in schweren Zeiten bewährt hat, das sie aber zugleich festlegt; die andere, handlungsunfähig, zerbricht am Reglement, das ihr fremd bleibt, weil sich nichts in der undurchschaubaren Welt von selbst erklärt. Zwei Monologe, zwei Möglichkeiten. Der kunstvolle, intelligente Bau hält sie – nicht als Entgegensetzung, eher als Entsprechung – in der Balance. Brigitte Kronauer zeigt, sie wertet nicht.

In allen sechs Kapiteln von gleicher Länge, die sich jeweils in drei Teile mit vier Unterkapiteln gliedern, sind die Aussagen beider Personen streng getrennt. Im ersten dieser Unterkapitel (und zwar fortlaufend, immer am Anfang der sechsmal drei Teile) erzählt Frau Mühlenbeck in wörtlicher Rede aus ihrem Leben, und im dritten aus ihrem gegenwärtigen Alltag, während sie im zweiten, gewissermaßen als nachgeliefertes Bild zum Originalton, von der Erzählerin bei ihrer Hausarbeit beobachtet und beschrieben wird. Diese Aufspaltung der Wahrnehmung in bloßes Hören und Sehen ist ein genialer Kunstgriff des Erzählens, der die Vorgänge in ihrer Unmittelbarkeit, ohne Deutung und Bedeutung, belässt. Die Erzählerin beschränkt sich auf das, was ihr erzählt wird und was sie selbst sieht. Sie hält sich heraus, lässt zu Wort und Bild kommen, geht keine Komplizenschaft mit ihrer Heldin ein. Erst im vierten Unterkapitel, vorstellbar als innerer Monolog der jungen Lehrerin, kommen ihre eigenen, unsicheren Erfahrungen der Welt zur Sprache. Anfangs chaotisch, konfus, dann aber von Kapitel zu Kapitel geordneter. Eine thematische Strukturierung (Schule, Freund, Urlaub, Natur) und schließlich eine chronologische wird erkennbar, der kompakte Textblock wird durch Absätze und Leerzeilen übersichtlich gemacht. Zunehmend verändert sich auch der Stil: Die Abschnitte beginnen jetzt mit Wörtern wie ‚einmal', ‚eines Tages' oder mit ‚ja', ‚ja sicher' und ‚natürlich', um den fabulierenden Charakter bzw. die Gültigkeit ihrer Aussage zu unterstreichen. Sie hat offenbar die Ingredienzen Mühlenbeck'scher Erzählpraxis adaptiert.

Die radikale Komposition des Romans verlangt vom Leser, dass er die übereinandergelegten Schichten in Beziehung setzen muss, „daß wir im Grunde auf allen vier Ebenen gleichzeitig, simultan zu lesen hätten. Der Text verweigert die Übergänge, die der Leser sich knüpfen muß" (Uwe Schweikert). Die vier Erzählstränge, die über sechs Kapitel auseinandergepresst wurden, fließen im nachfolgenden „Schlußkapitel" zusammen. Die Grenzlinien zwischen Heldin und Erzähl-Ich verwischen. Frau Mühlenbeck erzählt keine Geschichten mehr, redet nur noch in einzelnen Sätzen von Enttäuschungen, Versäumnissen, Ängsten: „Die leidenschaftlichen Augenblicke in meinem Leben habe ich tief vergraben. Aber sie existieren." Die junge Lehrerin sucht in der Krise den Rückhalt einer Ordnung, einer Einsicht, „etwas zum Festklammern, etwas Erwirtschaftetes, ein Anfang, mindestens ein Ende". Beide scheinen sich nun aufzulösen im Autor, da er seine Figuren zur Verdeutlichung, zur Literarisierung der Unvereinbarkeiten, die er wieder auf sich nimmt, nicht mehr braucht.

Mit einer verwirrenden Zahl von Leuten beginnt der zweite Roman, **„Rita Münster"** (1983). Wie bei einem Totentanz treten sie hervor, ziehen vorbei, verschwinden, werden wieder herangeholt und weggeschoben in raschem Wechsel. Als ginge es darum, den Leser mit immer neuen Geschichten bei Laune zu halten, wird erzählt und erzählt.

„Ich muß sie unentwegt in meinem Kopf halten, damit sie nicht steckenbleiben und nicht versinken." Die Erzählerin, hier noch anonym (erst im zweiten Teil nennt sie ihren Namen: Rita Münster) steht in einem eigentümlich widersprüchlichen Verhältnis zu diesen Menschen. Sie beobachtet sie geradezu mit Besessenheit, charakterisiert rücksichtslos, plaudert Intimitäten aus, lässt sich jedoch nicht hineinziehen in ihre Geschichten und Raster. An ihren alltäglichen Katastrophen und kleinen Schicksalen verliert sie plötzlich die Lust: „Nein, sie interessieren mich alle nicht, aber sie ähneln sich in ihrer Stauung."

„Stauung" bezeichnet einen Zustand der Bewusstlosigkeit, eines schlaffen Dahindösens im Alltäglichen, und hat seine Entsprechung in einer flachen staubigen Landschaft, in „Tagen ohne Leuchtkraft" unter einem „grauen, gleichmütigen Himmel". Wie in „Frau Mühlenbeck" gibt es auch hier kein ‚richtig' oder ‚falsch', sondern nur ein Nebeneinander von zwei Möglichkeiten.

Im ersten Teil des Romans ist Rita Münster Beobachterin der Außenwelt. Nur gelegentlich gibt sie sich zu erkennen als eine, die – im Gegensatz zur Umwelt – unter der Gleichgültigkeit leidet. „Vergangenheit und Gegenwart sehe ich als gewaltigen, unterschiedlich dichten Block, davor eine schaumige Masse: die Zukunft, die Zentimeter für Zentimeter erstarrt und sich verfestigt, bis sie Vergangenheit wird."

Der zweite Teil setzt neu an. Rita Münster ist jetzt Hauptfigur. Ihr Ich ist ausschließlicher Gegenstand der Wahrnehmung, genauer ihr Verhältnis zur Zeit, die sie nicht mehr als träges Dahinfließen, sondern als Raffung und Dehnung erfährt. In äußerster Konzentration lebt sie dem Sommer entgegen, in dem sie eine Woche mit einem Mann am Meer verbringen wird. Diese – von der Erzählerin wie vom Leser lange erwartete – Begegnung wird dann ungewöhnlich lapidar, auf knapp zwei Seiten, behandelt, im dritten Teil allerdings fast wörtlich noch einmal aufgenommen. Die Wiederholung bekräftigt ihre Bedeutung, zwar nicht als Handlungsverlauf für eine Geschichte, sondern als Augenblick großer Klarheit, in dem ihre zeitliche Begrenztheit aufgehoben ist. Rita Münsters Erkenntnis, dass etwas „Überschäumendes" in ihr steckt, greift über die Gegenwart hinaus: „Es war noch gar nicht so zu Ende, wie es schien, und in allen Tagesläufen anwesend, auch in meiner Kindheit, in meinem Leben auf den Tod zu."

Der letzte Teil geht, einen neuen Anlauf nehmend, weit zurück in die Kindheit. Als würde die Wirklichkeit in einer Art konzentrischer Verdichtung von Kapitel zu Kapitel radikaler wahrgenommen und immer neu gewonnen, endet der Roman mit einer Apotheose des Sehens in einem einzigen Moment, der Raum und Zeit und die ganze Erde erfasst. Klaus Sandler beschreibt „Rita Münster" als ein Buch, „das auf vielen Ebenen einen erbitterten Kampf gegen Konvention, Regression darstellt, gegen Vereinnahmungstendenzen des Literaturbetriebes im Allgemeinen und die einer sogenannten Frauenliteratur im Besonderen – ein unaufhaltsamer Wille zum Neuen, eine Absage an Klischees und Wiederholungen". Auf Geläufiges oder Geglättetes kann der Leser nicht zählen. Jeder Satz muß nachvollzogen, miterfunden werden. „Die Sprache ist ihr das Messer, mit dem sie wie der Chirurg, wie der Anatom unter die Haut, unter die Oberfläche dessen, was man Leben nennt, vordringt. Sie folgt der Sprache bis zu dem Punkt, wo die Worte eine fast schon körperliche Intensität und Obszönität annehmen. Schreiben als Erfahrung, Erkundung, Ich-Erweiterung, aber jenseits aller Psychologisierung." (Uwe Schweikert)

Brigitte Kronauers **„Aufsätze zur Literatur"** (1987) entstanden zwischen 1975 und 1986 und spiegeln die „eigene Entwicklung, die sich mir hauptsächlich in einer Wandlung des Begreifens von Wirklichkeit und den unerlässlichen Konsequenzen für das Literaturverständnis darstellt" (Vorwort). Ihre Erkundungen sind präzise Analysen, die von ihr wohl nur deshalb als vorsätzlich nicht-wissenschaftliche bezeichnet werden, weil sie Antworten auf die Frage nach der poetischen Wirklichkeit suchen. Was sie an den fremden Texten reizt, ist die Anstrengung, mit allen Mitteln der Kunst die „gebräuchliche Welt", die Denk- und Sprachmuster zu durchdringen. Auf der Basis dieser Gemeinsamkeit kommentieren die Aufsätze zugleich ihre eigenen Intentionen.

Ihre an die Hauptfigur delegierte Affinität zum Werk Joseph Conrads ist ein konstitutives Element im Roman **„Berittener Bogenschütze"** (1986). Der Literaturwissenschaftler Matthias Roth schreibt an einem Aufsatz „Die Leere, Stille, Einöde im innersten Zimmer der Leidenschaft": eine Darlegung des illusionären Charakters und der Unmöglichkeit der Leidenschaft, die er aus Conrads Geschichten analysiert, ausgehend von den Umarmungen der Liebespaare, die auf dem Höhepunkt des Verlangens in der klassischen Pose erstarren. Roths Reflexionen über Conrad werden in jedem Kapitel unter einem neuen Aspekt, der mit seiner Situation und Wirklichkeitserfahrung korreliert, aufgegriffen und entfaltet. Sein Leben stützt sich (in den Kapiteln 1 bis 3) auf eine Wirklichkeit aus zweiter Hand, extrapoliert aus Conrads Texten oder, im banalen Bereich, aus den Klatschgeschichten seiner Vermieterin, und selbst die Menschen seiner Umgebung fixiert er auf Muster und Bilder seiner Vorstellung. In der Stadt, in Kaufhäusern, Supermärkten, Boutiquen, Kunstausstellungen – überall enthüllt sich ihm die Einzigartigkeit als Pose, als Schein. Nirgends findet er den Widerstand der Wirklichkeit, den er sucht. Conrads ambivalenten Figuren verwandt, ist er süchtig nach Schönheit, glaubt aber, dass diese nur mittels Manipulationen der Wirklichkeit zu erreichen sei.

[...]

Brigitte Kronauers grundlegender Idee, dass das unbestimmte Verlangen aller Menschen nach einer äußersten Möglichkeit allein durch eine Anspannung, einen Sprung zu erfüllen ist, sind nicht nur die Metaphern von Gold, Glanz und Aufleuchten untergeordnet, die eine latente Energie verheißen; kalkuliert ist auch ihr Spiel mit dem Bedeutungsvollen – wie mit Giselas von Anfang an rätselhaftem Lächeln –, das beim Leser unerklärbare Vermutungen weckt. Dem Umschwung entspricht das Kompositionsprinzip „immer schon – plötzlich", das Brigitte Kronauer bereits in frühen Erzählungen verwendet hat und das sie in diesem Roman mit einer fünf Kapitel langen Stauung auf die Spitze treibt. Diese für sie charakteristischen Verzögerungen wiederholen sich auf der Ebene der Syntax in weiten (manchmal überanstrengt wirkenden) Spannungsbögen, die das Ziel der Aussage hinausschieben. Detailbeobachtungen unterbrechen ständig die Ereignisabläufe und Gedankengänge: In Sprüngen geht es hin und her zwischen Kopf- und Außenwelt, zwischen Naheinstellung und Totale, Alltäglichkeit und Emphase. Den Komponenten der Zersplitterung sind stille Tableaux, leitmotivische Fixpunkte und ein mathematischer Aufbau entgegengesetzt.

Sechs gleichlange Kapitel gliedern sich in sieben Sequenzen zu je fünf Abschnitten, die bestimmte Handlungselemente von Kapitel zu Kapitel (lediglich in der Abfolge variierend) periodisch weiterentwickeln. Diese fungieren innerhalb der Gesamtkonstruktion als raffinierte Spiegelungen, Wechselbeziehungen und Parallelen, so etwa die zur Single-Existenz der Hauptfigur alternativen Lebensformen: die ländliche Familienidylle oder das „glückliche Paar" bei den Freunden, die Kleinbürgerehe der Vermieter und die Außenseitersituation der sozial verachteten Zimmernachbarn. Weniger augenfällig als bei den beiden ersten Romanen ist allerdings die Symmetrie des Bauplans, dessen Konturen sich durch Überlappungen verwischt haben.

Raum, Zeit, Handlung und Personen im Roman **„Die Frau in den Kissen"** (1990) sind auf ein Minimum reduziert: Zwischen einem Vormittag und dem nächsten Morgen bewegt sich die Erzählerin nicht weiter als vom Zoo bis zu einem Mietshaus, in dem sie eine alte Frau besucht. Gleichzeitig aber erreichen ihre Gedanken – in der Rückschau auf den Übergang vom Wachen in den Schlaf der vergangenen Nacht – kosmische Dimensionen; denkt sie sich, im Zoocafé sitzend, ans Mittelmeer, wo ein fiktiver Tag vergeht, während sie zwei Kännchen Kaffee trinkt. Zu den abschweifenden Vorstellungen und Reflexionen, die den realen Zeitverlauf sprengen, bildet die kontinuierlich kreisende Erde, die das Leben im Tag- und Nacht-Rhythmus strukturiert, ein Gegengewicht. Eine einzige Erdumdrehung ist der feste Rahmen um die fünf Romankapitel, die zunächst zusammenhanglos wirken und erst beim Weiter- und Wiederlesen das Muster ihrer Verknüpfungen erkennen lassen. Sie entstehen nicht aus dem Handlungsfortgang, sondern aus Kontrasten, Entsprechungen, divergenten Blickpunkten oder wiederkehrenden Passagen.

Erklärter Wunsch der Erzählerin ist es, die gesamte Erde zu betrachten, mehr noch: sich mit ihr zu vermischen. Im Zoo, vorstellbar als „Universal- und Universumswildnis", als Natur-Oase innerhalb der Großstadt, möchte sie bleiben: „(...) in die Erde, nicht in das Leben vertieft, überdauernd, nichts als anwesend, schläfrig, vorhanden." Das dritte Kapitel, dem Zoo gewidmet, hält utopisches Einfühlen und distanzierte Betrachtung der Natur im Gleichgewicht. Als ausgestellte Einzelexemplare sind die Tiere zu modellhaften Abbildungen stilisiert; der Zoo ist gleichsam eine Schnittstelle von Natur und Kunst. Die artifizielle Wildnis kann über den Verlust des Naturzustandes nicht hinwegtäuschen, aber auch nicht über die unzugängliche Urwüchsigkeit der Kreatur, die den Menschen aus der Gemeinschaft aller Lebewesen ausschließt und nur in Imaginationen – in Märchen, Mythen, Symbolen und Wappen – zu fassen ist.

Zu beiden Seiten der Symmetrieachse dieses zentralen dritten Kapitels baut Brigitte Kronauer ihre Wirklichkeitsmodelle auf. In den sich unmittelbar anschließenden Kapiteln zwei und vier sind die individuellen Biografien – die einer aristokratischen Kunstfigur in mediterraner Landschaft auf der einen und einer alten Frau im realistischen Mietshausmilieu auf der anderen Seite – spiegelbildliche Versionen von Lebensrückzug und -rückblick. In beiden Fällen versagt ihnen ein Erinnerungsbild als Klimax – das „erstarrt Gegenwärtige" – die Zukunft. Der Stillstand kann nur durchbrochen werden durch Transparenz des Verborgenen im Akt der Übersteigerung, in der „Vollendung zum Wahrzeichen".

Als zwei spiegelbildliche Formen von Entrückungen entsprechen sich auch Anfangs- und Schlusskapitel. Im ersten Kapitel folgt dem Absinken der Erzählerin in den Schlaf ein träumendes Auf und Ab zwischen Meeresboden und Himmelsraum in quasi phylogenetischer Rekapitulation. Aufgereiht, rhythmisiert, in Form gebracht, ordnet sich das Chaos im Kopf der Erzählerin aus kleinen Schicksalen und großen Katastrophen. Gegenläufig hierzu gibt es im letzten Kapitel nach dem

Aufsteigen bis zum Dachgeschoß im Haus der alten Frau die hellwache, das Entsetzen über die Weltereignisse aufhebende Ansicht einer ekstatisch überhöhten Stadtlandschaft im Morgenlicht: „strahlender Gegenentwurf" zur vorläufigen Wirklichkeit. Mit dem Hinabsteigen zum Ausgang auf die Straße, in den Alltag endet der Roman.

Radikaler noch als in den beiden vorangegangenen Romanen widersetzt sich Brigitte Kronauer in „Die Frau in den Kissen" (dem abschließenden Teil ihrer Trilogie) den Erwartungen des Lesers, die sich auf miteinander verbundene Ereignisse oder Entwicklungen richten.

[...]

Ihr Erzählstil ist von Gegenüberstellung und Perspektivenwechsel geprägt. Die maßlose Anteilnahme der hellwachen Erzählerin und das Desinteresse der alten Frau ergeben im vierten Kapitel ein Kontrastpaar; im zweiten entsteht ein extrem ungleiches Paar, indem die Erzählerin zur langen, dünnen Adligen einen muskulösen Polizisten erfindet; im letzten Kapitel denkt sie den weißen Möwen, die am Himmel fliegen, schwarze Krähen hinzu: „Ich kann nicht Ruhe geben, bis es herrlich oder schrecklich zugeht." Die allen geläufige Schwarz-Weiß-Struktur, die das Diffuse konturiert und durch Gegenüberstellung die unübersichtliche Wirklichkeit im dualistischen System fassbarer macht, wird von Brigitte Kronauer benutzt, parodiert und verletzt. Der Polizist und die Adlige, der Dicke mit der Dünnen, erscheinen zunächst als komisches Liebespaar, womit sie den Leser nur in die Falle lockt. Am Ende der konstruierten Geschichte sind die vordergründigen Kontraste aufgelöst und in die Konturen der dahinterliegenden wahren Entsprechungen überführt, abstrahiert zu Legendenfiguren.

Obwohl gerade dieser Roman auf den Kontrast als Strukturprinzip und Spannungselement angelegt ist, hat die Kontrastierung nicht die Aufgabe, durch Ab- und Ausgrenzung feste Umrisse „vorzugaukeln", sondern neuartige Zusammenhänge herzustellen. In grenzüberschreitenden Korrelationen begegnen und relativieren sich Bedeutendes und Nebensächliches, die eine oder die andere Seite einer Sache. Folgerichtig gibt es auch keine Romanfiguren als Handlungsträger. An deren Stelle sind die Imaginationen und Identifikationen der namenlosen Erzählerin, ihre Betrachtungen und Vorstellungen, ihre Konstruktion und

Erfahrung der unendlichen Wirklichkeit Bewegung, die Denk- und Wahrnehmungskrusten sprengen, mithin Handlung.

Der Roman exemplifiziert Kronauers ästhetische Konzeption: „Es ist ein Balancieren, ein kunstvoller Segelflug zwischen Tag und Nacht, ein Gleichgewichthalten zwischen zwei Gegensätzen." Ekstase und Ernüchterung sind nicht Gegensätze, sondern Zusammenhänge wie Tag und Nacht, wie „unten zu leben und oben Spiralen zu fliegen", die Erde zu beschreiben und sich emphatisch mit ihr zu vermischen. Auch so ließe sich der Roman lesen: als utopische Entgrenzung, Verschmelzung und Auflösung.

„**Schnurrer**" (1992) ist ein Zyklus aus 25 Geschichten, alle nur vier bis sechs Seiten lang: Diesmal geht es um eine Welt *en miniature*. Schnurrer, der Titelheld, ist ein Mann, der sich mit dem Kleinen begnügt. Die Weite Kanadas, von der ihm sein Bruder schwärmt, ist ihm als Vorstellung genug, „an seinem Schreibtisch, wenn er mit den Kleinigkeiten spielte". Wohl reist er auch einmal nach Italien, vor allem aber geht er spazieren. Er hat einen Hang zum Kindlichen, Verspielten und Genießerischen; das Schnurgerade, das Zweckgerichtete liegt ihm fern; auf die Außenwelt, und sei es das Wetter, reagiert er mit schwankenden Stimmungen: „Er war derjenige, der ständig zurechtmodelliert wurde von der Umgebung." Andererseits kann er einen ärgerlichen Störenfried besiegen, indem er ihn zum Toten stilisiert; er kann sich selbst zusehen, von außen, und sich fremd werden, er kann sich verlieben und sogar gleichzeitig die verführende männliche und die umworbene weibliche Person sein, womit ihm das nie erreichbare Einssein glückt.

[...]

„Ohne Bewertungen ist es auch bei ihr (der Literatur, G.U.) langweilig, und der Vorteil, den der Umgang mit dem staubgrau getarnten Landläufigen bringt, ist vor allem die gesteigerte Freiheit für eigene Gewichtungen, Bedeutungszuschanzungen, das Vergnügen, ein unscheinbares Ding, die unauffällige Geste kraft literarischer Suggestion zur Hauptfigur zu machen, übrigens wie im Leben, wo erotische oder kriminologische Zusammenhänge ein beliebiges Fetzchen Stoff, Haar, Haut zu Devotionalien oder Indizien stilisieren." Dieser Satz aus ihren Aufsätzen **„Literatur und schöns Blümelein"** (1993) ist auch als Konzept des Romans **„Das Taschentuch"** (1994) vorstellbar. Das Taschentuch, belangloser Gebrauchsgegenstand, wird bedeutungsvoll als Attribut des Helden, als unentbehrliches Requisit, auch als Schutz und Tarnung in Situationen emotionaler Bewegtheit. Dieses Wegtauchen ist vergleichsweise harmlos gegenüber den ihn ab und zu überfallenden ohnmachtsähnlichen Absencen, teils von ihm genossen als kleine Fluchten, teils gefürchtet als Ausschluss von den Mitmenschen.

Brigitte Kronauer führt ihren Helden in einer auf die Spitze getriebenen Unauffälligkeit ein: Zusammen mit zwei Rundfunkredakteuren befindet sich die Schriftstellerin Irene Gartmann nach ihrer Lesung in einer Hotelbar in angeregter Unterhaltung. Erst auf der zehnten Seite erfährt der Leser, dass auch ihr Freund aus der Kindheit, der scheue, stille Willi, als vierte Person dabei war. Man hatte ihn einfach nicht wahrgenommen.

Stütze des Kronauer'schen Vergnügens, einen Unscheinbaren zum Vorschein zu bringen, zur Hauptfigur zu machen, ist die Schriftstellerin Irene. Im Rückblick auf jenen Tag – und das heißt: auf Willis Todestag – entsteht ihr Verlangen, ihn vor dem Vergessen zu retten und seine „freundliche Gestalt" kenntlich zu machen. Zur literarischen Professionalität kommt bei ihr eine starke emotionale Komponente auf der Basis langjähriger Vertrautheit und Zuneigung.

Der Roman ist virtuos konstruiert. 10 Kapitel sind von einem Prolog und einem Epilog umrahmt. Dreifach wird die Hauptfigur im Prolog vorgestellt: 1. an jenem Maiabend in der Hotelbar in stummer Anwesenheit, 2. zwei Wochen zuvor bei einer Geburtstagsfeier als freundlicher, aber leicht abwesender Teilnehmer im Kreis der Großfamilie und 3. am Nachmittag vor der Lesung beim Museumsbesuch mit Irene, pendelnd zwischen Aquarium („Leben im Flüssigkeitszustand") und Gemälden biblischer Themen in legendärer Darstellung („Knotenpunkte im Dahinfließen", „Erstarren in [...] Hochmomenten"), was bereits auf die Verwandlung des leibhaftigen Willi in die Legendenfigur hinweist, die dann in zehn Kapiteln vollzogen wird. Der Epilog kehrt zum Familiengeburtstag zurück, der noch einmal, in anderer Beleuchtung, neu erzählt werden muss, und knüpft an den Barbesuch an. Der Held, der hier in seinem Schweigen nicht anwesend zu sein schien, verstummt wenig später endgültig in seiner letzten Absence. Der Tod, für den Leser ans Romanende gesetzt, hat das Erzählen initiiert.

Was im wirklichen Leben nicht glückte – Willi aus der bürgerlichen Enge, aus seinem Familienclan, aus seiner politischen Indifferenz herauszuholen –, wird der Literatur anvertraut. Von ihr könne man erwarten: „Die Feier der einzigartigen, einmaligen, zerbrechlichen Ausformung einer Gestalt, mit sanfter Miene durchaus kämpferisch eingesetzt gegen Pauschalisierung, Begriff, Ideologie. Der Modus des unwiederholbaren Einzelwesens gegenüber der alles niederwalzenden und täglich zunehmenden Quantität." („Was kann Literatur?", in: **„Die Lerche in der Luft und im Nest"**, 1995).

[...]

Von den bisherigen Romanen unterscheidet sich „Das Taschentuch" durch seine narrative, eine Entwicklung darstellende Erzählweise mit dem erklärten Ziel, die Hauptfigur als unauffälligen Einzelnen aus einem Getümmel von Nebenfiguren herauszuheben. Das erfordert konstruktive Anstrengungen, die die Kontrastfiguren mit ihrem Familienklatsch und Animositäten denunzieren. Ein riskanter Kraftakt, den Brigitte Kronauer an die parteiische Erzählerin delegiert – vielleicht weil sie deren Vorhaben, ‚ihren' Willi zur Legendenfigur zu stilisieren, mit einiger Skepsis betrachtet?

„Die Einöde und ihr Prophet" (1996) mit dem Untertitel „Über Menschen und Bilder" verbindet Erzählungen mit Texten über Werke der bildenden Kunst. Auswahl und Betrachtungsweise der acht Kunstwerke, auf Gestaltung und Strukturierung der dargestellten Ereignisse gerichtet, machen Affinitäten deutlich. Die „eigentümlich dösenden Augen", das „Schwelgen in Abständigkeit" auf Geertgen tot Sint Jans' Gemälde „Johannes der Täufer in der Einöde" sind für Brigitte Kronauer ein Abbild ihrer „eigenen Lieblingsverfassung" (und der „Genuß einer Absence" erinnert an „Das Taschentuch"); auf Breughels „Triumph des Todes" interessiert sie das selbstvergessene Liebespaar als unauffälliges, aber starkes Gegenbild zum nivellierenden Massensterben; und sie befasst sich mit der Anordnung banaler Objekte in „gleich betrachtenswerter" Funktion auf Dieter Asmus' „Katze+Maus". „The Lock" (Die Schleuse) von Constable inspiriert zu Reflexionen über den „Stau des Laufs oder Dahinfließens der Dinge, (...) der die Aufmerksamkeit plötzlich steigen, ja hochschnellen läßt", die sich genauso gut auf die folgenden Erzählungen „Von Ambuch bis Gartmann" übertragen lassen.

Auch darin geht es um einen Stillstand, einen herausgehobenen Moment. Irgendjemand – eine Frau, ein Mann, ein Ehepaar – kommt plötzlich an einen Punkt, wo Gewohntes, lange Praktiziertes nicht mehr selbstverständlich zu sein scheint. Ganz gleich, ob danach das Leben wie gewohnt weitergeht oder sich grundlegend verändert – ausschlaggebend ist die Beunruhigung, das Innehalten als Möglichkeit einer Neuorientierung. Die sonderbaren, subtilen inneren Vorgänge werden unkommentiert vorgeführt. Statt Geschichten mit Anfang und Ende: Behinderung des Verlaufs, statt Höhepunkten: Verstörung. Nach 14 dieser Varianten gibt sich Irene Gartmann, die Erzählerfigur aus „Das Taschentuch", als Urheberin der imaginierten Personen zu erkennen. Deren Namen habe sie, unterwegs im Zug von Hamburg nach Stuttgart, aus den Namen der 15 Orte gebildet, die an der Strecke lagen. Ernüchternde oder ironische Enthüllung eines Produktionsgeheimnisses? Durch Enthüllung verhülltes Rollenspiel der Autorin, in dessen Schutz sie ihr eigentliches Produktionsgeheimnis offenbart: „Man kann das wirbellose, so oder so schmerzhafte Leben nicht dahinströmen lassen, ohne es für sich in flüchtigen, aber sinnreichen Figuren zu kanalisieren."

Die Erzählung „Ja oder Nein oder Zuendebringen des Selbstporträts" steht am Ende des Buches, keine 30 Seiten lang und in dieser Verdichtung von außerordentlicher Schönheit an Sprache und Bildern. Wie der Titel schon sagt, ist alles andere als ein abgerundetes Porträt zu erwarten. Das Strukturprinzip von Ja/Nein versagt sich einer synthetischen Selbstbestimmung, wenngleich es im Rückblick auch Konstanz entdeckt (,schon damals' – ,auch heute noch' – ,seit jeher' – ,mein ganzes Leben'). Es verändern sich aber die Stimmungen, Perspektiven und die Einflüsse der Außenwelt. Die lässt sich andererseits auch manipulieren, inszenieren, verdrehen und täuschen. Doch dann ist man ihr wieder ausgeliefert in Bangigkeit und Ängsten. „Es schlägt von einem Zustand um in den anderen. Vom Ja ins Nein. Mit Kopfnicken und Kopfschütteln kommt man im Grunde aus als Kommentar für das meiste."

[...]

Von Beginn an war die Wendung gegen ein Erzählen erkennbar, das vom Standpunkt des Wissens aus die Wirklichkeit hierarchisch ordnet, auf das Wesentliche reduziert und in die Einheit einer Bedeutung zwingt. An seine Stelle tritt die höchst instabile, höchst relative Wirklichkeit des Bewusstseinsromans, die nicht mehr als objektiv vorhandene, sondern als subjektiv wahrgenommene dargestellt wird. Damit verliert die erzählte Welt ihre Grenzen, und gewinnt erzählerische Subjektivität problematische Züge. Die Unermesslichkeit des Realen wird sichtbar, das Leben in seiner unendlichen Vielfalt und Widersprüchlichkeit und die Bedingtheit menschlicher Wahrnehmung. Das Wirkliche erschließt sich Kronauer allenfalls momenthaft, in jenen Epiphanien, flüchtigen Augenblicken des Erkennens, die sich seit ihrem Roman „Berittener Bogenschütze" wiederholt in Form von Kopfständen, Stolperschritten und Stürzen abspielen.

„**Teufelsbrück**" (2000) beginnt mit einem derartigen Sturz. Die Erzählerin ist in trauriger Stimmung zu einer Verabredung unterwegs. Das Grimm'sche Märchen von „Jorinde und Joringel" geht ihr durch den Kopf, die Abschiedsklage Jorindes bei ihrer Verwandlung in eine Nachtigall, als ihr der fröhlichfarbene Männerslip einer Schaufensterpuppe ins Auge fällt. Da liegt sie plötzlich mitten im Getriebe des Hamburger Elbeeinkaufszentrums auf den Knien, und vor ihr steht das Paar, mit dem sie offenbar zusammengestoßen ist. Man ist ihr behilflich und verabschiedet sich mit einer Einladung ins Alte Land. Wenig später wird die Verirrte, vom Weg Abgekommene und längst Verspätete von ihrem getreuen Wolf Specht gefunden. So jedenfalls schildert Maria Fraulob den Hergang, die als Erzählerin des Romans seine Tatsachenlage beherrscht.

Der Sturz enthält die motivischen Bausteine des Romans, die Zeichen des Verirrens, Verspätens, Verdoppelns und Verwandelns und den sprengenden Augenblick des Stolperns mitten im Alltäglichen, der dem Erkenntnissturz bei Platon und Elias Canetti in allen Einzelheiten gleicht. Canetti spricht vom Umsturz des Selbstverhältnisses und vom plötzlichen Erkennen der eigenen Vergänglichkeit und Fremdheit, die mit der Verwandlung des Selbst in Masse einhergeht. Maria Fraulob bleibt nach dem Zusammenstoß wie „vom Donner gerührt" zurück. Zu sich kommend, stellt sie fest, dass sie keineswegs auf einer Rolltreppe, einem Fließband, Floß oder einer Eisscholle fortgerissen wird. Gleichzeitig bricht hinterrücks das Gekeife einer grauhaarigen Alten über sie herein, deren groteske Hässlichkeit in der Schaufensterscheibe als

Drohbild künftigen Alters neben ihrem eigenen Lockenkopf auftaucht, und sie erinnert widerwillig, sich den Entgegenkommenden absichtsvoll in den Weg gestellt zu haben – um, wenn nicht alles täuscht, jenes Zusammenstoß-Wunder noch einmal zu erleben, dem einst ihr Liebes- und Eheglück folgte. Am Ende erhält ihr „Jammer in der Menschenmenge", der dem Sturz vorausging, sein Echo in den kulturkritischen Tiraden, die Specht mit Blick auf die vorbeiziehenden Käuferscharen vom Stapel lässt.

Die Erzählerin verknüpfte ihren Sturz zunächst mit dem Anblick des farbigen Wäschestücks. Nun stellt sie fest, dass sie seit zwanzig Minuten blick- und regungslos neben der Sonderauslage eines Schuhgeschäfts steht. Die exakt festgehaltene Differenz zwischen objektiver Zeit und dem Augenblick subjektiven Zeitempfindens sorgt für die genaue Bestimmung des epiphanischen Erkenntnisaugenblicks, dem ihre eigene Klage entspringt: die intarsienhaft in den Roman eingelegte Romanzendichtung einer Nachtigall in Menschengestalt, die das Abschiedsthema nach allen Seiten hin weitet: Abschied als lebenstotaler Begriff des Zeitbewusstseins, als menschliche Urszene und Produktionsbedingung der Kunst.

Aus der verdoppelten Fiktionalität des Romans erklärt sich seine auffällige Mehrstimmigkeit. Eine Stimme reiner Anschauung spricht, neben die eine begrifflich-kommentierende tritt, dazu Anreden, die am Leser vorbei ins Innere des Romans weisen und im abschließenden dritten Romanteil, der die erzählte „alte Zeit" der Romanze zu Gunsten der Erzählzeit hinter sich lässt, in ein abbrechendes Gespräch der Erzählerin mit ihrem Alter Ego Zara Johanna Zoern münden. Vor allem aber tritt in aller Deutlichkeit der Spielwerk- und Schöpfungscharakter der Binnenerzählung hervor. Das Kompositionsprinzip Maria Fraulobs entspricht dem der alttestamentarischen Schöpfungsgeschichte. Die Welt ihrer Abschiedsdichtung ist ein dramatisches Spannungsgefüge der Gegenwelten, Gegenspieler, Gegensprachen, Gegensätze, auch der moralischen von Gut und Böse und der religiösen von Heiligem und Teuflischem.

[...]

Mit der Schnurrer-Figur radikalisierte die Autorin ihre perspektivischen Experimente, das Spiel mit Projektionen, das sie schon in „Die

Frau in den Kissen" auf den gesamten Erzählraum ausgedehnt hatte. Schnurrer und Maria Fraulob sind scheinbar mit sich selbst allein, denn erzählt wird aus ihrer Sicht. So können sich die Schnurrer'sche und Frauenlob'sche Innerlichkeitbühnen über den gesamten Erzählraum ausdehnen. So gehen die melancholischen Schnurrpfeifereien ihres Bewusstseins unzensiert durch, das rastlose Wahrnehmen und Umbauen der Wirklichkeit, damit ein Genuss daraus wird und verdrängt wird, dass jede Sekunde den Abstand zum eigenen Tod verringert. Neben Schnurrers Idyllen stellt Maria Fraulob ihre Elegie.

[...]

Ihr abendlicher Spaziergang zeigt rund um „Teufelsbrück" die künftigen Spielräume ihrer romantischen Doppelgängergeschichte, ja sie versammelt präludierend taugliche Motive, die sie aus der Müller/Schubert'schen „Winterreise" übernehmen wird, den Mond vor allem und das Nacht-Lied, das Wasser, die Irrlichter, die gefrornen Tränen der Eisschollen, die Wolkenfetzen, die Winterstarre, die Täuschung, den sich ankündigenden Frühling. Mit „aufwieglerischen, großsprecherischen Melodien im Kopf" und einer „durch eine Erkältung" zusehends „karnevalistischen" und „parodistischen" Nase blickt sie offenbar genießerisch voraus auf die „verschwiegen sengenden" Leidenschaften, die ihr das Gestalt annehmende Fantasiespiel bescheren werden. Aus dem Winter dieses ausdrücklich datierten 21. Januar wird es seinen Aufstieg ins Imaginäre nehmen, in eine Welt zwischen Nichts und Etwas, zwischen Illusion und Wirklichkeit, die sich räumlich und zeitlich ins schier Endlose dehnt, bis nach Danzig zu Memlings Weltgerichtsaltar und in die flämische Renaissance Pieter Breughels, dessen „Triumph des Todes" (mitsamt der in „Die Einöde und ihr Prophet" erschienenen Interpretation der Autorin) einzelne Motive beisteuert, ins Heidelberg der Romantiker, in die italienische Meereslandschaft der arkadischen Dichtung, ins dämonische Alte Land der grimmschen Märchen und in die hochalpinen Zauberbergregionen des abschließenden Romanwinters, wo die Grenzwanderungen des poetischen Bewusstseins immer schon ihre erhabene Kulisse fanden, schließlich nach Dresden, wo E.T.A. Hoffmanns Märchen vom „Goldnen Topf" der Romanzendichterin die „Kooperation mit der Natur durch Stellungswechsel" direkt vorspielt. [...]

Das Parallelverhältnis von künstlerischer Arbeit und kunsttheoretischer Debatte gehörte von Beginn an, seit den Klappentexten der ersten beiden Prosabände, zu den Kennmarken ihrer Künstlerschaft. Mit der Vereinigung von ästhetischer Reflexion und Erzählung in „Berittener Bogenschütze" erweiterte sich der Sinnplan der Romane um Geschichten erzählerischer Produktivität, die vom Eigenleben der Einbildungskraft handeln, vom Schein als Schatten, Blendwerk und Nichtigkeit des Wesens, aber auch, wie in „Teufelsbrück", von der Überlegenheit symbolischen Handelns über das Urteil. Damit war der Weg frei hin zum großen philosophischen Gesellschafts- und Zeitroman.

In erkennbarer Kontinuität setzt der Roman **„Verlangen nach Musik und Gebirge"** (2004) die kulturkritische Debatte fort, die in „Teufelsbrück" zur Konkurrenz von ohnmächtiger Kritik und allmächtig schöpferischer Einbildungskraft führte, deren Sublimierungswerk der Roman selbst war. Das in die norddeutsche Tiefebene heruntergestiegene Gespräch zwischen Wolf Specht und Maria Fraulob, möglicherweise eine Antwort auf die Höhenlagen der Wortgefechte zwischen dem Humanisten Settembrini und seinem Gegenspieler Naphta in Thomas Manns „Zauberberg", verwandeln sich in „Verlangen nach Musik und Gebirge" in eine Parallelaktion von Erzählung und Drama.

Der Roman ist eine Reiseerzählung auf den Spuren jener legendären Reisenden von Goethe, Melville, Joseph Conrad, Tschechow und Thomas Mann bis Ernst Jünger, deren Aufbrüche nach Italien, ans Schwarze Meer, nach Venedig, Davos oder Afrika umfassende Mobilisierungen des Daseins waren, welche die Kunst voraussetzten, abwesend zu sein, womöglich gar die Probe auf das Exempel eines Lebens, das den Tod in sich aufnimmt. Eine Nachreise also, die in das belgische Seebad Oostende führt. Das Seebad, das seine große Zeit in der Belle Epoque hatte, ist nach den Zerstörungen durch die Deutschen im Ersten und Zweiten Weltkrieg unwiderruflich „erledigt". „Erledigt", das war der erste, später revidierte Eindruck der Besucherin, die in dem Band „Die Lerche in der Luft und im Nest" (1995) ihre Reise in die Stadt des Malers James Ensor beschrieb. Betty, die Fischerstochter und Reinemachfrau im städtischen Ensor-Museum, und Paul Colin, ein Freund oder Biograf Ensors, kehren als Figuren im

Roman wieder. Den Einband des Buches schmückt ein Gemälde Ensors, das eine farbenfrohe Maskengesellschaft zeigt, unter ihnen, an der Statur zu erkennen, eine alte Dame mit Kapotthut und ein hagerer Kavalier mit schaukelnden Federn am napoleonischen Dreispitz. Wenn nicht alles täuscht, ist er der allgegenwärtige Intrigant und Spielmacher jener bunt zusammengewürfelten Feriengesellschaft aus Italien, Deutschland und Belgien, die zufällig in Oostende zusammentrifft und zwei Ferientage miteinander verbringt.

Reisezeit ist autonome Zeit, Zeit der Freiheit, Zeit des Spiels. Den Zwängen, Fesseln und Kontrollen des Alltags entkommen, könnten die Reisenden den fundamentalen Mangel des Daseins an Entfaltungsmöglichkeiten beheben, könnten jenem schlummerndem Verlangen nach Musik, Gebirge, Sonne, Meer, dem Abenteuer nachgeben, jenen Lockzeichen ihrer Träume, Wünsche und Sehnsüchte folgen, die im Alltag zurückgewiesen werden.

Es scheint nur eine Frage der Zeit zu sein, wann sich der Oostender Strandprospekt und der Speisesaal des Hotel Malibu in eine metaphysische Bühne zwischen Zeit und Ewigkeit verwandelt, in ein barockes Welttheater, Hollywood-Studio oder die Große Oper. Mephisto ist zur Stelle, nebenan probt die am Rande mitspielende Sängerin Läufe; und zum Ensemble gehört Frau Fesch, die Erzählerin und Gegenspielerin des Regie führenden Pfauenfeder-Menschen, eine maliziöse Person, die mit einem Gewimmel von Fragen, Einwürfen und Fußnoten den Lauf der Dinge, die scheinbare Zwangsläufigkeit dessen, was geschieht, in Zweifel zieht.

Die Malerei Ensors, die Straßen und Plätze der Stadt, das zentral gelegene Hotel Malibu am Wapenplein, das seine besseren Tage hinter sich hat, und die Strandpromenade werden zur Bühne für eine Komödie der Irrungen und Wirrungen, in deren Zentrum ein italienisches Liebespaar steht: die makellos schöne Sehnsuchtsfigur Sonia, Inbegriff der lebenshungrigen, begehrenden Frau, und das Muskelpaket Maurizio. Die Fäden des Spiels zieht Willaert, ein Parfümhändler aus Brüssel, der wie ein „Film-Professor" hergerichtet ist, ein schwänzelnder Lebemann, der die Rolle des Cicerone und Verführers der Liebesintrige an sich reißt. Sein eigentliches Opfer ist aber nicht das Paar. Die zentrale Figur der Leidenschaft und des empfindsamen Pathos ist Roy

Neuling, ein hinkender Jugendlicher, der in Gesellschaft seiner Großmutter angereist ist.

[...]

Auch dieser philosophische, Legitimitätsfragen unserer Zeit erörternde Roman, der nach dem Selbstbezug und der Selbstbegründung unserer pluralistischen pragmatischen, auf den Kompromiss setzenden Gesellschaft fragt, nach unserem Möglichkeitssinn und nach dem Imaginären als dem Punkt, an dem Gemeinschaften auf sich selbst einwirken – auch dieser große europäische Roman ist ein Weltspiel, komplementär erzählt, bipolar: das leuchtend farbige Erzählgemälde einer mit der Leere konfrontierten, der Einöde des Meeres gegenüberstehenden Zivilisation.

Als Großmeisterin der kleinen Form erweist sich die Autorin immer wieder in den zwischen die Romane geschobenen Erzählbänden, deren dürftige Gestalt über die Tiefräumigkeit und Beziehungsdichte der narrativen Anlage, ihre Sinnfülle und ihren philosophischen Zug nicht hinwegtäuschen kann. Nach **„Die Tricks der Diva"** (2004) und **„Frau Melanie, Frau Martha und Frau Gertrud"** (2005) erschien 2008 der Erzählband **„Die Kleider der Frauen"**. In seinem Mittelpunkt steht die kindliche Rita, die rasch zur Erzählerin heranreift. Die vorwiegend weiblichen Figuren, Nachbarinnen, Lehrerinnen und Tanten, bilden mit den Kleidern, die sie tragen oder in ihren Schränken aufbewahren, das Seitenthema des Zyklus. Das kleine Mädchen des Beginns sieht sich vor eine Wirklichkeit gestellt, die verschweigt, worauf sie hindeutet – auf eine Welt flüchtig zur Schau gestellter Reize, der rasch aufflammenden und erlöschenden Erregung und eines Verlangens, das sich jeder Direktheit entzieht. Die Signale sind auf das andere Geschlecht gerichtet und führen einen kunstvollen Balanceakt zwischen Ja und Nein, Herausforderung und Verhüllung vor. Greifbar wird die schwebende, schwankende Wirklichkeit des Eros in den Kleidern der Frauen. Das ahnt Rita. Sie ist dabei, als man im Schrank der hochbetagt verstorbenen Frau Stolpmann ein verführerisches Nachthemd neben dem anderen entdeckt. Sie beobachtet, wie die in ihr Korsett gezwängte Frau Hollein bisweilen wehmütig zarte apricot- oder champagnerfarbene Höschen und Hemdchen aus früherer Zeit in die Hand nimmt. Sie ist Zeugin, als der weiße Pullover der Tante aus seinem Versteck hinter den Büchern zum Vorschein kommt. Sorgfältig sind die Schmutzflecke auf der Vorderseite konserviert, die jener Kranführer hinterließ, der einzige Mann, der die Tante je küsste.

Die Entdeckung des Eros führt das Kind an die imaginären Spielräume des Erzählens heran. Sie deuten sich an in den magisch-animistischen Erlebnisräumen des Kindes, wenn Rita in wildem Durcheinander Gerüchte von einem Kindsmord und die Geschichte vom Todesmut eines Schlachtschweins mit einer im Kaufhaus beobachteten Szene menschlicher Rohheit verknüpft. Die übermächtige Realität von Tod und Schrecken bannt sie in Bilder eines Hexenmärchens, das in einer Verwünschungsszene am Bett eines Wickelkindes gipfelt.

Rita nimmt die Außenwelt als Verlängerung des eigenen Leibes wahr, weil sie das Realitätsprinzip, die Unterscheidung von Außen- und Innenwelt, noch nicht verinnerlicht hat. Ihr Verbündeter ist ein Schriftsteller, ein Bekannter ihrer Eltern. Sie beide gebieten über ein Reich ohne Grenzen. Ritas Kosename „Kleine Nuß" erinnert an Hamlets Stoßseufzer über die Nussschale als Königreich des Eingesperrten, wenn er ein begabter Träumer ist. Die Geschichten um Rita, die in den gleichzeitig erschienenen Romanteilstücken um die Schriftstellerin Rita Palka fortgeschrieben werden, vermessen die Spanne und Spannung der biografischen Pole von Künstlerschaft zwischen Zuständen der Schattenhaftigkeit und Bewusstheit. Die letzte Geschichte zeigt Rita in der Rolle der erwachsenen Erzählerin. Verändert hat sich lediglich ihr Platz in der Sprache. Sie ist ein Punkt der Erzählung, und zugleich ist sie überall.

Die Geschichte der kindlichen Entdeckung einer manifest nicht vorhandenen Wirklichkeit erfährt ihre erzählerische Erweiterung in der Werkgruppe um die Erzählungen „Frau Melanie, Frau Martha und Frau Gertrud" und den Romanen **„Errötende Mörder"** (2007) und **„Zwei schwarze Jäger"** (2008). Dieselbe Erscheinung einer Wirklichkeit, die undinglich und ortlos ist, aber gesteigerter Weltzugewandtheit entspringt, widerfährt den Jedermannfiguren der Erzählungen in rauschhaft gesteigerten Zuständen der Wahrnehmung. Neben den geselligen Eros tritt nun in abgesonderten Alltagsaugenblicken die Epiphanie. Ihr exklusives Erleben bedarf keiner Erwählung, sondern ist demokratisch und allgemein und verbindet das Personal der drei Bücher.

Beide Romane stehen unter dem Zeichen der Parodie. Zu deren Voraussetzung gehört konstitutiv die historische Überholtheit und Abgelebtheit ihres Gegenstands, in diesem Fall der sakralen Kunst. Sie stiftet die Form, ein Erzähltriptychon, und durchdringt die Romanhandlung bis in den letzten Winkel der wiederum dreiteiligen Rahmenhandlung um den Leser der Binnengeschichten. In dem lesenden Betrachter kehren wohl die Stifterfiguren der mittelalterlichen Tafelmalerei am Bildrand wieder. Das parodistische Spiel mit polaren Spannungen ist bis die Landschaftsentwürfe (die zwischen Hochgebirge und Küstenregion wechselnden Kulissen), bis in die Struktur des sprachlichen Mediums, das aus den Dissonanzen von Sakral- und Profansprache Funken schlägt, und die Kluft zwischen Stoff und Ikonografie, Fleisch und Geist, Materie und spiritueller Wirklichkeit unverkennbar. Die Figuren von „Errötende Mörder" sind so diesseitig, so gewöhnlich, ja so derb wie möglich: ein Computer- und Schreibwarenhändler, der sich mit Scheidungsgedanken trägt, ein der materiellen Welt leidenschaftlich verfallener Sammler, ein grobschlächtiger junger Elektriker, der in einen Ausflugbus mit Bewohnern eines Pflegeheims gesperrt wird, und eine Kirchenführerin. Die taghelle Mystik von Vorgängen, an denen der Mensch beteiligt ist, ohne sie herbeiführen zu können; die Entdeckung einer immateriellen Wirklichkeit ausgerechnet durch den Materialisten; die Begegnung mit spinösen alten Menschen, die er als Erwählte erkennt; vor allem aber das Kunsterlebnis variieren Erfahrungen des Heiligen und fixieren die Figuren im Tableau, die hier an die Darstellung von An- und Berufungen Heiliger erinnern, dort an den Gestaltwandel Bekehrter, an Jakobs Ringen mit dem Engel oder die Pietà. Der Roman hat wie die Bildkunst keinen Anteil am Heiligen, aber er deutet darauf hin und bestimmt es als das, wovon er schweigt. Indirekt zeigt er, dass das Gemeine, nicht das Profane der Gegenpol des Heiligen ist.

Beide Romane nehmen die Auseinandersetzung mit einer verlorenen Totalität des Lebens, die lesbare Spuren, Scherben hinterlassen hat, in ihre Form auf. Die Teilstücke der Montage, deren Einheit sich der ergänzenden Dialektik des Fragments verdankt, erinnern an Verschwundenes und seine archäologische Rekonstruktion. Einem zentralen Mittelteil ordnen sich in penibler erzählerischer Symmetrie die beiden Seitenflügel von jeweils halbem Umfang zu. Das Heilige als das Einende verbindet die Figuren und integriert die Gerechten wie die Ungerechten, im Roman den ergebenen Kunstjünger Schüssel ebenso wie die Figur der jungen Mörderin oder, als gesellschaftliche Außenseiterin der anderen Art, die Schriftstellerin Rita Palka. Mit ihrer frontal ins Bild platzierten Gestalt füllt die Schriftstellerin den öffnenden ersten der drei Romanteile, die linke Bildtafel des Dreiflügelromans. Zu sehen ist die Schriftstellerin vor ihrem Publikum. Sie liest im Schloss des Provinzstädtchens W. die Erzählung „Zwei schwarze Jäger" und nach der Pause „Die Grotte", Stationen einer Italienreise. Die erste, aus größerer Distanz erzählte Geschichte verspiegelt die leichte, krisenhafte Spannung zwischen einem eleganten Besucherpaar der Villa Borghese mit dem Gegenstand ihrer Betrachtung, den zwei halbnackten, an zwei Löwen geketteten Jägern der Skulptur „Zwei schwarze Jäger". Die kathartische Wirkung des Kunstwerks auf die beiden Betrachter prallt unmittelbar auf die niederschmetternde Wirkung der Erzählungen auf das vor Rita Palka im Halbschlaf dämmernde, offenbar zur Teilnahme genötigte spärliche Publikum. Im zweiten Teil des Abends kommt es zum Eklat. Die Beschreibung des Kunsterlebnisses in der Grotte des Tiberius in Sperlonga, deren Skulpturen jüngst wiederentdeckt und rekonstruiert wurden, hat sein grotesk komisches Zerrbild in dem weit aufgerissenen Rachen der unentwegt gähnenden Frau Schüssel, der unwirschen Ehefrau des Gastgebers. Der Zusammenstoß des in der Grotte Gestalt gewordenen und erzählerisch gesteigerten Kunstschönen mit der maulaufreißenden Hässlichkeit der Welt führt im erregten Kopf der Künstlerin zum kreativen Kurzschluss von gelesenem und erlebtem Augenblick und blitzschnell herbeigeführten Evolutionssprung des elenden Erlebnisstoffes. In einem furiosen Aus- und Aufbruch der dichterischen Einbildungskraft überblendet sie improvisierend die Italien-Erzählung in einer galligen Parodie, in der Werkwirklichkeit und Saalwirklichkeit, Grotte und der klaffende Schlund der Frau Schüssel verschmelzen. Der Befreiungsschlag führt augenblicklich zum Abbruch der Lesung. Komplemente der Prologerzählung sind Texte über den Besuch einer Ratte im italienischen Hotelzimmer der Schriftstellerin, über das Sterben einer Katze, eine Autobahnfahrt in Gesellschaft von Radiostimmen und der Epilog des Romans, ein dringlicher Leserbrief des ergebenen Herrn

Schüssel, den die Empfängerin in Erinnerung an seine rabiate Frau boshaft kommentiert.

So wie die Autorin das Bildnis der Schriftstellerin als erwachsene Frau aus Bruchstücken zusammensetzt, so verfährt sie mit allen Figuren des Romans, der an den Rollstuhl gefesselten, nicht mehr ganz jungen Helene Pilz, mit dem schönheitshungrigen Heiner Krapp, der den Kellner Rolf anbetet, mit der Steuerberaterin Jeckchen, dem die Natur liebenden, ihr zum Opfer fallenden alten Herrn Schöffel oder der reichen Wally Mülleis, deren verschmähte kindliche Liebe zu „Oom Henk" in verhängnisvoller Verkehrung zu Mordanschlägen auf Doppelgänger des Onkels führt. In den Scherben jeder einzelnen der höchst diesseitigen Lebensgeschichten kommt es auf den keineswegs dramatisch intonierten Höhepunkten zu einer „Intensivierung, Übersteigerung von Schönheit und Schrecken" (**„Großmutters Verdammung im Fliederhain"**, 2004), in denen die Wirklichkeit in gesteigerter Form sichtbar wird. Dienstbar ist der Autorin die Kaleidoskoptechnik des Erzählens, die aus farbigen Scherben einen Erzählkorpus zusammensetzt, dessen Ganzes mehr ist als die Teile, nämlich ein farbiges Bildnis der Künstlerin in der Gemeinschaft von Gleichen.

Mit **„Gewäsch und Gewimmel"** erschien 2013 Kronauers umfangreichster Roman, der, ausgeprägter noch als die vorherigen, nicht eine, sondern viele Geschichten aus dem Leben von Durchschnittsmenschen erzählt. Die Schicksale der Figuren werden auf der Handlungsebene nur gelegentlich miteinander verknüpft, die einzelnen Erzählfäden vielfach unterbrochen. Einerseits führt Kronauer dabei durchaus bekannte Themen und Formen ihres Werks fort: Im Zentrum stehen einmal mehr das inhaltliche Interesse am Alltäglichen und die erzählerische Betonung subjektiver Weltwahrnehmung. Beides wird, ebenso wie in „Rita Münster", „Die Einöde und ihr Prophet" oder „Teufelsbrück" in einer Art literarischem Triptychon präsentiert. Andererseits aber wird das ‚Gewäsch' der üblichen Daseinsbanalitäten nun in neuartiger Weise zu einem kunstvollen Wimmelbild arrangiert.

„Gewäsch und Gewimmel" besteht aus drei jeweils ungefähr 200 Textseiten umfassenden, inhaltlich und formal unterschiedlich gestalteten Teilen. Dies wird schon auf der Ebene der Makrostruktur deutlich: Während sich das Personal in dem mit der Überschrift „Elsas Klientel" versehenen ersten Teil aus dem aktuellen und ehemaligen Patient:innenkreis der Physiotherapeutin Elsa Gundlach zusammensetzt, steht im zweiten mit der titelgebenden „Luise Wäns" eine dieser Patientinnen mit ihren privaten Kontakten im Zentrum. Der abschließende dritte Teil vermischt dann Figuren aus den vorangehenden Teilen zu einem „Gewimmel". Charakteristisch für den Roman und auf den ersten Blick auffällig ist die Kombination äußerst unterschiedlicher Darstellungsformen: Während die Teile I und III in ähnlicher Weise aus unzähligen, je mit einer eigenen Überschrift versehenen kurzen und geradezu ‚wimmelnden' Abschnitten bestehen, gliedert sich der Mittelteil in zwölf durchnummerierte Kapitel, die als „Wanderungen" bezeichnet werden.

Sucht man nach zentralen Inhalten und Auffälligkeiten der drei Teile so fallen für die 237 Textbausteinchen aus Teil I zunächst einmal ihre knappen, im Ton lakonisch-beschreibenden oder scherzhaft-lockeren, gelegentlich auch geradezu kolportagehaften Titel auf („Neues aus der Irenenstraße", „Nächtlicher Schrecken", „Dreimal Blut"). Erzeugt wird durch diese Überschriften – durchaus passend zum alltagsnahen Gehalt der Textmosaike – ein betont kurzweiliger Sound. Erzählt wird, wie die Freundinnen Herta und Ruth sich beim Spülen ihrem sprichwörtlichen „Gewäsch" hingeben; erzählt wird, dass ein alternder Hundehalter sich um seinen noch älteren Schäferhund Rex sorgt, dass die junge Eva Wilkens Liebeskummer hat, dass die einsame alte Frau Fendel mit ihrer Katze spricht, dass der Bestsellerautor Egon Pratz über die Kulturindustrie jammert, dass Frau Gadow am Botanischen Institut Vorträge über die bedrohte Biodiversität besucht u. v. m. Immer wieder klingen dabei auch Endzeitgedanken an; fingierte Zeitungsnotizen zu „Mord und Totschlag" sorgen für einen reißerisch-düsteren Einschlag. Den Eindruck des Illustriertenhaften verstärken die eingestreuten, die Leser:innen einbeziehenden sogenannten „Rätsel", Fangfragen zur Kontrolle der Aufmerksamkeit der Lesenden oder auch Wissensfragen im Talkshowstil, mit denen Kronauer an die Kalendergeschichten Johann Peter Hebels anknüpft. Dazu passt, dass auch in „Gewäsch und Gewimmel" immer wieder eine didaktisch kommentierende allwissende Erzählerstimme zu vernehmen ist, die allerdings, anders als bei Hebel, häufig ausgesprochen ironisch und fiktionsbrechend agiert.

In den zwölf sogenannten „Wanderungen" des Mittelteils läuft die erzählte Zeit von Teil I – der Zeitraum vom Winter 2010 bis zum Mai 2011 – noch einmal neu ab, nun allerdings aus der Ich-Perspektive von Elsas betagter Patientin Luise Wäns. Die begeisterte Naturfreundin nimmt auf ihren ausgedehnten Spaziergängen durch ein nahe gelegenes Naturschutzgebiet mit seismografischer Empfindungsgabe und lebendiger Einbildungskraft Natur wahr. Ihre meist einsamen Spaziergänge sind zugleich – bezogen insbesondere auf die Ereignisse des Vorjahrs – Erinnerungs- und Erzählsituationen. Denn seinerzeit versammelte sich bei ihr eine bunte Gesellschaft um die Zentralgestalt Hans Scheffer, den Leiter des in Luises Spazierrevier durchgeführten Renaturierungsprojektes. Man vertreibt sich die Abende mit Wortspielen, Anekdoten-Erzählen und Rätseln, kommt gelegentlich aber auch auf Ernsthafteres, etwa, wenn der Ökometzger Hehe über „die Klimaschädlichkeit der Viehhaltung" klagt. Diese Ära endet, als das Indianermädchen Anida, das Hans Scheffer von seiner Alaskareise mitgebracht hat, ihn zurückweist und ein politischer Wechsel die Förderung des Renaturierungsprojektes auslaufen lässt.

Der „Gewimmel" überschriebene Teil III des Romans nimmt Struktur und Personal von Teil I in allerdings umfangreicheren 129 Textbausteinen auf. Nun ist Sommer und „Alles unterwegs in Paarungsgeschäften!"; der von Luise so geliebte Hans Scheffer hat – durchaus überraschend – ihre langweilige Tochter Sabine geheiratet und wohnt jetzt im Hause. Unter Elsas Massagen spricht Luise viel von der Natur und dem Licht und macht schließlich im Oktober gemeinsam mit Hans eine „dreizehnte Wanderung" ins verwüstete Renaturierungsgebiet, was die beiden zu kreativen Erinnerungs-Imaginationsspielen inspiriert.

Die Rätsel werden in diesem Teil zunehmend literarischer, die Kapitelüberschriften imitieren teilweise selbstironisch die Geschichtenserien aus Kronauers Frühwerk („Nachruf I", „Nachruf II"). Ebenfalls ironisch wird die Frage aufgeworfen, ob die ewig schlaflose Elsa, der nachts das Gerede ihrer Patient:innen durch den Kopf geht, vielleicht besser Schriftstellerin hätte werden sollen; illustriert wird dies an Elsas intermedial verschachtelter Weitererzählung dessen, was ihr ein Patient über eine Predigt, die tatsächlich eine Bildbeschreibung war, berichtet hat. Es handelt sich um die verdeckte Ekphrasis des Gemäldes „Menschwerdung" aus dem von Kronauer verschiedentlich (u. a. in „Rita Münster") literarisierten Isenheimer Altar von Matthias Grünewald. Damit wird abschließend das gesamte vorangehende ‚Gewäsch und Gewimmel' auch als große Fantasie über den Menschen und seine Stellung in Gottes Schöpfung lesbar.

Kaleidoskopartig nimmt „Gewäsch und Gewimmel" Natur-Mensch-Verhältnisse unterschiedlicher Couleur auf verschiedenen Ebenen in den Blick. Deutlich werden dabei alle drei Bereiche von Biodiversität literarisiert: die ökologische Vielfalt der Lebensräume, die organismische Vielfalt auf der Ebene der Taxa und die innerartliche Diversität. So wird Scheffers neu erschaffener Naturraum für Luise Wäns zur aisthetisch erfahrenen Landschaft. Die explizit thematisierte Artenvielfalt flicht Kronauer in unterschiedlicher Tonlage ein – auch in, gelegentlich ironisch gewendeten „Artenelegien" (Ursula Heise). Die innerartliche Diversität schließlich wird am Beispiel von homo sapiens nicht nur aufgrund der unzähligen Einblicke in das Leben verschiedener Menschen gestaltet, sondern die Blicke auf Menschentypen und Alltagsgeschichten werden auch immer wieder mit Mimikry-Fantasien und visionären Metamorphosen von Fauna und Flora in Menschen (und umgekehrt) verknüpft. Mit der für „Gewäsch und Gewimmel" charakteristischen Textmosaik-Form grenzt Kronauer sich betont spielerisch von einsträngig-teleologischen Erzählkonzepten ab und stellt der klassischen (ggf. auch Anti-)Heldengeschichte des modernen Romans eine Fülle diverser, quotidian getakteter und von einer spöttischen Erzählstimme begleiteter Alltagsgeschichten gegenüber. Inhaltlich folgt der Roman ihrer anlässlich der Aufnahme in die Darmstädter Akademie für Sprache und Dichtung formulierten Leitprämisse, Schriftsteller dürften die Natur, die nicht nur die „ökologische", sondern auch die „ästhetische Basis" ihrer Arbeit darstelle, „nicht im Stich lassen" („Antrittsrede" [1988/1999]). In diesem Sinne ist „Gewäsch und Gewimmel" auch ein ebenso engagiertes wie funkelndes Tableau der Vielfältigkeit des ‚Bios'.

Mit ihrer kommentierten Balladen-Anthologie **„‚Die Augen sanft und wilde'"** dokumentiert Kronauer 2014 ihre in der Kindheit geprägte, lebenslange Vorliebe für die Ballade. Deren Sonderstellung bestimmt sie im Rückgriff auf Johann Wolfgang Goethes „Einfall" ganz in dessen Sinne als „‚Ur-Ei'", „in dem die drei Gattungen Lyrik, Drama, Erzählung noch nicht getrennt seien". „Wem Balladen gefallen", schreibt sie in der Vorbemerkung, der interessiere sich „für Handlung und Strategie in kompakter, rhythmisierter Form". Wenn sie außerdem betont, dass in Balladen „mit Pathos oder Ironie (...) Schicksalhaftes suggeriert" werde, so trifft dies minimalistisch zugespitzt auch auf ihre eigenen, bereits 1978 veröffentlichten „Vier Miniaturballaden" zu, die um unversehens wechselnde Ereignisse des Alltags und seiner Routinen kreisen und in der Sammlung **„Die Lerche in der Luft und im Nest. Zu Literatur und Kunst"** (1995) enthalten sind.

Kronauers „sehr subjektive, von Vorlieben geprägte Auswahl" der Balladen-Anthologie umfasst 59 Texte von den Anfängen bis zur Gegenwart, die sie mit kurzen „essayistischen Kommentaren" versieht, wie es im Klappentext heißt. Zwischen Anekdote und Analyse, Bonmot und Emphase angesiedelt, enthalten sie Informationen zu den jeweiligen Verfassern, dem biografischen Entstehungshintergrund, den oftmals überraschenden Parallelen, Bezügen und Kontrasten zu anderen Balladen, ihrem stofflich-motivischen Inhalt und ihren sprachlich-lyrischen Besonderheiten wie ihrer Wirkungsgeschichte. Zum einen trifft man dabei auf die ‚üblichen Verdächtigen' aus Klassik und Romantik (so entstammt der Titel der Sammlung einem Zitat aus Clemens Brentanos bekanntem Loreley-Gedicht „Zu Bacharach am Rheine"), Vormärz und Realismus, Naturalismus und Expressionismus, Zwischen- und Nachkriegszeit sowie Literatur der Gegenwart mit teils typischen, teils untypischen Textbeispielen (wobei Annette von Droste-Hülshoff als einzige Frau fungiert). Zum anderen sind lange vergessene Außenseiter wie Christian Wagner und Jesse Thoor (d.i. Peter Karl Höfler) ebenso vertreten wie Kronauers unkonventionelle Lieblinge Ror Wolf und Eckhard Henscheid.

Weiteren und genaueren Aufschluss über die Lektüre-„Favoriten" Kronauers und über ihre damit eng verbundene eigene Poetik geben der Band mit alten und neuen **„Aufsätzen zur Literatur"** (2010) und vor allem ihre 2015 publizierte Essay-Sammlung „Poesie und Natur". Sie enthält die in Wien (Juni 2011), Tübingen (November 2011) und Zürich (Oktober/November 2012) abgehaltenen Poetikvorlesungen.

Die Titel der Vorlesungen lauten: „Mit Rücken und Gesicht zur Gesellschaft", „Wirkliches Leben und Literatur" und „Was ist schon ein Roman!". Ihr eigenes Dichtungsprogramm bestimmt sie hier als eine formbewusste Wahrnehmungspoetik, die avantgardistisch in dem Sinne ist, dass sie kreativ im Umgang mit literarischen Mustern und, auf der Suche nach der poetisch zündenden Form, hochkontrolliert verfährt. Sie bekennt sich dabei explizit zu einem politischen, insbesondere umwelt- bzw. naturpolitischen Anspruch, den sie selbst vor allem im Roman „Die Frau in den Kissen" realisiert sieht. Als engagiert begreift sie ihre Literatur aber auch im Sinne einer Sensibilisierung von Gefühl, Verstand und Fantasie ihrer Leser:innen. Aufgabe von Literatur sei es, den Kontakt zu den Höhen und Abgründen einer Natur – zu der auch der Mensch selbst gehöre – „wiederherzustellen" („Vom Umgang mit der Natur und wie sie mit uns umspringt"). In den meist zweigeteilten Vorlesungen erläutert Kronauer zunächst bestimmte literarische Verfahren am Beispiel ihres persönlichen Kanons – von Jean Paul über Adalbert Stifter, Herman Melville und Robert Walser bis zu Ror Wolf – und überträgt dies dann auf ihre eigene Schreibpraxis, legt Konstruktionsprinzipien und Ideen ihrer eigenen Texte frei.

Bereits mit dem Titel ihres elften, 2016 erschienenen Romans, **„Der Scheik von Aachen"**, knüpft Kronauer unübersehbar an Wilhelm Hauffs zweiten Märchen-Almanach „Der Scheik von Alessandria und seine Sklaven" (1827) an. Ähnlich wie in „Teufelsbrück" Anspielungen auf E.T.A. Hoffmanns Verzauberungsgeschichte „Der goldne Topf" die Schilderung des Geschehens grundieren, entwickelt Kronauer auch ihren „Scheik von Aachen" vor der Folie eines prominenten spätromantischen Prätextes. Den Rekurs auf das Genre des Kunstmärchens kombiniert sie mit Erzählmustern u. a. aus Kriminalroman, Liebesschmonzette, historischem Roman, Oper u. a. Es geht um Leben und Tod, um Schuld und Geständnis, zugleich aber geht es um das Erzählen selbst, um persönliche Legendenbildung, d.h. um die Macht der Literatur. Die zentralen Rollen spielen dabei, wiederum mit „Teufelsbrück" vergleichbar, einerseits das Dämonische und andererseits die Macht der Liebe. Den Ton von „Gewäsch und Gewimmel" aufnehmend, ist „Der Scheik von Aachen" ein erstaunlich leichtfüßiges Buch voller Komik, mit witzigen Dialogen und mit entschiedener Hinwendung zum Menschlich-Allzumenschlichen.

Der knapp 400 Seiten umfassende Roman ist in 14 durchnummerierte und betitelte Kapitel sowie einen lediglich mit einer Überschrift versehenen Nachsatz gegliedert. Das Geschehen ist in Aachen situiert, der Stadt, in der Kronauer ihre Jugend verbrachte (einige autobiografische Elemente sind eingewoben). Im Zentrum des Geschehens steht Anita Jannemann, die im Vorfrühling 2014 aus Zürich in ihre Heimatstadt Aachen zurückgekehrt ist. Ihren Job als „Brückenbauerin" zwischen verschiedenen Fakultäten an der ETH Zürich hat sie für ihre neue Liebe, den an der TH Aachen beschäftigten Naturwissenschaftler Mario Schleifelder aufgegeben; nun arbeitet sie übergangsweise als Verkäuferin in einem Kitsch- und Andenkenladen am Aachener Dom. Kurz nach der Einweihungsfeier für Anitas neue Wohnung verschwindet Mario freilich schon wieder aus ihrem Leben, zunächst scheinbar vorübergehend, um seiner großen Passion, der Bergsteigerei, nachzugehen. An dem höchsten Berg des Kaukasus jedoch, dem Elbrus, den er zu erklimmen sucht, wird er umkommen. Ob er tatsächlich Anitas große Liebe, gar die endlich seligmachende „Offenbarung" war, scheint ungewiss, im Grunde eher fraglich – denn zugleich wohnt man von Kapitel zu Kapitel ihrer allmählichen Annäherung an einen Witwer bei, den sie ‚den falschen Brammertz' nennt.

Unmittelbar nach ihrer Ankunft in Aachen hatte sich Anita genötigt gefühlt, ihre alte Tante Emmi Geidel zu besuchen, mit der sie ein von Schuldgefühlen belastetes Verhältnis verbindet. Bereits das erste Kapitel – „Der 15. April 1981" – erzählt in einer Rückblende von dem Schicksalstag im Leben der Tante, dem Tag nämlich, an dem ihr einziges Kind, der elfjährige Wolfgang, von einem Baum stürzte und zu Tode kam. Als tödlich erweist sich dabei nicht der Sturz selbst, sondern der Stich, den der Junge sich unwillkürlich mit dem in seiner Hand befindlichen Fahrtenmesser versetzt. Dass aber die seinerzeit neunjährige Anita mit diesem Messer etwas zu tun hat, wird gleich zu Beginn angedeutet. Als Anita nun, 33 Jahre später, ihre Tante wieder aufsucht, sieht sie sich mit einem Schweigetabu konfrontiert; der Name Wolfgang darf nicht einmal ausgesprochen, an den entsetzlichen Unfall nicht erinnert werden – und das, obgleich Emmi selbst unablässig um ihr Leid kreist, wie auch ihre Haushälterin, die zupackende Frau Bartosz, klagt.

Anita findet sich bei der knapp 80-jährigen, längst verwitweten Tante in der Rolle der unterhaltenden Geschichtenerzählerin wieder. Der Roman schildert neun Besuche bei Emmi. Jedes Mal erzählt Anita ihrer Tante etwas – sei es über ihren Freund Mario und dessen Liebe zu den Bergen, sei es über ihren neuen Chef, den homosexuellen Antiquitätenhändler und Zyniker Marzahn, sei es die Geschichte der Uranus-Entdeckerin Caroline Herschel oder aber eine eigenwillige Version des Mythos von Orpheus und Eurydike. Ihre Erzählungen werden dabei häufig mit Anspielungen auf Opern und Operetten verwoben – schon als Kind hatte sie von Wolfgang, genannt Wolf, eigentlich ‚Mimi' nach der Hauptfigur aus Giacomo Puccinis Oper „La Bohème" gerufen werden wollen; die emphatischen „Mario! Mario!"-Ausrufe, die Emmi angesichts von Anitas Lovestory ausstößt, erinnern sie an den armen Liebhaber und Maler Mario Cavaradossi aus Puccinis „Tosca" und ihre eigene Erzählung vom Kennenlernen mit Mario grundiert sie mit Ralph Benatzkys Singspiel „Im weißen Rößl".

Damit ist auf der Figurenebene eines der Zentralthemen Kronauers aufgenommen: die magische Strahlkraft der ästhetischen Muster, die Dramatisierung und Literarisierung des eigenen Lebens. […]

Brigitte Kronauers letztes Werk, **„Das Schöne, Schäbige, Schwankende"**, erschien kurz nach ihrem Tod im Jahr 2019. Von der Kritik wurde es als ihr Vermächtnis angesehen und dementsprechend gewürdigt. Es weist viele Anknüpfungspunkte zu früheren Texten Kronauers auf, von denen zumindest die Auffälligsten hier angesprochen seien. So wird das Buch im Untertitel als hybride Gattung der „Romangeschichten" benannt. Diese Formulierung bringt ein für die Autorin typisches Verfahren auf den Punkt, das bereits ihre Romane „Errötende Mörder", „Zwei schwarze Jäger" und „Gewäsch und Gewimmel" charakterisiert hat: den kaleidoskopartig aus unterschiedlichen Geschichten zusammengesetzten Langtext. Hier besteht er aus den fünf nummerierten Teilen „Das Schöne, Schäbige, Schwankende", „Die Vögel", „Sonst bürste ich dir die Lippen blutig", „Die Jahre mit Katja" und „Grünewald".

Ähnlich wie in „Zwei schwarze Jäger" wird im ersten Teil unter der Überschrift des Gesamttextes die Figur einer Schriftstellerin als mögliche werkinterne Urheberin und Verbindungselement aller Geschichten prologartig eingeführt. Sie hat sich hier zum ungestörten Schreiben in die „Einöde" des naturnahen Häuschens eines befreundeten Ornithologen zurückgezogen, der sich zusammen mit seiner Frau auf einer Forschungsreise in Mittelamerika befindet. In Analogie zur desaströsen Literaturlesung Rita Palkas in „Zwei schwarze Jäger" wird die (jetzt allerdings aus der Ich-Perspektive entworfene) Schreibszene der Schriftstellerin Charlotte mit autofiktionalen Kommentaren versehen. Wie schon in früheren Werken Kronauers (etwa in „Das Taschentuch") verweisen sie ironisch auf Rezeptionsstereotype, denen sich die Autorin häufig selbst ausgesetzt sah. So wurde sie zur schwer verständlichen Schriftstellerin stilisiert, lesbar höchstens von einer Handvoll Germanisten. Auch ihrem Alter Ego Charlotte wirft man vor, „mal grob, mal mit sanftem Kopfschütteln, vom sogenannten Plot nichts zu verstehen". Auf die Unterstellung „narrativer Impotenz" reagiert diese nun mit dem „ein bißchen aggressiv gemeinten", vorläufigen Titel ihres neuen Manuskripts namens „‚Glamouröse Handlungen'".

Inspiriert durch die Vogelabbildungen im ganzen Haus, „vom Eisvogel bis zum Östlichen Waldpiwi, vom Federhelm-Turako bis zum Schwarzstirnwürger", und dem beim Einschlafen imaginierten Stimmengewirr des Café Dante in Verona nimmt das Schreibprojekt Züge mittelalterlicher Tierdichtung in der allegorischen, schon in Kronauers Hörspiel **„Herr Hagenbeck hirtet"** (2014, abgedruckt im Sammelband **„Natur und Poesie"** 2015) reflektierten, moralisierenden Bestiariums-Tradition an: Die Schriftstellerin plant, Menschen als Vögel zu porträtieren, woraus dann der zweite, umfangreichste Teil von Kronauers Roman besteht – auch diese, an ästhetische Techniken der romantischen Ironie angelehnte Form der narrativen Metalepse und des Mise-en-abyme-Verfahrens eines ‚Buch im Buch' erinnert an „Zwei schwarze Jäger".

Charlottes „bürokratische Aufteilung" sieht 39 Einzelporträts vor, die „zu je dreizehn" in drei Abteilungen den titelgebenden Kategorien des Schönen, Schäbigen und Schwankenden zugeordnet werden sollen. Jede Figur hätte dabei eine ihrer Anlage entsprechende Entwicklungsgeschichte zu durchlaufen, was an die drei Jenseitsbereiche von Hölle, Paradies und Fegefeuer in Dantes „Göttlicher Komödie" gemahnt: „Die Schäbigen würden in einen stetigen Fall geraten", bei den Schönen könnte sich ganz „allmählich" ihr unaufhaltsamer „Aufstieg abzeichnen", während die Geschicke der Schwankenden „durchmischt" aus Auf- und Abstiegen gestaltet wären. Als allerdings der ornithologische Hausbesitzer und seine Frau vorzeitig von ihrer Costa Rica-Reise zurückkehren, wo sie Opfer eines „dilettantisch durchgeführten" Raubüberfalls bzw. eines Schlangenbisses geworden sind, nimmt der durchstrukturierte Schreibprozess ein vorschnelles Ende und versetzt „der sorgfältig geordneten Welt (der) Skizzen und Pläne einen brutalen Stoß. Plötzlich trudelten die Rubriken durcheinander, (…) alles verlor den sortierenden Halt" – eine selbstreflexive Replik auf die vor allem in Kronauers Frühwerk noch rigoros durchexerzierten Systematisierungen. Als „Muster zu einer Orientierung des Chaotischen", so Kronauer zu Beginn ihres Erzählbandes „Die Revolution der Nachahmung", wurden sie bereitgestellt, um für eine „trügerische (…) Ordnung der Dinge" zu sorgen.

Nichtsdestotrotz bestehen „Die Vögel" tatsächlich aus 39 Einzelepisoden, was (wohl ganz im programmatisch-didaktischen Sinne der Autorin) dazu verführt, den zweiten Teil von Kronauers Roman nun auch im vorgegebenen Schema zu lesen. Überschriften wie „Die Prächtige", „Der rote Lukas", „Rosetta", „Der Gärtner", „Die Krähe in der Ewigen Stadt" oder „Wilder Wellensittich" bezeichnen in der Regel die jeweils geschilderte Hauptfigur, welcher ein entsprechendes Pendant aus der Vogelwelt zugeordnet wird. Die meist in alltäglichen Szenerien angesiedelten Figuren durchleben Wende- und Umschlagspunkte zwischen Glück und Unglück, wenig bleibt so, wie es auf den ersten Blick scheint, häufig geht es um die Entzauberung ehemals prachtvoll-‚schöner' Erscheinungen, aber auch um menschliche Züge inmitten des ‚Schäbigen' oder um ‚Schwankend'-Ambivalentes, zuweilen versehen mit Sentenzen und Maximen der Erzählerin.

Demgegenüber enthalten die nachfolgenden Teile ausführlichere und linearer erzählte Geschichten. Teil III knüpft wieder an Teil I an, indem er Näheres zu Leben und Schreiben der Schriftstellerinnenfigur Charlotte, ihrem Partner Paul, der beglückenden Rettung ihrer Katze sowie der Wohnsituation von Charlottes nun auch für kurze Zeit „mit dem Schriftstellern" beginnenden Freundin Franziska liefert. Kronauers Alter Ego Charlotte, die ihre kindliche Schreibinitiation als Reaktion auf den hier titelgebenden, vor ordinären Ausdrücken warnenden Spruch „Sonst bürste ich dir die Lippen blutig" ihrer Mutter versteht, klagt hingegen über zunehmende Erschöpfungssymptome bezüglich ihrer Schreibprojekte. Vor dem Hintergrund von Kronauers langer schwerer Krankheit ist man versucht, auch dies autofiktional zu lesen.

Teil IV, „Die Jahre mit Katja", schildert indes voller Elan das skandalöse Schicksal der (wie Kronauer selbst) im Ruhrgebiet der biederen Nachkriegszeit aufgewachsenen Titelfigur, und zwar aus der teils bewundernden, teils besorgten Perspektive der mit ihr verwandten Ich-Erzählerin. Katja verdient ihr Geld als „eine Art Bardame", ist mit einem strizzihaften deutsch-italienischen Barbesitzer aus Essen liiert sowie – nach dessen anscheinend von der Mafia veranlasster Ermordung – alleinerziehende Mutter einer kleinen Tochter, die sie schließlich ins Waisenhaus geben muss. „In ihrem Pelzmantel mit frisch angemalten, schillernden Lippen" bildet Katja, so ihre treue Chronistin, dabei das verrufene „Glanzstück" der Straße, bevor sie noch jung an Brustkrebs verstirbt.

Ähnlich unkonventionell, wenngleich etwas weniger kolportagehaft ausgestellt, verhält es sich mit der Geschichte des abschließenden fünften Teils. Sein Titel, „Grünewald", verweist auf Matthias Grünewald und dessen Isenheimer Altar. Er spielte in Kronauers Texten des Öfteren eine Rolle (besonders prominent in „Rita Münster") und wird hier ebenso kenntnisreich wie trostspendend von dem über 90-jährigen Literaturprofessor Waldenburg betrachtet. […] Das Ende der kaleidoskopisch zusammengesetzten „Romangeschichten" wirkt zugleich wie ein Abschied der im Alter von 78 Jahren verstorbenen Autorin.

Anm.: Die Darstellung stammt bis einschließl. von „Die Einöde und ihr Prophet" von G. Ullrich, bis „Zwei schwarze Jäger" von S. Cramer, danach von J. Bertschik und T. van Hoorn.

Der vollständige Beitrag **„Brigitte Kronauer"** im Kritischen Lexikon zur deutschsprachigen Gegenwartsliteratur ist einzusehen unter: www.klg-lexikon.de.

ECKHARD FRANKE / ROMAN LUCKSCHEITER / INGRID LAURIEN

Monika Maron

„Manchmal fielen mir Sätze ein, die ich nicht gedacht hatte. Sie stiegen auf aus der Heimlichkeit", heißt es in Monika Marons Roman **„Stille Zeile sechs"**. Mit dem 1991 erschienenen Buch kehrte die Autorin zurück in eine untergegangene Zeit, die nur wenige Jahre zurücklag, in das bleierne Klima der DDR Mitte der 1980er Jahre. Aus dem Verborgenen, heißt es in dem Roman weiter, kamen „in mein Wachsein" die Sätze „wie eine Flaschenpost. Alle diese Sätze begannen mit: übermorgen". Heimlichkeit und Hoffnung, Trauer und Träume sind die Pole in den Werken Monika Marons, die seit Mitte der 1970er Jahre entstanden sind. Keines ihrer Bücher konnte in der ehemaligen DDR erscheinen, denn sie registrieren (und provozieren) das politische und geistige Klima, in dem (und gegen das) sie entstanden sind, mit großer Sensibilität und Kompromisslosigkeit. Monika Marons Schreibgestus gründet im Pathos des Widerständigen. Die stolze Rigidität der individuellen, zur gängigen oder verordneten Meinung quer stehenden Sicht auf die Dinge motiviert ihre in der DDR entstandenen Arbeiten. Dies umso mehr, als Schriftsteller „im ohnehin schlecht besetzten Chor der öffentlichen Meinung den Part der Journalisten mitsingen müssen" (Monika Maron im veröffentlichten Briefwechsel mit Joseph von Westphalen). Sie weiß um die Widersprüche der schreibenden Zunft, sowohl der journalistischen als auch der literarischen, hat ihre Erfahrungen in beiden. Bereits mit einem relativ schmalen Werk im Westen viel diskutiert (und in der DDR heimlich gelesen), sucht und behauptet die frühere Reporterin, seit sie ihren Brotberuf dank materieller Unabhängigkeit aufgeben konnte, ihre „eigene Wahrheit". Ihre Literatur ignoriert die Grenzen der bürokratischen, (kleinbürgerlich-)ideologischen Zulässigkeiten; ihre Sprache macht Abwehr deutlich gegen die Kastration und Verfälschung durch doktrinäre Sprach- (und Denk-)Regelungen.

In der westlichen Rezeption wurde sie damals auch als eine „Autorin des Rückzugs" tituliert (Christoph Neidhart), da ihre Heldinnen sich der Auseinandersetzung mit der realen Welt entzögen, sich vor den Schwierigkeiten davonmachten, eingeigelt in die Innenräume privater Erinnerung und Träumerei. Übersehen wurde dabei der aktive Part, die bewusste Entscheidung gegen die „Einübung in den Chorgesang" (ähnlich der Julia in Helga Schütz' Roman „Julia oder die Erziehung zum Chorgesang" von 1980). In der Literatur aus (und teilweise in) der ehemaligen DDR stand Monika Maron mit ihrem Thema der (Selbst-)Behauptung des Individuums gegen die Ansprüche des Kollektivs in einer Tradition, die von Christa Wolf bis zu Autoren wie Lutz Rathenow reicht. Gegen die Anpassung, gegen den bewusstlosen (beruflichen, privaten, gesellschaftlichen) Alltagstrott, gegen den, wie es in Christa Wolfs „Kindheitsmuster" (1976) heißt, „merkwürdigen Mangel an Eigentümlichkeit, der dem Verhalten vieler Zeitgenossen anhaftet", proben ihre literarischen Gestalten die Behauptung eines eigenen, ihnen ‚gemäßen' Lebens – und sei es als Entwurf. Als behaupteter Freiraum eigener Fantasie, eigener Träume. Die literarische Erkundung der expressiven Fantastik, die ‚reale' Handlungselemente und (wach)träumerisches Kopf-Geschehen saumlos ineinander verwebt, ist freilich erst Ergebnis einer Entwicklung, die mit dem Debütroman **„Flugasche"** (1981) zunächst in konventioneller Stilhaltung, realistisch-konkreter Erzählweise und einer mehr journalistisch-präzisen denn poetisch-ambitionierten Sprache begann.

„Flugasche" ist der Roman eines Umbruchs, einer schwierigen Selbst-Behauptung. Die junge Journalistin Josefa Nadler schreibt eine ungeschminkte Reportage über die sächsische Industriestadt Bitterfeld („die schmutzigste Stadt Europas"). Sie berichtet von einem überalterten, maroden Kraftwerk, von dessen giftigen Aschen-Emissionen, von ihren Begegnungen mit den Arbeitern, die nurmehr sarkastisch reagieren auf eine Reporterin, die vorgibt, „die Wahrheit" schreiben zu wollen. Josefa berichtet ohne den ideologischen Buntstift von der vorgefundenen Grauheit und Entfremdung, vom körperlichen Raubbau der industriellen Schwerstarbeit, von der trostlosen, zerstörten Umwelt. Die Heldin, die zwischen Beruf und Privatleben ihre oft anarchischen Wünsche und Sehnsüchte nach Freizügigkeit und (weiblicher) Autonomie zu realisieren versucht, radikalisiert sich in dem Maße, in dem die Widerstände ihrer (männlichen) Umgebung wachsen. Sie erlebt den einsetzenden Prozess persönlicher Distanzierungen, die Isolation, in der sie sich – halb hineingedrängt, halb Ruhe suchend – wiederfindet. Ihr Rückzug in die eigenen vier Wände, ihre erschöpfte, frustrierte Müdigkeit wird am Ende (ironisch?) mit einem Hauch konkreter Utopie kontrastiert: Während die Genossen der Betriebsgruppe noch über den Parteiausschluss Josefas beraten, hat inzwischen andernorts der Höchste Rat die Stilllegung des menschenfeindlichen Kraftwerks beschlossen.

„Flugasche" war – geschrieben ein Jahrzehnt vor Christa Wolfs „Störfall" (1987) – der erste, und er blieb einer der ganz wenigen Romane aus der DDR, in denen die grassierende Umweltzerstörung ungeschminkt offengelegt wurde – ein „eher journalistisches als literarisches Buch", urteilte denn auch der Kritiker Marcel Reich-Ranicki und nannte das Werk eine „belletristisch aufbereitete Reportage, also einen Pseudoroman". Es war nicht das Umweltthema allein, das dieses Buch (das in einigen hundert Exemplaren heimlich auch in der DDR zirkulierte) zu einem ungewöhnlichen Auskunftgeber über die Verhältnisse ‚im anderen Deutschland' machte. Erstmals vermittelte ein Roman auch ein komplexeres, ernstzunehmendes Bild von der Arbeit und den Methoden einer Zunft, die man zuvor, in einem Roman wie Hermann Kants „Impressum" (1972) etwa, eher anekdotisch bzw. idealisch verklärt kennengelernt hatte: dem Journalismus in der DDR. Maron vermittelt lebendige, in den Abläufen und Mechanismen aufschlussreiche Innenansichten aus der Redaktion einer Wochenzeitung; Beschreibungen der als ‚kämpferische Parteilichkeit' camouflierten politischen Schwarzweißmalerei, des oktroyierten Opportunismus, aber auch der kleinen, unauffälligen Widerstandsformen der Wenigen (die damit bereits Mut beweisen) gegen den Trott der ideologischen Saubermänner. Sie erzählt vom zynischen Umgang der Journalisten mit der eigenen (vergewaltigten) Lebenserfahrung, mit dem unterdrückten Wissen sowie den demagogisch präparierten Wahrnehmungen und Bewertungen.

Ein Licht auch auf das politische Verhältnis der Generationen in der DDR wirft die Beziehung, die Monika Maron beschreibt zwischen Josefa und der älteren, lebensklugen Kollegin Luise, einer müde gewordenen Altsozialistin. Luise hegt Sympathie für Josefas Aufbegehren, weiß aber auch, durch Rückschläge geprägt und geduldiger als die Jüngere, um die realistische Einschätzung der Kräfte, Verhältnisse und Veränderungsmöglichkeiten im ‚real existierenden' Sozialismus. Josefas kritischem Missmut begegnet die Ältere mit dem stets relativierenden Hinweis auf das im Vergleich zur (faschistischen) Vergangenheit Erreichte – eine Sicht auf die Dinge, deren abwiegelnden Charakter Josefa verabscheut. Dieses Problem der Nachgeborenen war ein Topos geworden in der DDR-Literatur der Jüngeren, auffälligerweise gerade auch dort, wo Autoren dieser jüngeren Generation aus prominenten Familien oder denen des Politestablishments stammen, wie beispielsweise auch Thomas Brasch (Jg. 1945), über den Heiner Müller (Jg. 1929) einmal schrieb, er gehöre zu jener Generation, „die den Sozialismus nicht als Hoffnung auf das Andere erfahren" habe, sondern nurmehr „als deformierte Realität". Die Generation Monika Marons kennt das Aufbau-Pathos, den alten kommunistischen Impetus für die „große gemeinsame Sache" nicht mehr als existentielle Erfahrung. Diese wurde abgelöst von einer stärkeren Behauptung persönlicher Ansprüche und eines individuellen Lebensentwurfs, gegen dessen Begrenzung sich die Maron-Heldinnen zu wehren suchen (Josefa: „Sie betrügen mich um mich, um meine Eigenschaften. Alles, was ich bin, darf ich nicht sein"). Jenseits dieser Bevormundungen entdecken sie die entgrenzende Welt der Träume. Es sind dies Wachträume, die keine Idyllen bieten, sondern die neuerliche Ausgrenzung und Isolation bereits mitreflektieren.

Als literarisches Mittel wirken in „Flugasche" die Tagträume und Fantasien der verklausulierten Identitäts-Suche oft noch aufgesetzt; sie wollen allzu betont den nüchternen, realistisch-journalistischen Erzählgestus aufbrechen und poetische ‚Gegenwelten' konstituieren. Souveräner im Umgang, geglückter in den experimentellen Erprobungen von surrealen Bilderwelten, expressiven Traumgestaltungen und phantasmagorischen Erzählmomenten und -perspektiven wurde erst ihr zweiter Roman „Die Überläuferin" (1986). Vorher, ein schwaches Werk des Übergangs, markiert der Sammelband **„Das Mißverständnis"** (1982) bereits die ersten Ausformungen sprachlicher und erzählerischer Mittel, die Suche nach dem „starken" Ausdruck, der erkennbar eigenen Metapher und Bilderwelt. Archaische Landschafts- und Seelen-Bilder werden in zwei Erzählungen, in „Annaeva" und in der Titelgeschichte, allzu kunstfertig beschworen, Sehnsüchte effektbewusst ins Mythische emporstilisiert. Beschrieben werden scheiternde surreale oder erträumte Fluchten aus ereignisloser gesellschaftlicher Determination und „unendlicher Langeweile"; Frauen stehen im Mittelpunkt, befallen vom Gefühl der Überflüssigkeit und Trostlosigkeit in einer gleichgültig gewordenen Welt. Die stärkste Erzählung des Bandes ist die real(istisch)-satirische, ganz unprätentiöse Lebens(abend)-skizze eines mittleren Funktionärs, der aus Gesundheitsgründen vorzeitig aufs Altenteil (und in die machtlos-anonyme Bedeutungslosigkeit) geschoben wird.

Insgesamt bietet dieser dem Erfolg mit „Flugasche" nachgeschobene Sammelband den Eindruck disparater dichterischer Versuche, bestenfalls Vorbereitungen, Einübungen in die mehrjährige Roman-Arbeit an „Die Überläuferin".

Die Annäherungs-Sehnsüchte, Ganzheitsträume der Frau, die Berührungsängste, die Unfähigkeiten der Männer und ihre kopflastige Fühllosigkeit – dies sind die Gestalt-Komposita auch ihres Theatertextes „Ada und Evald" (abgedruckt im Sammelband „Das Mißverständnis"). Die diplomierte Theaterwissenschaftlerin bricht in ihrer Spielvorlage, einer Kombination aus Dialog, Erzählung, szenischen Anweisungen, Traumprotokollen, Notaten, bewusst mit den traditionellen dramatischen Formen. Teils in planen Alltagsszenen, die mit philosophischen Sentenzen durchschossen sind, teils in enigmatischen Erzähl-Bildern, Träumen und Sinn-(Er)Findungen entfaltet die Autorin hier das Tableau fragmentarischer Identitätssuche und Bewusstseins-Befragungen.

Ada, die (aus dem Paradies in die Zivilisation) gefallene „Männin", liebt Evald; in ihrer Anlehnung an ihn sucht sie die verlorene Ganzheit, das stolze Selbst-Sein zurückzugewinnen. Dieser „romantischen Kuh" (Maron) steht, mit Berliner Schnauze, das herb-offenherzige Clairchen gegenüber, ein Weib von wuchernder Körperfülle. In ihr verkörpern sich Hoffnung, unsentimentaler Trotz-alledem-Optimismus und ein burschikos-trockener Pragmatismus dem Leben gegenüber. Am Ende vermählt sich Clairchen, die ungeliebte, nie umarmte, mit ihrem Geliebten, einem Baum; sie hängt sich ihm in die Äste, von denen sie umschlungen wird, verschmelzend, verschwindend, die märchenhafte Apotheose als vollkommene (Auf-)Lösung.

Die Figuren in Marons Theaterpartitur wirken allesamt wie polemische Gegenbilder zur Lichtgestalt der „allseitig entwickelten (sozialistischen) Persönlichkeit". Der verhinderte junge Selbstmörder, der sich, leger einen Strick um den Hals und mit kokettem Blick aufs mögliche Ende, um die Bewältigung der Gegenwart zu drücken versucht, offenbart dabei denselben Wirklichkeitsmangel wie Philosoph X, dessen Geschichtswissen sich in effektvoll-blutrünstig raunenden Apokalypsevisionen aufspielt (eine sarkastische Anspielung auf Heiner Müllers Geschichtscollagen, auf dessen sprach- und bildmächtig-spekulatives Polit-Grand-Guignol).

In den Frontstellungen des Geschlechterkampfes mit seinen modernen Rollenverschiebungen zeigen sich die Männer, betrachtet man Marons literarische Gestalten, trotz aller (oder gerade wegen ihrer) äußeren Durchsetzungskraft innerlich lädierter als die Frauen. Deren Seinsgewissheit erscheint – wie auch bei den weiblichen Figuren einer Christa Wolf, einer Helga Schütz und, auf andere Weise und mit anderem (Erfahrens- und Reflexions-)Hintergrund, einer Gabriele Wohmann – doch unzerbrochener, wenigstens in den Hoffnungen und Sehnsüchten lebendiger, vitaler.

Seit Mitte der 1970er Jahre (der Zeit der literarischen Anfänge Monika Marons) kam unter DDR-Schriftstellerinnen, beginnend etwa mit Irmtraud Morgners Trobadora-Roman, in Stoffen und Motiven der neue fantastische, traumorientierte Ton auf, der das Surreale und das bizarr Vorbewusste in der Wirklichkeits-Darstellung gleichberechtigt mit einbezieht. Die kritische Sicht auf die Gesellschaft (und auf die Männer) bekam eine poetisch überhöhte, die Innenräume der persönlichen und gesellschaftlichen Erfahrung ausschreitende Dimension. Diese Suche nach einer Wirklichkeit hinter der Wirklichkeit, nach der Wirklichkeit der (Wach-)Träume und Lebens-Fantasien, die die plane Realität transzendieren und das im Alltag Unerreichte einlösen – Hoffnung vor allem, utopische Konkretion –, hat Maron in ihrem Roman **„Die Überläuferin"** (1986) gestaltet.

Einer jungen Frau, der ehrgeizigen Wissenschaftlerin Rosalind Polkowski, versagt (sich) eines Morgens der Körper; es ist, als reagiere er auf eine internalisierte Unterdrückung, auf eine innere Verkrüppelung mit einer äußeren (ähnlich vielleicht der Wandlung von Kafkas Gregor Samsa). Rosalinds Beine sind plötzlich gelähmt, begrenzen ihren Radius auf die wenigen Quadratmeter ihres Zimmers, das zur unentrinnbaren Zelle wird. Sie kapselt sich ab. So wenig, wie ihr das bislang vertraute Leben zu fehlen scheint, so wenig wird auch ihr Fehlen am Arbeitsplatz oder im Freundeskreis auffällig. Sie bleibt allein, unbehelligt; ausgesetzt nur ihrer Erinnerung, ihrer Fantasie, ihren Gedanken und den auftauchenden Wünschen, Vorstellungen, Obsessionen, Träumen, Bildern. Befreiung und Heimsuchung zugleich: Alles, was sie zuvor in sich selbst weggedrängt oder verloren hatte, taucht – bereichernd oder beklemmend – in ihrer neuen Einsamkeit (und Selbst-Konzentration) wieder auf. Verteilt auf Figuren der Erinnerung oder der Angst, der Projektionen und Hoffnungen, fiktive Gestalten, Hirngeburten, die ins Zimmer treten und sich mit ihr in „Dialog" und Handlung bringen.

In Zwischenspielen, grotesk-komischen Tribunal-Szenen, bilden sich in der Vorstellungswelt der Heldin die inneren Konflikte mit sich selbst und mit der Gesellschaft ab. Dieses fast kabarettistische Kopf-Theater wird ‚gespielt' von typisiertem Personal; es sind Verkörperungen von Machtanmaßung, resignierter Leisetreterei, heimtückischem Opportunismus und gutmeinender Mitläufer-Perfidie. Diese Gestalten sitzen – ähnlich wie die Genossen und Funktionäre, vor denen sich die Journalistin Josefa Nadler in „Flugasche" zu verantworten hat – zu Gericht über Rosalind und ihre unbotmäßige, unkontrollierte individuelle Fantasie. Marons Attacken gegen arrogante Bürokraten-Engstirnigkeit und „staatstragenden Stumpfsinn" (Joachim Kaiser), gegen inquisitorische Anpassungsforderungen und bedrohliche Überlegenheitsgesten sind in diesem Roman gleichwohl weniger direkt-vordergründig als in „Flugasche"; sie spiegeln sich auch in der literarischen Form. In ihr ist der (stark anarchistisch geprägte) „Widerspruch gegen alles Genormte und Vereinheitlichte" (Elsbeth Pulver) auch stilistisch verarbeitet und in den Erzählvorgang eingebunden. Die „Tatträumer" von heute, heißt es in der „Überläuferin" an einer Stelle, sind die Täter von morgen. Hier äußert sich die Hoffnung (oder die Angst, je nach Perspektive) auf den Rückzug, der zum Aufbruch wird: Die in der Fantasie geschaffenen neuen Räume (des Denkens, Handelns, der erwachten Utopie) als Vorbereitung realer Freiräume in einer erhofften Zukunft. Monika Maron ist Realistin (und ehrlich) genug, die antreibende These ihres Romans am Ende zu verwerfen, daß der Einzelne dort, wo er sich aus dem gesellschaftlichen Eingebundensein ganz zurückzieht, „die wirkliche Freiheit gewinnt, die Freiheit der Phantasie und des Denkens" (Interview).

Als sich im Sommer 1989 die politischen Verhältnisse in der DDR dramatisch zu verändern begannen, hielt sich Monika Maron, ausgestattet mit einem befristeten Visum, bereits seit einem Jahr in der Bundesrepublik auf. Noch vor Ablauf des Dreijahresvisums gab es die Mauer, gab es die DDR nicht mehr. In einer Reihe von Aufsätzen, Essays und Vorträgen (veröffentlicht u. a. im „Spiegel", in der „Zeit", im „Kursbuch", später gesammelt publiziert in dem Band „Nach Maßgabe meiner Begreifungskraft", 1993) kommentierte sie pointiert und engagiert die politischen Zeitläufte und gab Auskunft über ihre eigene Haltung zu der sich rasant wandelnden DDR, zur deutschen Vereinigung und zu den Gründen für ihren Weggang 1988. Besonderes Aufsehen erregte dabei ihr Essay **„Zonophobie"** (1992), eine emotionale und, wie sie selbst einräumt, vielleicht auch „ungerechte" Auseinandersetzung mit der zum „Alptraum" gewordenen deutschen Einheit im Allgemeinen, und mit den „ehemaligen Staatsbürgerschaftsgefährten" insbesondere („ich bin an ihrer Dumpfheit und Duldsamkeit, an ihrer Duckmäuserei und ihrem feigen Ordnungssinn oft verzweifelt"). Sie geißelte die trotzige Larmoyanz und die selbstmitleidige, initiativlose Klagelust vieler ehemaliger DDR-Bürger, die sich drei Jahre nach der Wende schon um die versprochenen ‚blühenden Landschaften' betrogen und von den „arroganten Westdeutschen" übervorteilt fühlten. „Die neue ostdeutsche Einheitsfront, die von der PDS über Diestel (nach der Wende einflußreicher Politiker der Ost-CDU, als letzter DDR-Innenminister in Verruf gekommen, weil er ehemalige Mitarbeiter des Staatssicherheitsdienstes ins Ministerium berief, er wurde auch für die Vernichtung von Stasiakten verantwortlich gemacht; E. F.) bis zu den Neonazis reicht, verrührt die DDR-Geschichte zu einem einzigen Opferbrei, die eigene Vergangenheit wird unter dem neuen Feindbild begraben, ein neues Wir ist geboren, ‚wir aus dem Osten'; endlich dürfen alle Opfer sein, Opfer des Westens." Es ist dies die enttäuschte Zwischenbilanz einer Autorin, die keine drei Jahre zuvor, unter dem Eindruck des Herbstes 1989, noch begeistert von dem „Wandel einer deprimierten, klagenden Masse von Menschen in ein entschlossenes Volk" schreiben und sprechen konnte – in ihrem Vortrag „Ich war ein antifaschistisches Kind", das die aktuellen Zeitläufte mit der eigenen Familiengeschichte und den darin begründeten Einstellungen zu Deutschland und seiner Geschichte auf eindrucksvolle und persönliche Weise verschränkt (in der Reihe ‚Reden über das eigene Land: Deutschland' zuerst in „Die Zeit", 1.12.1989, nachgedruckt im Sammelband „Nach Maßgabe meiner Begreifungskraft").

In dieser Zeit des Umbruchs entstand der (später mit dem Kleist-Preis ausgezeichnete) Roman **„Stille Zeile sechs"** (1991). Hier begegnet der Leser, fünf Jahre nach Veröffentlichung der „Überläuferin", einer bereits bekannten Figur: der launig-widerständigen Historikerin Rosalind Polkowski. Zwar handelt es sich bei dem neuen Werk nicht um eine Fortsetzung, trotzdem zeigt sich – in der unterschiedlichen Spiegelung von gesellschaftlicher Realität und Befindlichkeit ‚derselben Figur' – eine Wandlung des Welterlebens und der Reflexion auf eine andere Zeit. An der veränderten Gestalt dieser Heldin, aber auch an dem veränderten literarischen Stil Monika Marons lässt sich der Zeitenbruch deutlich ablesen. „Stille Zeile sechs" ist angesiedelt in einer Phase der Stagnation, der Verhärtungen (Mitte der 1980er Jahre), in der von den kommenden Umwälzungen kaum etwas zu ahnen, geschweige denn der Zusammenbruch des gesamten Regimes, der Gesellschaft, der Ideologie voraussehbar war. Geschrieben wurde der Roman gleichwohl (zum größten Teil) erst in der Zeit, in der, was zuvor allenfalls Hoffnung, fernes Träumen war, eingelöst schien, so oder so.

Die Beerdigung eines in realsozialistischen Ehren ergrauten Bonzen rahmt die Erzähleben des Romans. Rosalind Polkowski, eine Generation jünger als der Verstorbene, ist stille Beobachterin der Grablegung des Mannes, dem sie in seinen letzten Lebensmonaten als

Schreibkraft gedient hatte: Von der Partei aufgefordert, diktierte Herbert Beerenbaum seine Memoiren. Der pensionierte „Professor ohne Volksschulabschluß", aufgewachsen als Arbeiterkind im Ruhrgebiet, Kommunist geworden, hat den Faschismus und die stalinistischen Säuberungen überlebt, danach als unnachgiebiger „Beauftragter für ideologische Fragen" an der Universität Berlin fungiert und die ‚aus Ruinen auferstandene' DDR mitgeprägt. „Stille Zeile sechs" ist die Wohnanschrift Beerenbaums im Berliner Stadtteil Pankow, dem früheren Partei- und Regierungsviertel. Dort trifft sich Rosalind Polkowski zweimal die Woche mit dem Altstalinisten zum Diktat, seit die gelernte Historikerin den Dienst im Barabas'schen Forschungsinstitut quittiert und ihr Sachgebiet ‚proletarische Bewegungen in Sachsen und Thüringen' mit dem Vorsatz verlassen hat, nie mehr die vorgestanzten Denkweisen nachzubeten, überhaupt „nicht mehr für Geld (zu) denken". Während sie Beerenbaums Memoiren tippt – mit all den abgedroschenen Phrasen, mit den bekannten Aussparungen, Beschönigungen und Lügen – versucht sie, innerlich unbeteiligt zu bleiben, was ihr misslingt. In Beerenbaum begegnet sie auch ihrem Vater, seinen zu Satzhülsen verdorrten Überzeugungen, seiner Rechthaberei und der Ignoranz dessen, der sich unwiderruflich ‚auf der richtigen Seite' weiß, einer, der die eigenen Zweifel und Fragen verdrängt (und, als Schuldirektor, die der jüngeren Generation unterdrückt) hat. Beerenbaum verkörpert zunehmend für Rosalind all das, was ihr das Leben grau, bleiern, unerträglich macht.

Aus der Begegnung dieser beiden konträren Figuren wird bei Monika Maron mehr als nur eine symptomatische Individualgeschichte, hier entsteht auch ein Zeitbild der DDR der 1980er Jahre. Mit nüchtern-realistischem Strich skizziert die Autorin die „Anatomie der Macht und der Angst, die vierzig Jahre lang eine Gesellschaft von Usurpatoren und Jasagern zusammenhielt" (Heinrich Vogler).

In der Verschränkung von Gegenwärtigem und Vergangenem, von Bestandsaufnahme und pointierter Suche nach den historischen Begründungen, von persönlich-menschlichen und eminent politischen Faktoren fächert Monika Maron hier die Frage auf, wie es möglich war, dass jene, die – gerade nach der Erfahrung der nationalsozialistischen Barbarei und politischen Verfolgung – Unmenschlichkeit und Unterdrückung bekämpfen und ein ‚neues Deutschland' errichten wollten, schließlich selbst einen unmenschlichen, totalitären Staat aufbauten (und dies im besten Glauben).

Hatte die westdeutsche 68er-Generation in einer Phase des wachsenden Wohlstands, der Saturierung und der Verdrängungen die eigenen Väter mit deren (Nazi-)Vergangenheit konfrontiert und die Schuld-Frage gestellt, so unternimmt nun Monika Maron in ihrem Roman etwas Ähnliches gegenüber der ostdeutschen Funktionärs-Generation der „hochgekommenen Proletarierkinder", die den Sozialismus aufbauen wollten und ihn mit furchtbarer Gründlichkeit realsozialistisch desavouiert haben.

In der Zeit, da Monika Maron in der DDR lebte und schrieb, setzte sie gegen die ignorante Macht der äußeren Wirklichkeit die innere Kraft des fantastischen Entwurfes. „Der Wirklichkeit meiner Träume", hatte sie damals in einem Interview gesagt, „kann nicht widersprochen werden." Als im Spätsommer 1989 die Grenze zwischen Ungarn und Österreich für die DDR-Bürger zum „ersten wirklichen Loch in der Mauer" geworden war, schrieb Monika Maron (im „Spiegel" vom 14.8.1989, „Warum bin ich selbst gegangen?"): „Träume, die nie an der Realität überprüft werden können, führen ein Eigenleben. Diffus und verlockend schimmern sie hinter jedem Verdruß als Ausweg und Verheißung." Es fällt auf, dass das (literarische) Traumspiel, das Hinübergleiten in Freiräume, die sich nur (noch) der Fantasie eröffnen, die expressiven Visionsbilder, dass die Elemente also, die zunehmend die stilistische Gestalt der Arbeiten Monika Marons geprägt hatten, bereits in ihrem ersten nach der ‚Wende' erschienenen Roman nicht mehr vorkamen. „Stille Zeile sechs" ist lakonische, verdichtete Prosa, „so kunstvoll wie unauffällig komponiert, schlicht und souverän in einem" (Marcel Reich-Ranicki). Der Roman beginnt mit einer Verweigerungshaltung, mit dem Rückzug einer Historikerin aus der grauen und abhängigen Monotonie eines ‚gegen Geld verkauften Denkens', und er endet mit einem ersten, noch unscheinbaren Aufbruch. Der (in der Rückschau schon symbolisch zu lesende) Tod des alten Funktionärs übt auf die Romanheldin eine befreiende Kraft aus, beinahe eine

Erlösung-zu-sich-selber: „Ich verabschiedete Beerenbaum nicht einfach aus dem Leben, ich verabschiedete ihn aus meinem Leben, in dem er, lange bevor wir uns begegnet waren, Platz genommen hatte, als wäre es sein eigenes."

Auch die in den folgenden Jahren entstandenen Texte stellen immer wieder neue Auseinandersetzungen mit der DDR-Vergangenheit dar. Der Roman **„Animal triste"** (1996) ist auf den ersten Blick jedoch eine schlichte Liebesgeschichte:

> Die allein stehende Ich-Erzählerin arbeitet als Paläontologin am Berliner Museum für Naturkunde und begegnet eines Tages dem verheirateten Biologen Franz aus Ulm, der als Mitglied einer Kommission über die Abwicklung der einstigen DDR-Einrichtung mitentscheidet. Zwischen den beiden Hauptfiguren mittleren Alters entsteht eine intensive Liebesbeziehung, die für die Frau eine Entdeckung ihres Körpers und die Überwindung des Gefühls alt zu sein bedeutet, für den Mann jedoch nie über den Status des Heimlichen hinausgeht. Als er mit seiner Ehefrau für einige Wochen nach Schottland reist, gerät seine Geliebte an den Rand des Wahnsinns. Nach seiner Rückkehr kommt es zu einem verhängnisvollen letzten gemeinsamen Abend: Weil sie an seiner Absicht zweifelt, weiterhin zu ihr zu kommen, will sie ihn an der Bushaltestelle davon abhalten, wegzufahren – bis es zu einem Gerangel kommt, bei dem er vom heranfahrenden Bus erfasst und getötet wird. Fortan lebt die Ich-Erzählerin in der Ungewissheit eine Mörderin zu sein und zugleich in der entrückten Traumwelt der Erinnerungen an die glücklichste Zeit ihres Lebens.

Die Geschichte dieser gescheiterten, aber im Kopf aufrecht erhaltenen *amour fou* wird in einer subjektiven Sprache aus der traumatisierten Perspektive der Geliebten rekonstruiert. Maron situiert sie in Berlin, nach dem Fall der Mauer. Damit erhält das Befreiungserlebnis, das die Ich-Erzählerin der spät entdeckten Liebe verdankt, einen zugleich historischen wie metaphorischen Ort: „Man konnte sich auf uns, auf die Stadt und mich, nicht mehr verlassen. (…) Ich war nicht mehr, wofür sie mich gehalten hatten", resümiert sie rückblickend ihre Euphorie, in der sie die Liebe zu Franz zu ihrem einzigen Lebensgrund erklärte.

Den Roman durchzieht das Leitmotiv der Erzählerin, man könne „im Leben nichts versäumen als die Liebe". Das lässt sich auf zweifache Weise verstehen: Zum einen als impliziter Vorwurf an Franz, der aus bloßer Feigheit bei seiner Ehefrau bleibe, zum anderen aber vor allem als Devise einer Frau, die sich durch die politischen Zwänge um Möglichkeiten der persönlichen Entfaltung betrogen wähnt und wie zum Trost den Triumph der ewigen Liebe über vergängliche Systeme feiert. Ihr verwirrtes Gefühl, auch nach Franz' Tod noch immer mit ihm zusammen in einer Sphäre der Zeitlosigkeit zu leben „wie im luftigen Innern einer Kugel", wird kenntlich als private Flucht und korrespondiert mit der beruflichen „Liebe" zum Brachiosaurus-Skelett, die es ihr zu DDR-Zeiten erlaubte, die Unbill der Gegenwart im Kontakt mit den Zeugnissen einer Million von Jahren umfassenden Geschichte zu relativieren, ja zu vergessen. So schildert der Roman auch den Einfluss der Diktatur bis in die psychische und physische Verfasstheit hinein. Die krankhaft verabsolutierte Liebe ist lesbar als Ausbruchsversuch aus einer krank machenden geschichtlichen Prägung, als Befreiung von selbst verordneten, hinderlichen und lästigen Lebensmaximen, die, wie es einmal heißt, unter der „Herrschaft des Absurden" als persönliche „Ordnungsversuche" aufgestellt worden waren.

Die Kritik hat den Roman begeistert aufgenommen und „Animal triste" nicht nur als eindrücklichen Liebes- sondern auch als eindringlichen Zeitroman hervorgehoben. Martin Krumbholz projizierte beide Ebenen ineinander, indem er betonte, wie der Roman die Liebe als „letzte grausame Utopie" vorführe. Die Forschung ist alsbald vor allem den intertextuellen Bezügen nachgegangen, die von Maron im Text selbst auch explizit benannt worden sind: Wenn ihre Ich-Erzählerin über die „Wollust am Unmöglichen" reflektiert, zitiert sie sogleich Tristan und Isolde, Romeo und Julia, Anna Karenina und Penthesilea, die später noch einmal zusammen mit dem Käthchen von Heilbronn genannt wird. Ein anderer Aspekt verdient noch Beachtung, weil er ein Thema betrifft, das nicht nur in Marons nächstem Roman **„Pawels Briefe"** (1999) eine zentrale Rolle spielt, sondern auch in der gesellschaftlichen Diskussion des ausgehenden Jahrhunderts: das Problem des Erinnerns. Von Beginn an signalisiert die Erzählerin, dass sie sich ihrer Erinnerungen oft nicht sicher sei und sich manches auch bloß einbilden könne; zugleich reklamiert sie eine Technik des Vergessens für sich, wenn sie ihre phasenweise Amnesie als Erfolg eines Nichterinnernwollens ausgibt oder wenn sie Funktion und Aussagekraft der Erinnerung kritisch mit einem schönen Bild in Frage stellt: „Mit den Erinnerungen verhält es sich wie mit dem Fremdkörper im Innern einer Perle, zuerst nur ein lästiger Eindringling ins Muschelfleisch, den die Muschel mit ihrem Mantelepithel umschließt und eine Perlmuttschicht nach der anderen um ihn wachsen läßt, bis ein schillerndes, rundes Gebilde mit glatter Oberfläche entsteht; eigentlich eine Krankheit, von den Menschen zur Kostbarkeit erhoben."

Eine Geschichte zu schreiben, „an der wenig sicher ist", die aber einen wesentlichen Abschnitt der eigenen Familienchronik umfasst – dies war die Herausforderung, die sich Monika Maron mit dem autobiografischen Text „Pawels Briefe" gestellt hat und die wiederum, diesmal aus eigener Not, die Verlässlichkeit und das Erzeugen von Erinnerung problematisiert.

Von einem Fernsehteam um alte Fotos gebeten, entdeckt Marons Mutter Hella 1994 einen Karton mit Briefen ihres Vaters Pawel, den die Nazis 1939 wegen seiner polnisch-jüdischen Herkunft zunächst zusammen mit seiner Frau Josefa von Berlin nach Polen ausgewiesen hatten, bevor sie ihn 1942 ins Ghetto Belchatow deportierten, von wo er vermutlich ins Vernichtungslager Kulmhof kam. Sie waren Hella nicht bekannt, zumindest nicht mehr erinnerlich. Mutter und Tochter setzen sich nun daran, das Vergessene beziehungsweise Unbekannte zu rekonstruieren, studieren alte Papiere und unternehmen eine Reise nach Polen, an den letzten gemeinsamen Wohnort der Vorfahren (Josefa starb noch vor Pawel 1942 an einer Krankheit). Kurz vor seiner Ermordung schrieb Pawel an seine Kinder, sie mögen die Briefe später einmal Monika als Dokumente ihres Unglücks zeigen. 52 Jahre später entwickelt die Gemeinte das Gefühl, ihrem Großvater etwas schuldig zu sein; sein Leben wird ihr zum „vorstellbaren Ausschnitt der unvorstellbar grausamen Geschichte". Besonders beeindruckt zeigt sie sich von der Tatsache, dass sich Pawel vom orthodoxen Judentum seiner Eltern abwandte und zu den Baptisten konvertierte. Dieser Mut, einem Glauben zu entsagen, entspricht für sie dem Mut, eine ideologische Weltanschauung abzulegen, sich resistent zu zeigen gegenüber verordneten „Einübungen des Lebens und Denkens". Aus dieser Funktionalisierung des Großvaters als Vorbild ergibt sich das eigentliche Thema des Buchs: die Auseinandersetzung mit der Mutter, die 1945 trotz der Totalitarismuserfahrung dem Totalitären verhaftet geblieben sei, als engagierte Kommunistin, die ihre Überzeugung trotz mancher Modifikationen bis in die Gegenwart nicht aufgegeben hat.

Die Darbietung der Familiengeschichte folgt keiner Chronologie, sondern besteht aus einer heterogenen Verknüpfung von Kapiteln, die aus verschiedenen Zeitstufen der erinnerten oder rekonstruierten Vergangenheit ebenso berichten (wenn es um konkrete Situationen in Pawels Leben geht, meist im historischen Präsens) wie aus der Gegenwart der Autobiografin. Auffällig ist die mehrfache Nennung eines Zitats von Niklas Luhmann, wonach „die Komponenten eines Lebenslaufs (...) aus Wendepunkten" bestünden, „an denen etwas geschehen ist, das nicht hätte geschehen müssen". Mit diesem Gedanken im Hinterkopf überprüft Maron die Abhängigkeit der eigenen Vorgeschichte von folgeschweren Zufällen und fatalen Machtverhältnissen, um nach 1989 im Ton der Anklage von „verdorbenen Biographien" sprechen zu können – ein Leitthema, das die Schriftstellerin auch einige Jahre später wieder aufgriff, als sie im September 2002 einen Gastvortrag auf dem Historikertag über die Korrelationen von Lebensentwürfen und Zeitumbrüchen hielt. Deutlich wird aber in „Pawels Briefe" nicht nur ein weiteres Mal die historische Bedingtheit privater Lebensläufe, sondern insbesondere auch die Unmöglichkeit ihrer adäquaten Wiedergabe. So gerät das Buch zur literarischen Diskussion über die logischen und moralischen Schwierigkeiten des faktenorientierten Erzählens: Es problematisiert die Frage nach der Zuständigkeit für die Fixierung und Sortierung von Erinnerungen und die Legitimation für die Konstruktion einer fremden Vita – „die Interpretationshoheit für ihre Biographie", räumt Maron im Hinblick auf ihre Mutter einmal ein, „gehört Hella". Die Nachkriegsgeneration, zu der Maron gehört, sieht sich aber einerseits konfrontiert mit den Grenzen des Sicheinfühlens und andererseits mit der Gefahr, vorschnellen Verdächtigungen nachzugeben.

Während manche Rezensenten die Familienbiografie geradezu euphorisch lobten (es sei ein anrührendes Buch über den schwierigen Umgang mit der deutschen Geschichte, hieß es im „Spiegel", und Hermann Kurzke zeigte sich davon beeindruckt, dass es „alles nachgeborene Besserwissen" zerbreche, alle Selbstgerechtigkeit zergehen lasse und Zweifel in den Glauben säe, die Wirklichkeit wahrhaftig wahrnehmen zu können), mangelte es nicht an Stimmen, die Marons literarischen Umgang mit ihrer Familiengeschichte mit Skepsis lasen. Diese kritische Lektüre bezog sich insbesondere auf das Ende von „Pawels Briefe". Dort nämlich geht Maron auf ihre kurzzeitige Mitarbeit bei der Stasi ein, um die eigene Verstrickung in die Geschichte der DDR-Diktatur nochmals zu erläutern und die öffentliche Debatte zu beklagen, die darüber 1995 geführt wurde. „Raus" zu wollen, ohne mit dem Staat endgültig zu brechen, sei ihre damalige Motivation gewesen, dem Werben des Geheimdienstes nachzugeben und insgesamt zwei Berichte über Eindrücke aus Westberlin zu schreiben. Daraus wurden zwei überaus DDR-kritische Berichte, die Maron 1995 dann nachträglich in der „Frankfurter Allgemeinen Zeitung" veröffentlichte, um den bereits weit gediehenen Mutmaßungen entgegenzutreten, hinter dem operativen Vorgang habe sich mehr Zusammenarbeit und Regimetreue verborgen als nur eine gewisse naive und nicht allzu weit reichende Form des Opportunismus. Das „öffentliche Gedächtnis" der 1990er Jahre, beklagt Maron am Ende von „Pawels Briefe", habe ihre Biografie „auf den Kopf gestellt", um sie einem standardisierten Erwartungsschema zu unterwerfen.

Die schärfste Position wurde von Corinna Caduff vertreten, die den Roman als eigennützige Konstruktion einer biografischen Opfertradition deutet und die Integrität der Autorin anzweifelt. Ihren Angriff wiederum nahm Maron zum Anlass, in Zürich einen geharnischten Poetik-Vortrag eben dieser Kritik zu widmen und ihr in einem „Rollenwechsel" Lesefehler und verleumderische Unterstellungen vorzuhalten. Sowohl die Stasi-Berichte als auch der Zürcher Vortrag wurden wieder abgedruckt in der Essaysammlung „quer über die Gleise" (2000) – der Titel ist eine Hommage an den aus der DDR in den Westen übergesiedelten Schriftstellerkollegen Uwe Johnson und dessen Roman „Mutmaßungen über Jakob" –; der Band vereint zahlreiche kritische Beobachtungen Marons aus den Jahren 1993 und 1999. Dazu zählt auch eine Verteidigungsschrift für Martin Walser aus Anlass des Streits um seine Dankesrede zum Friedenspreis des Deutschen Buchhandels, in der er – wie zuvor schon in seinem Roman „Ein springender Brunnen" – das individuelle gegen das kollektive Gedächtnis ausgespielt und gegen bestimmte Formen der Vergangenheitsbewältigung in den Medien polemisiert hatte. Entgegen dem feuilletonistischen Mainstream stimmte Maron Walsers Argumentation überwiegend zu und gab zu bedenken, Walser könne durch seine streitbare Rede mehr für „die tätige Erinnerung" getan haben als die „Tabubewahrer". Die Anzahl und das Spektrum ihrer essayistischen Einlassungen, von denen im Band „quer über die Gleise" nur eine Auswahl zu finden ist, machen Marons erfolgreiche Nebenrolle als scharfsinnige Intellektuelle nicht nur für deutsch-deutsche Angelegenheiten deutlich, auch wenn ihr von manchen eine Tendenz zum „Scharfrichter-Ton" vorgehalten wurde.

Ganz leise und privat geht es in Marons Roman **„Endmoränen"** (2002) zu, in dem die Ich-Erzählerin, eine Mittfünfzigerin namens Johanna, Stationen und Personen ihres Lebens Revue passieren lässt und wiederum eine biografische Umbruchzeit mit einer politischen verquickt.

Der Roman spielt am Ende eines Nachwende-Sommers im brandenburgischen Basekow: Johanna hält sich noch im Ferienhaus auf und arbeitet an einer Biografie zu Wilhelmine Enke, der Mätresse Friedrich Wilhelm II. In der Melancholie der Abgeschiedenheit – Ehemann Achim und Tochter Laura befinden sich in Berlin und besuchen sie nur für wenige Tage – erinnert sie sich an alte Freundschaften und versäumte Zuwendungen. Mit einem alten Freund, den sie seit langem aus den Augen verloren hat, beginnt sie eine verborgen amouröse Korrespondenz, um festzustellen, wie parallel sich ihre Lebensläufe in Ost und West entwickelt haben. Zudem reflektiert Johanna über die Veränderungen, die sich durch die Wiedervereinigung auch im beruflichen Selbstverständnis ergeben haben: Während Kleist-Forscher Achim aus seinem exzessiv betriebenen Lebenswerk ein dynamisches Projekt machen musste, um weiter finanziert zu werden, ist ihr jenes Zwischen-den-Zeilen-Schreiben abhandengekommen, das zuvor das Verfassen einer nur scheinbar unpolitischen Biografie so reizvoll gemacht hatte. Tagebuchartig notiert Johanna ihre Begegnungen mit den Dorfbewohnern, unter anderem mit einer verschrobenen alten Frau und einem irritierend direkten jungen Russen; daran knüpfen sich Meditationen über das menschliche Miteinander, über unerträgliche Zeitgenossen von aggressiven Autofahrern bis zu grölenden Neonazis, und vor allem über das Älterwerden.

Der metaphorische Titel „Endmoränen" gibt die Grundstruktur des Romans vor – aufgestaute Erinnerungen werden verbildlicht zu gestrandetem Geröll und die in den Ausläufern der Gletscher registrierbaren Verwerfungen und Sedimente entsprechen den Brüchen und Konstanten des anekdotisch erinnerten und reflektierten Lebens. Die stille Melancholie des Romans, der Figurenporträts und Stimmungen in einer besonders dezenten Sprache einfängt, hat eine überwiegend positive Resonanz seitens der Kritik hervorgerufen. Als Monika Maron 2003 mit der Carl-Zuckmayer-Medaille für Verdienste um die deutsche Sprache ausgezeichnet wurde, hat sie ihr stetes Bemühen um ein Verstandenwerden betont und die Schwierigkeit eines zurückhaltenden Umgangs mit Worten skizziert. Doch anders als es die Tradition des Sprachkrise-Diskurses seit Hofmannsthals „Chandos-Brief" nahe legt, hält sie alles für sagbar, „was wir denken können", wie sie in einer FAZ-Serie 2002 zu Protokoll gab. Das Bemühen um Authentizität mit künstlerischen Mitteln zeichnet auch den Band **„Geburtsort Berlin"** (2003) aus, in dem Maron den Text zu eindrucksvollen Stadtansichten aus der Kamera ihres Sohnes Jonas beigesteuert hat.

Aber sind Authentizität, Weltvertrauen und ein einfaches Glück überhaupt erreichbar, vor allem in einer späteren Lebensphase? Der Roman **„Ach Glück"** (2007) zeichnet ein skeptisches, aber nicht hoffnungsloses Bild. Er schreibt die Handlung von „Endmoränen" fort als Geschichte eines Aufbruchs.

In ihrem Ferienhaus im brandenburgischen Basekow hat Johanna eine Nacht mit dem jungen Igor verbracht. Auf dem Rückweg nach Berlin liest sie an einer Autobahnraststätte einen Hund auf, den sie nach seinem Fundort Bredow nennt und mit nach Berlin nimmt. Angeregt von der Nacht mit Igor, aber vor allem von dem unmittelbaren Glück des Hundes, der sich an seiner bloßen Existenz erfreut, beginnt Johanna, ihr Leben zu verändern. Sie nimmt einen Aufsichtsjob in Igors kleiner Kunstgalerie an und beginnt eine Korrespondenz mit der alten russischen Aristokratin Natalja Tinofejewna, die in Mexiko lebt. Nach dem Tod ihres Mannes hatte diese die DDR verlassen, um die surrealistische Künstlerin Leonora Carrington, deren Spur sich über die Jahrzehnte verloren hatte, zu suchen. Johanna beschließt, Natalja bei ihrer Suche zu unterstützen, und bricht nach Mexiko auf, während Achim allein im Berlin der Nach-Wende-Zeit zurückbleibt. Der Roman endet mit Johannas Ankunft im Flughafen von Mexiko City, wo Natalja auf sie wartet.

Abwechselnd wird aus den Perspektiven Johannas und Achims erzählt, Johanna im Flugzeug nach Mexiko, Achim in den Straßen Berlins. Ist es möglich, auch in fortgeschrittenem Alter Sehnsucht nach unmittelbarem Glück zu empfinden, obwohl man derartige Sehnsüchte schon so oft erlebt und über sie nachgedacht hat, dass eigentlich nur noch eine leichte Ironie bleibt? Achim würde das so sehen, aber Johanna rebelliert. Sie besteht auf der Möglichkeit, Sehnsucht nach Glück immer neu zu empfinden, während Achim nur die Erinnerung an eine lange vergangene Liebesaffäre bleibt. Seine Fähigkeit, sich den Verhältnissen zu entziehen, hatte Johanna zu DDR-Zeiten für Widerstand gehalten. Sie selbst hatte damals Biografien geschrieben, in denen sie kleine kritische Botschaften versteckte, um so „den freien Geist gegen die Diktatur zu verteidigen". Aber „der Staat, als dessen Feinde sich beide verstanden hatten", war „als lächerliche Missgestalt von der Weltbühne gejagt" worden. Der Triumph darüber sei das letzte große Gefühl gewesen, das sie beide miteinander geteilt hätten. Nun zeigt sich Achims Rückzug als bloße Weltabgewandtheit, und auch Johannas kleine Rebellionen sind obsolet geworden. Eine „anhaltende Freudlosigkeit" hatte sich über Beider Leben gelegt, die Johanna zwar bedrückte, von ihr aber zugleich „als geradezu gesetzmäßige Begleiterscheinung ihres Alters" hingenommen worden war. Aber gibt es vielleicht doch noch die Möglichkeit, noch einmal alles zu wenden und neu zu beginnen? Wie groß ist die Freiheit des Individuums, sich gegen Herkunft, Alter, Gesellschaft und genetische Determinierungen zu stemmen und ein selbstbestimmtes Leben zu führen? Auf diese Fragen, die Monika Maron immer wieder umtreiben, gibt der Roman letztendlich keine Antwort. Der Entschluss zum Neuanfang ist da, aber ob er gelingen kann, bleibt offen; die Resignation ist immer schon mitgedacht. Leonora Carrington, die verschollene surrealistische Malerin und Schriftstellerin, ist nur eine Chiffre für ein gelungenes Leben, ein „Sehnsuchtsbild des ganz Anderen" (Wolfgang Schneider).

Nach 1989 waren Neuanfänge überlebenswichtig; wer auf dem Gebiet der ehemaligen DDR lebte, hatte keine Wahl. In Bitterfeld, der am stärksten zerstörten Industrielandschaft der DDR, wurde aus Anlass der Expo 2000 der ‚Bitterfelder Bogen' errichtet, eine Stahlskulptur von Claus Bury, die den erfolgreichen Wandel der Region von einem Braunkohle- und Chemierevier zu einem modernen Industrie- und Forschungszentrum in einer zurückeroberten Landschaft symbolisieren sollte.

„Bitterfelder Bogen" (2009) heißt auch die Reportage, die Monika Maron 30 Jahre nach „Flugasche" über Bitterfeld schrieb.

[...]

Hart geht Monika Maron mit Günter Grass ins Gericht, der Bitterfeld besucht und auch dort ohne Verständnis für die Empfindungen der Bitterfelder seine Vorstellung von einer langsamen Annäherung statt einer schnellen Vereinigung beider deutscher Staaten vertreten hatte. Als kritische Kommentatorin begleitete Maron überhaupt den Vereinigungsprozess sehr dezidiert bis hin zu einer Polemik, die auch vor der weit verbreiteten Opferhaltung der Ostdeutschen nicht haltmacht („Zonophobie", 1992). In dem Sammelband **„Zwei Brüder. Gedanken zur Einheit 1989–2009 (2010)"** sind ihre Essays und Vorträge ab 1989 versammelt, die sie als scharfsinnige Intellektuelle profilieren, die – bekannt dafür, dass sie raucht, Windkraftwerke nicht mag und einen großen Hund hält – sich um politische Korrektheit nicht schert. 2009 erhielt sie – zusammen mit Erich Loest und Uwe Tellkamp – den Deutschen Nationalpreis, keinen literarischen, sondern einen politischen Preis. Mit ihren zahlreichen und regelmäßigen politischen Essays in der „Zeit", dem „Spiegel" und der „Welt" ist sie inzwischen auch in den Debatten des Nach-Wende-Deutschlands angekommen. Dagegen, als eine ‚DDR-Schriftstellerin' missverstanden zu werden, wehrt sich Maron mit aller Kraft. Scharf kritisiert sie eine gerade in der Literaturkritik noch immer vorherrschende BRD/DDR-Fixierung, die zu einer verengten Wahrnehmung von Texten führe.

Neben streitbaren politischen, journalistischen „Tagbüchern" zeigen ihre Romane, ihre „Nachtbücher" (Jochen Hieber), eine ganz andere Monika Maron: verletzlich, fragend und skeptisch bis zur Melancholie. In ihren Frankfurter Poetikvorlesungen **„Wie ich ein Buch nicht schreiben kann und es trotzdem versuche"** (2005) hatte sie von der schwierigen Arbeit an dem Roman „Ach Glück" berichtet, von scheiternden Anläufen und trotziger Rückkehr zu einem Stoff, der sie nicht loslässt.

Immer wieder greift Maron dabei über eine realistische Erzählweise hinaus. Was in „Flugasche" (1981) und in „Stille Zeile Sechs" (1991) anklang und in „Die Überläuferin" (1986) beherrschendes Strukturprinzip war, wird in **„Zwischenspiel"** (2013) manifest: Die Alltagsrealität wird fluid, transparent, und hinter ihr scheint eine Traumrealität auf, die die verunsicherten Protagonistinnen – immer sind es Frauen – verwirrt, aber auch leitet. In „Zwischenspiel" ist es ein surreales Szenario, das als Kulisse für philosophische Reflexionen über die Bedingungen menschlicher Existenz dient. Die Leichtigkeit, mit der Geister von Toten erscheinen, ihre Kommentare abgeben und wieder verschwinden, macht aus dem Roman eine durchaus unterhaltsame Lektüre mit nachdenklichem Hintergrund.

Ruth, eine 60-jährige Museumspädagogin, will trotz erheblichen Unbehagens zur Beerdigung von Olga fahren, die einmal ihre Schwiegermutter und später eine Freundin war. Weil sie Olgas Sohn Bernhard vor langer Zeit verlassen hatte, als er seinen schwerbehinderten Sohn aus einer früheren Beziehung zu sich nehmen wollte, fühlt Ruth sich schuldig. Schließlich hatte sie den Schriftsteller Hendrik geheiratet, mit dem sie in den Westen ging und der sie dann wegen einer jüngeren Frau verließ. Bernhard wiederum hatte die gemeinsame Tochter benutzt, um sie und Hendrik für die Stasi auszuspionieren. Als Ruth aufbrechen will, nimmt sie plötzlich wahr, dass eine Wolke rückwärts wandert und dass ihre Sicht unscharf wird, fährt aber trotz dieser Irritation los. Statt auf den Friedhof gelangt sie in einen Park, in dem ihr nicht nur Olga, sondern auch andere Gespenster aus der Vergangenheit leibhaftig begegnen, auch Bruno, ein Freund Hendriks, der dessen kluge und nachdenkliche Bemerkungen für seine Bücher nutzte, während Bruno selbst, ständig alkoholisiert, nichts zustande brachte und früh starb. Alle sind verstrickt in Schuld, nur das zänkische und lächerliche alte Paar Margot und Erich Honecker bleibt bis zum Schluss unfähig, seine Schuld anzuerkennen. Ein Hund mit blauen Augen folgt Ruth überall hin, wird am Ende aber von seinem unbekannten Herrn zurückgerufen – ist er ebenfalls ein Gespenst oder die einzige Verbindung zur Realität? Am Ende des Buches kommt eine neue Qualität ins Spiel: Ruth begegnet dem absolut Bösen in Gestalt eines ungehobelten Mannes, und auf einer entfernten Wiese im Park sieht man, wie Goyas Gemälde „Das Begräbnis der Sardine" als ein düsterer Karneval inszeniert wird.

In den Gesprächen, die Ruth mit den lebendigen Toten führt, geht es immer wieder um Schuld. Ist es grundsätzlich möglich, sich dem Schuldigwerden zu entziehen? Wird man nicht schon allein dadurch schuldig, dass man überhaupt handelt? Schleppt man diese Schuld bis zum Ende des Lebens mit sich herum oder ist man irgendwann nicht mehr verantwortlich für frühere Lebensphasen und deren völlig andere Konstellationen? „Schuld bleibt immer, so oder so", sagt Olga, die als weise alte Frau die verunsicherte Ruth durch die Traumwelt führt, und immer wiederholt sie den Satz: „Es ist schade um die Menschen". Das ist ein Zitat aus Strindbergs „Traumspiel", wo Agnes, die Tochter des Gottes Indra, aus Mitleid mit den Menschen auf die Erde herabsteigt und die Möglichkeiten und Begrenztheiten menschlicher Existenz zu erkunden versucht. Aber die letzten Fragen lassen sich nicht beantworten, und die Menschen bleiben ratlos zurück.

Diese Ratlosigkeit spürt auch Ruth, doch ihr Weg geht mit der unangenehmen Begegnung mit dem Mann mit „erschreckenden Augen" noch weiter: Er ist die Verkörperung des Bösen an sich. „Sogar wer mordet, vergewaltigt und raubt, will noch gut sein, ein Guter, der das Böse bekämpft, den bösen Anderen und seinen bösen Gott, für den eigenen guten Gott oder für die große, heilige Idee." Wie zur Illustration dazu endet die furiose Orgie um „Das Begräbnis der Sardine" in einer Massenhysterie. „Wie auf Befehl warfen sich die eben noch ausgelassen Feiernden nieder, schlugen ihre Stirnen wieder und wieder gegen den Boden und stießen dabei im Chor verzweifelt klingende Formeln aus. […]" […] „Sie rufen nach Gott", kommentiert Olga.

Die deutsche Literaturkritik, die begeistert auf „Zwischenspiel" als eine „wunderbare Etüde, die Schweres und Leichtes, Trauriges und Heiteres miteinander verbindet" (Iris Radisch), reagierte, vermied fast durchweg, diese Schlussszene zu kommentieren, die zu dem leichten „Sommertagstraum" (Radisch) nicht recht zu passen scheint. Sie ist aber sicher mehr als ein bloßes „Vanitas-Symbol", wie Cornelia Geißler vermutet. Einzig Oliver Pfohlmann äußert, irritiert, einen Verdacht: „Hinter den ihre ‚Stirnen wieder und wieder gegen den Boden' schlagenden, Gott anrufenden Feiernden werden sich doch nicht am Ende jene demokratiegefährdenden Islamisten verbergen, vor denen die Gesellschaftskritikerin Monika Maron seit einigen Jahren warnt? Nur gut, dass Ruths Sehapparat am Ende doch wieder die ‚richtige' Frequenz findet."

Auch wenn sich Ruth am Ende von der düsteren Szenerie abwendet und der Leser beruhigt ist, setzt diese Szene doch den gesamten Roman in einen neuen Zusammenhang und wirft ein verändertes Licht auf die scheinbar leichten Passagen, in denen die Lebensentwürfe und gelebten Leben von Individuen verhandelt werden. Diese Individuen in ihrer fragilen Existenz erscheinen nun bedroht von einer von außen kommenden religiösen Massenhysterie, gelenkt von demagogischen Verführern, zwar noch von Ferne zu beobachten, aber doch schon erschreckend nahe.

Tatsächlich hat sich Monika Maron in den letzten Jahren immer häufiger zu Fragen des Islam und des Islamismus geäußert, am klarsten in **„Warum der Islam nicht zu Deutschland gehört"** (2012) und **„Politiker müssen Muslimen die Grenzen aufzeigen"** (2014). Der letztere Artikel war vom „Spiegel" angeblich mit dem Argument abgelehnt worden, er sei zu „sarrazinmäßig" (Sonja Alvarez). Damit hatte die deutsche Presse wieder einen Skandal, und Maron fühlte sich bestätigt in ihrer Kritik an der Meinungslandschaft der Bundesrepublik, die sie seit Jahren von Zwängen der ‚Political Correctness' beherrscht sieht. „Wo lebe ich, dass ich mich fürchte zu sagen, was ich denke?", fragte sie schon 1998, als sie die Paulskirchen-Rede Martin Walsers verteidigte. Natürlich sind ihre oft holzschnittartigen Aussagen geprägt von der Erfahrung einer konkreten Bedrohung der Freiheit des Individuums, wie sie sie in der DDR erlebt hatte. Auf dem Recht zur Einforderung dieser Freiheit hatte sie schon in ihren – im Westen immer noch kontrovers aufgenommenen – Berichten an die Stasi bestanden. „Wenn sich meine Schilderung hier sehr extrem ausnimmt, weise ich darauf hin, dass das Gegenteil meiner Gedanken so oft und so lautstark verkündet wird, dass ich mich auch nicht anders verständlich machen kann als laut und deutlich." (1976) Das lässt sich auch auf ihre aktuellen politischen Aussagen zum Islam münzen.

Allerdings sind ihre Argumentationen, was den Islam betrifft, durchaus fragwürdig. Ihre Vorstellung, die Religionen der Welt könnten sich doch frei und gleichberechtigt auf der *tabula rasa* des demokratischen, säkularisierten Staates entfalten, wenn sie es denn wollten, basiert auf einer formaljuristischen, ahistorischen Denkweise, die sie in die Nähe von Aufklärungsfundamentalisten wie Richard Dawkins bringt und die zu irritierend gnadenlosen Kommentaren führen kann, so etwa, wenn Maron in einem Kommentar zum NSU-Prozess den Angehörigen der Opfer empfiehlt, sich endlich mit den Entschuldigungen der – doch demokratischen – Behörden zufriedenzugeben und die Deutschen nicht immer wieder permanenter Fremdenfeindlichkeit zu verdächtigen (im Gespräch mit Alexandra Seibel und Necla Kelek).

Man würde sich wünschen, in Zukunft wieder mehr literarische Texte und weniger Islam-Polemiken von Maron zu lesen. Andererseits kann ihr Blickwinkel, der aus der unmittelbaren Erfahrung mit einer Diktatur geschärft ist, ja tatsächlich eine divergente Stimme in der öffentlichen Diskussion in Deutschland sein. Eine ‚DDR'-Schriftstellerin ist Monika Maron sicher längst nicht mehr, aber doch eine, die auf den Schlüssen besteht, die sie eigensinnig aus ihren eigenen Erfahrungen zieht. Sie weigert sich mit Recht, sich widerspruchslos in eine bundesrepublikanische Diskussionslandschaft einzuordnen, die immer noch von den Erfahrungen derer dominiert wird, die die DDR nicht erlebt haben.

Ein paar Jahre später hat sich Marons skeptische Haltung gegenüber dem Islam in unversöhnliche Ablehnung verwandelt. Millionen fremder junger Männer seien 2015 wegen einer falschen Einwanderungspolitik ins Land geströmt, Frauen mit Kopftüchern und schwarzhaarige Kinder, die Gewalt und Verrohung aus ihrer Heimat, wo seit Jahren ein grausamer Krieg tobe, in die deutsche Gesellschaft brächten. So kann man es immer wieder in verschiedenen Variationen in ihren Essays lesen.

[...]

2018 erschien **„Munin oder das Chaos im Kopf"**. Der kurze Roman wurde von der Literaturkritik weitgehend abgelehnt als ein „Buch zwischen Literatur und Leitartikel" (Wolfgang Schneider im Deutschlandfunk, 13.3.2018) oder attackiert als „politischer Thesenroman" und eine „grob vereinfachende Polit-Parabel" – von Iris Radisch, die noch „Zwischenspiel" so begeistert gelobt hatte.

Mina Wolf, die Ich-Erzählerin und das Alter Ego der Autorin, hat sich in ihre Wohnung zurückgezogen, um einen Essay über den Dreißigjährigen Krieg zu schreiben. Es ist Sommer, und vom Balkon des Hauses gegenüber kreischt und trällert eine psychisch beeinträchtige Frau den ganzen Tag Opernarien und Operettenlieder – eine Lärmbelästigung, vor der Mina in Nachtarbeit ausweicht. Die anderen Hausbewohner entfalten verschiedene Aktivitäten, um dem Lärm ein Ende zu bereiten, erreichen jedoch nichts, da geistig Behinderte anders als die Bürger dem besonderen Schutz des Gesetzes unterstehen, statt mit „ihresgleichen" in eine Anstalt gesperrt zu werden. Mina, die all dies aus der Distanz, aber mit wachsendem Unbehagen beobachtet, schließt derweil Freundschaft mit einer sprechenden Krähe, die ihre Gedanken und Gefühle spiegelt. Die Stimmung in der Straße wird immer gereizter, bis die Situation schließlich eskaliert. Eine Hausversammlung endet im Tumult. Reifen werden durchstochen, die deutsche Fahne wird gehisst, deutsche Volkslieder werden gesungen, es gibt anonyme Drohbriefe. Eine junge Frau wird überfallen und ihr Hund ermordet. Als ein Firmenwagen abgefackelt wird, erstattet jemand Anzeige gegen die Hausbewohner. Die Polizei wird gerufen, die Sängerin will sie sich mit einem Küchenmesser auf die Beamten stürzen, fällt aber die Treppe hinunter in ihr eigenes Messer. Mina kann übrigens ihren Text über den Dreißigjährigen Krieg nicht verkaufen. Die Auftraggeber möchten lieber „etwas Positiveres".

Die allmähliche Aufheizung der Atmosphäre im Haus ist einer tieferliegenden Verunsicherung geschuldet. Die Zeitungen berichten von Kriegen, Verbrechen durch fremde junge Männer, fanatische Islamisten. Mina liest all dies entsetzt, und die Früchte ihrer Lektüre werden den Leserinnen und Lesern nicht vorenthalten. „In jedem Aufsatz (…) fand ich Parallelen zu unserer Zeit, zu unserer Vorkriegszeit: die kreuz und quer laufenden Fronten und Interessen, die religiös verbrämten Herrschaftskämpfe, wechselnde und undurchschaubare Bündnisse. Und diese archaische Grausamkeit, die plötzlich wieder in unsere befriedete Welt eindrang." Wie damals, so schließt Mina, leben wir auch heute wieder in einer Vorkriegszeit, die Zeichen kommenden Unheils finden sich überall, wenn man sie nur beachtet. Minas Freundin Rosa gesteht ihr ihre Sehnsucht nach Chaos in einer Welt, die überall und immer schon geordnet ist. Die Menschen seien für den Frieden eben unbegabt, gibt die Krähe Munin zu bedenken. Gottgleich, also perfekt, seien nur die Tiere, deren nicht moralische, also bloß kreatürliche und daher unschuldige Existenz der des Menschen überlegen sei.

Hier nimmt Monika Maron ein Motiv auf, das ihr gesamtes Schaffen durchzieht. Aber wo Tiere früher in surrealen und poetischen Bildern und Andeutungen auftauchten, in denen Momente von Freiheit und Glück aufblitzten, sind sie jetzt konkrete Handlungsträger. Der schmale Band **„Krähengekrächz"** (2016), entstanden aus einer Vor-Recherche zu „Munin", bildet ein durchaus überzeugendes Beispiel für das vor allem in angelsächsischen Ländern verbreitete Nature Writing, mit dem unter anderem den Tieren gegenüber menschlicher Arroganz ihre natürliche Würde zurückgegeben werden soll. „Krähengekrächz" wurde, ähnlich wie auch **„Bonny Propeller"** (2020) – ein kleiner Band, in dem die Geschichte von Marons neuem Hund erzählt wird –, von der Literaturkritik dann auch wohlwollend (und vielleicht ein bisschen erleichtert?) als „harmlos" und, wie Andreas Platthaus in der „Frankfurter Allgemeinen Zeitung" feststellt, „mit eine(m) Bogen um die Politik" rezipiert.

Das kann man von **„Artur Lanz"** (2020) nicht mehr sagen. Politisch und literarisch wurde der Roman von der Kritik erheblich härter beurteilt als „Munin": Der Roman sei „erzählerisch fad und literarisch uninteressant" (Julia Encke), „eindimensional, in den Handlungen erwartbar", oder gar: „Es ist literarisch dürftig, wie offensichtlich, ohne Zwischentöne, ohne weitere Ebenen Maron ihre Geschichte entfaltet" (Gerrit Bartels). Marie Schmidt unterstellt in der „Süddeutschen Zeitung" boshaft: „Eine alternde Ich-Erzählerin kompensiert Depression und emotionale Abkühlung mit einer Verehrung des ollen Heldentums", und Julia Schröder sekundiert im SWR 2: „Was sich hier offenbart, ist das Weltbild einer alten Frau, die die Welt nicht mehr versteht." „Maron gelingt es nicht, den Heldentopos in seiner ganzen Ambivalenz zu zeigen", lautet auch Marlen Hobracks Fazit.

Auch wenn man solchen harten Urteilen nicht unbedingt folgen möchte, bleibt doch die Frage, wo die Ich-Erzählerin in der deutschen Gesellschaft denn die angeblich so große Sehnsucht nach dem Heldentum aufgespürt hat? Ist es vielleicht doch eher die Erinnerung an den Begriff des (sozialistischen) Helden der DDR, mit dem sie aufgewachsen ist, sollte also die Ich-Erzählerin – und mit ihr Monika Maron – doch eher von ihren biografischen Prägungen bestimmt sein als von analytischer Gesellschaftskritik?

Die alternde Ich-Erzählerin Charlotte Winter trifft Artur Lanz, einen Mann, der ihr Interesse weckt. Nachdem er einem Hund das Leben gerettet habe, verspüre er, wie er Charlotte beichtet, „ein wunderbares, ja, ein fast heiliges Gefühl" männlicher Bewährung. Er trennt sich von seiner Frau und fängt an, Kampfsport zu trainieren, während Charlotte und ihre Freunde, alles wohlsituierte Berliner Mittelklasse-Akademiker, sich bei Pizza, Austern und Rotwein einig sind im Bedauern darüber, dass sie in einer „durch und durch pazifizierten Gesellschaft" leben, in der für Heldentum kein Platz mehr sei. Wie Charlotte hat auch ihre Freundin Lady Mitleid mit den heu-

tigen Männern, den „entmachteten Söhnen des Patriarchats, die von ihren Frauen in bemitleidenswerte und unwürdige Rollen gezwungen" würden.
Im weiteren Verlauf des Romans verhakt sich die Erzählerin immer wieder in den Verästelungen des Heldenbegriffs. Es gelingt ihr nicht, dessen unterschiedliche Nuancen und Bedeutungen zu entflechten – und so gehen das Wertesystem einer hochformalisierten mittelalterlichen Ritterkultur, allgemeine moralische Werte wie „Mut" oder „Zivilcourage" durcheinander mit historischen Veränderungen von Geschlechterrollen. Vor all diesen Begriffsverhauen muss Charlotte schließlich Ladys Urteil zustimmen: „Es gab zu viele Sorten von Helden, um ein eindeutiges Bekenntnis für oder gegen sie abzulegen."
Artur gerät an seinem Arbeitsplatz in eine Situation, in der er seine „verschüttete Sehnsucht nach einer selbstlosen, heldenhaften Tat, die ein Hund freigegraben (hatte)" beweisen muss. Sein Freund und Kollege Gerald aus Thüringen postet in einem Facebook-Eintrag den Satz „Wir marschieren geradewegs ins grüne Reich", ohne sich klarzumachen, dass dies ein Slogan der rechtsradikalen ‚Rechten Partei' ist. Der Chef der Firma – die insektensichere Anstriche für Windräder herstellt – verlangt die Löschung des Eintrags. Als Gerald sich weigert, wird auf Betreiben einer intriganten Kollegin „mit grünem Blut" ein regelrechtes Tribunal gegen ihn eröffnet. Der Lehrauftrag an einer benachbarten Universität wird ihm entzogen. Obwohl er seine Meinung nicht teilt, hält Artur schließlich zu seinem Freund. Beide kündigen und finden eine neue Stelle im CERN in der Schweiz.

Die Protagonistin (und mit ihr die Autorin?) stößt sich immer wieder an dem Begriff „postheroisch" als Beschreibung für die gegenwärtige Gesellschaft und kommt zu dem Schluss, dass „postheroisch" nur ein Synonym für feige sei, „wie das Wort Mut in dem Wort Zivilcourage untergegangen war. Feige oder mutig war man allein, postheroisch war das Schicksal unserer Zeit, das man mit allen teilte, für das man nicht verantwortlich war." Postheroische Gesellschaften, so schließt Charlotte, seien zum Untergang bestimmt. Diese Position ist verräterisch, denn sie geht davon aus, dass es nichts gebe zwischen dem einsamen rebellischen Individuum, das kompromisslos auf seine Rechte pocht, und dem Staat, der sich ohne Rücksicht auf seine Bürger immer wieder massiv durchsetzt. Dabei sind doch die „postheroischen" immer die demokratischen, unagressiven Gesellschaften, während ein ‚Held' immer auch Kampf, Krieg und nationale Größe für sein Heldentum benötigt.

Allerdings: Auch wenn „Munin oder das Chaos im Kopf" und „Artur Lanz" literarisch weit hinter allem zurückbleiben, was Monika Maron zuvor veröffentlichte, und Komplexität durch schlichte ideologische Statements ersetzt wird, weiß Maron doch nach wie vor, wie man eine Geschichte gut erzählt. Noch immer ist, trotz aller politischen und auch literarischen Eindimensionalität, Maron, wie schließlich auch die kritische Iris Radisch konzediert, immer noch eine „großartige Schriftstellerin".

Als Maron 2020 ihren Essayband **„Krumme Gestalten, vom Wind gebissen. Essays aus drei Jahrzehnten"** in der Reihe „Exil" des Dresdener Buchhauses Loschwitz im antaios-Verlag von Götz Kubitschek herausgab, weitete sich die Zuschreibung, sie sei ‚rechts', zum Skandal. Maron behauptete, sie sei halt mit der Buchhändlerin Susanne Dagen vom Buchhaus Loschwitz befreundet, und von einer Verbindung des Loschwitzer Buchhauses zu dem neurechten Verlag habe sie nichts gewusst. Dass sie die deutsche Verlagsszene so wenig kennt, nimmt ihr allerdings wohl niemand ab. Der S. Fischer Verlag trennte sich denn auch nach 40-jähriger Zusammenarbeit von seiner Autorin. „Man kann nicht bei S. Fischer und gleichzeitig im Buchhaus Loschwitz publizieren", so die Verlegerische Geschäftsführerin Siv Bublitz (im Deutschlandfunk). Offenbar gab es schon seit längerer Zeit Vorbehalte gegenüber den Positionen von Monika Maron. Ein bereits für 2021 angekündigter Essayband zu ihrem 80. Geburtstag erschien dann schon nicht mehr bei S. Fischer. „Was ist eigentlich los? Ausgewählte Essays aus vier Jahrzehnten", bei ihrem neuen Verlag Hoffmann und Campe herausgegeben, fand ein sehr geteiltes Echo in den Feuilletons.

„Bedenklich an diesen Texten ist nicht, dass die Autorin sich berufen fühlt zum öffentlich geführten Meinungsstreit und diesen auch mit aller Härte führt. Beklemmend jedoch ist die Verengung ihres Argumentationsspektrums auf einige wenige Hassobjekte: Hier wird kein Für und Wider verhandelt, sondern hier führt die Pauschalisierung das Wort. Wenn sie schreibt, dass der Islam seit dem 12. Jahrhundert jeden Versuch einer philosophischen Auseinandersetzung mit seinen religiösen Schriften verhindert habe, so ist das schlichtweg falsch. Wenn sie das Kopftuch von muslimischen Frauen als Zeichen der Abgrenzung wertet, so ist das zumindest undifferenziert. Und wenn von Flüchtlingen und Einwanderern nur noch als bedrohlicher Masse die Rede ist, die Deutschland heimsuche, so befremdet ihr Mangel an Empathie." (Angela Gutzeit, Deutschlandfunk, 3.6.2021)

Maron legt noch immer Wert darauf, dass sie in ihren Büchern und Essays „nichts behaupte", vielmehr stelle sie „nur Fragen". Die naiv fragende Haltung, die sie als Erzählerin und auch als Autorin von Essays einzunehmen beansprucht, ist aber längst nicht mehr überzeugend. Ihre späten Romane und Essays enthalten keine Parolen, das ist richtig, aber die Haltung der bloß kritisch Fragenden hat sie längst überschritten, auch wenn sie bisweilen „markant-sachlich" klingt (Malen Hobrack). Dass Maron eine offene, unideologische Einstellung habe, wie sie immer wieder behauptet, wird zunehmend fragwürdig. Man müsse unterscheiden zwischen einer Monika Maron, die eine produktive, kritische, intellektuelle Autorin in den 1990ern war, und den Positionen, die sie heute im Diskurs vertritt, so die Literaturwissenschaftlerin Andrea Geier: „Es gibt produktiv provokative Beiträge in der Debattenkultur und es gibt abseitige. Die kann man auseinanderhalten" (Deutschlandfunk). Man muss schon davon ausgehen, dass Maron durchaus bewusst ist, in welche Zusammenhänge sie sich begeben hat. Und selbst wenn ihre Annäherung an die neurechte Szene aus bloßer Naivität erfolgt sein sollte, ist das angesichts der wachsenden Gefährlichkeit rechter Aktivitäten kaum mehr entschuldbar. Oder wie soll man es verstehen, wenn Maron dem neurechten Theoretiker David Engels, der „eine Scharnierfunktion zwischen konservativen, rechtspopulistischen und rechtsradikalen Milieus" einnehme, als ‚Apologet der Diktatur' auftrete und ‚eine antidemokratische und antipluralistische Ordnung' beschwöre (Markus Linden), ein einstündiges Interview gibt? Oder wenn sie, nachdem sie sich an einer Pegida-Demonstration beteiligt hat, erstaunt erst bei deren Auflösung die rechtsradikalen Teilnehmer mit ihren Hakenkreuzfahnen bemerkt haben will? Es ist schade um eine Schriftstellerin, die einmal bewundernswert scharfsinnige und poetische Romane schrieb.

Anm.: Die Darstellung stammt bis einschließl. von „Stille Zeile sechs" von E. Franke, bis „Endmoränen" von R. Luckscheiter, danach von I. Laurien.

Der vollständige Beitrag **„Monika Maron"** im Kritischen Lexikon zur deutschsprachigen Gegenwartsliteratur ist einzusehen unter: www.klg-lexikon.de.

Riki Winter / Martin Zingg / Esther Köhring

Gertrud Leutenegger

„Ich habe nie an das Fabulieren einer kontinuierlichen Entwicklung geglaubt", bekundet Gertrud Leutenegger in ihrem Roman **„Ninive"** und setzt damit die Reflexion über die eigene poetische Theorie, die sie in ihrem zuerst veröffentlichten Roman „Vorabend" anstellt, fort. „Mein Thema ist", heißt es dort, „daß ich keines habe (...). Um jeden fixen Gedanken gerinnt die Welt. Ich hab Angst vor den geronnenen, erstarrten Dingen." Also schreibt sie keine „pfeilgenau umschlossenen, schlagenden Geschichten". Leuteneggers Prosa gleicht eher einer an einem feinen Faden gesponnenen Sammlung von Eindrücken, Erinnerungen, Nachdenklichkeiten und Traumsequenzen, die sich zerstäuben, fortsetzen und ineinander greifen. Dass sich daraus auch eine Geschichte ergibt, nämlich die Geschichte eines sensiblen und wachen Bewusstseins, das sich seiner Identität erst durch ununterbrochenes Räsonieren versichern muss, ist das Verdienst eines subtilen Konstruktionsprinzips. Auf diese Weise werden disparate Erfahrungen und Erlebnisse zu einer Kontinuität gebunden, die – ihrer scheinbaren Anarchie zum Trotz – ihre Logik in der subjektiven Historie des Welterkennens hat. Es scheint, als ließe sich die Autorin von nahezu beliebigen Menschen, Gegenständen, Stimmungen affizieren: „Jeder so zufällige Klang eines Namens ist unwiederbringlich mit einer bestimmten Art des Davongehens, des Zurückschauens, der Mißbilligung, des Anstaunens verwachsen", und weiter, „eine Straßenbiegung, ein beiseite geschobener Stuhl, ein verschlossenes Achselzucken konnte sich plötzlich mit Signalen aufladen, eine Spirale aufsteigender Blasen auslösen (...)."

Dass eine solche Art des Schreibens so manchen Rezensenten dazu verführte, nach Erscheinen von Leuteneggers erstem Roman **„Vorabend"** von einem „Brei von Gedanken und Stimmungen, von beliebigen Assoziationen" (Jürgen P. Wallmann) oder von einer „Rutschbahn des Manierismus" (Michael Zeller) zu sprechen, ist zwar verständlich, zeugt aber gleichzeitig davon, wie entwöhnt der Leser Mitte der 1970er Jahre von einer Literatur war, deren Ton sich weder auf Agitatorisch-Sachliches noch auf narzisstische Introversion einstimmen ließ. Gleichzeitig feierte man mit Leuteneggers „Vorabend" die Auferstehung der Poesie in der Prosa und kürte jenen Roman zum „Bezauberndsten" und „Schönsten", was die Gegenwartsliteratur zu bieten habe, zumal die literarische Öffentlichkeit des Staunens nicht müde wurde, dass diese „ungemein protegierte Landpomeranze" (Guido Bachmann) aus dem Schweizer Dörfchen Schwyz just mit ihrem Erstling solches Aufsehen zu erregen imstande war.

„Vorabend" schildert einen Spaziergang, den die Erzählerin am Vorabend einer Demonstration durch jene Straßen macht, durch die sich am nächsten Tag der Protestzug bewegen wird. Jede der elf durchwanderten Straßen gibt der Autorin Anlass, die Gegenwart mit Erinnerungen überfluten zu lassen, Vergangenes mit eben erworbenen Hoffnungen zu paaren und dadurch schon Erlebtem den Charakter des Vollendeten, Abgeschlossenen zu nehmen. Formal unterstreicht die Autorin das Ineinandergreifen der niedergeschriebenen Assoziationen und Reflexionen durch ein offenes Ende von Kapitel und Absätzen; die einzelnen Abschnitte werden abgebrochen, aber nicht durch einen Punkt abgeschlossen. Dadurch entsteht der Eindruck des „Alles zugleich". Die diachrone Linie einer Lebensgeschichte wird solchermaßen übersetzt in die synchrone Breite des gegenwärtigen Bewusstseins der Erzählerin. Ob das nun die Freundschaft zur Schul- und späteren Arbeitskollegin Ce, die Liebe zu Te, die Schilderung der Arbeit in einer psychiatrischen Klinik, oder das Nachdenken über das Leben der italienischen Magd Virginia ist, alles ist im Jetzt Grund genug zu einem Aufbruch in die „Perspektive des Morgen".

Niemals kehrt sich die erfahrene Befremdung in resignative Selbstbespiegelung. Beziehungen, wie etwa die Liebe zu Te, werden eher scheu bestaunt, verwundert über die Mechanismen und Strukturen, die der zwischenmenschlichen Nähe Grenzen setzen. „Wir haben zu wenig Liebesformen, sie sind auf zwanghafte Punkte zusammengeschrumpft ... Wir müssen erfinderisch werden, die Mechanismen aufsprengen, diese überkommenen und verkommenen Liebesmechanismen". Gegen die, zu groben Rastern erstarrten, Lebensmuster schreibt Gertrud Leutenegger nicht nur an, wenn es um ihr eigenstes Empfinden geht. Mit subtilem Verstand skizziert sie vor allem die elenden Lebensumstände jener Marginalisierten und Unterdrückten, die entweder aufgrund subjektiver Unvereinbarkeiten mit den Normen dieser Welt – wie etwa die Verrückten in der psychiatrischen Klinik – oder aufgrund sozioökonomischer Umstände – wie die italienische Magd Virginia – die Artikulation ihrer Bedürfnisse und Hoffnungen auf kleine, symbolisch gesetzte Zeichen beschränken müssen. So sammeln sich in den Mokkatässchen der alten Virginia all deren Träume, diesem demütigenden Leben irgendwann einmal entfliehen zu können. „Die Mokkatäßchen. Dieser feine schmerzende Stich. Dieser verschlossene Wunschtraum, unsichtbar abgesperrt in einer Schublade. Virginia. Die nie eine eigene Haushaltung, eine eigene Familie, nie eigenen Besuch gehabt hat, um die Mokkatäßchen aufzutischen".

Dass Gertrud Leutenegger als Handlungsgerüst für die scheinbar unzusammenhängenden und regellos aneinandergefügten Erinnerungen, Traumbilder und Reflexionen eine am nächsten Tag stattfindende Demonstration wählt, brachte der Autorin den Vorwurf des „literarischen marketings" (Michael Zeller) ein, denn die Demonstration verkäme zu einem „modischen Accessoire". Sicherlich ist das, was der Erzählerin, am Vorabend des Protestzugs durch die Straßen wandernd, durch den Kopf geht, nicht den großen politischen und historischen Zusammenhängen gewidmet. Vielmehr sind es die stündlich oder minütlich wiederkehrenden Manifestationen eines Zustandes, der in stummer Despotie Lebensverhältnisse gebiert, die so vieles ersticken: Sehnsüchte, Hoffnungen und Zärtlichkeiten ebenso wie Scharfsinn, Empörung und Protest. Sollte man sich schreibend für diese „totgeschwiegene Maßlosigkeit in uns" einsetzen können, so tut es Gertrud Leutenegger mit einer sehr lyrischen Prosa, die sich immer ein wenig subversiv auch gegen den Glauben an die nüchtern dokumentarische Aufklärung wehrt.

Was Gertrud Leutenegger in „Vorabend" fragend verwirft („Soll denn etwa eine Demonstration nur blosse Ideen verbreiten? Alles mit kühler Abstraktion belegen?"), weist sie auch in „Ninive", ihrem zweiten Roman, von sich: das Einengende der Glaubensbekenntnisse. „Immer dieser bekenntnishafte Ton, sagt Tina, was wirst du für ein Glaubensbekenntnis ablegen ... Die Kirchentüren sind weit aufgerissen, der Sozialismus aber ist ein roter Psalm geblieben".

„Ninive" ist eigentlich eine Liebesgeschichte, die Geschichte von „Fabrizio und ich". Um die Zurschaustellung eines riesigen Wals in ihrem Heimatdorf mitzuerleben, reisen Fabrizio und die Ich-Erzählerin dorthin. Fabrizio kommt aus Berlin, wo er als Zeitungsverkäufer arbeitet, die Erzählerin kommt aus einem kleinen Schweizer Gebirgsort, wo sie sich als Kustodin eines Museums (wahrscheinlich das Nietzsche-Museum in Sils-Maria) ihr Leben verdient. Die beiden verbringen die Nacht wachend vor dem Schauobjekt: redend, einander mit Worten abtastend.

Eingewoben in das Wachen und Reden sind wieder – wie in „Vorabend" – Beschreibungen alltäglicher Ereignisse, Andeutungen politischer Reflexionen, Traumsequenzen. Aber auch die Geschichte des Wals. Der Wal, der als Schauobjekt durch die Lande transportiert und in einem Schweizer Dorf, auf seiner letzten Station, zerstückelt und ausgebeint wird. Der Wal – seine Anatomie – gibt dem Roman auch seine formale Konstruktion.

Vom Äußeren ins Innere dringt die Autorin vor, vom „Atemstrahl" zum „Darmlabyrinth", zum „Herzinneren" und zur duftenden „Ambra". Der Wal und Ninive, zwei mythisch umwobene Begriffe (Ninive ist in der Bibelgeschichte jener Ort, dem ein apokalyptischer Untergang vorausgesagt wurde) sind der Autorin Bedrohung und Sinnbild des Aufbruchs in die Straßen der Utopie zugleich. Der Wal, der einst den Propheten Jonas an Land spie und damit die Stadt Ninive vor dem Untergang rettete, verströmt in Leuteneggers Roman nach seiner Vernichtung den Duft der Ambra, die „schon in ältesten Zeiten magische Visionen wachrief von ungeheuren Reichtümern, die von armen Leuten an verlassenen Stränden gefunden worden waren". Diese fast schon inbrünstige Hoffnung auf die Zukunft leuchtet aus allen Zeilen des Romans. Die Erfahrung der sozialen Realität, die Zweiteilung schon der Kinder in „Fabriklerkinder" und „Dörflerkinder", der Chauvinismus gegen die Gastarbeiter, der in der Schweiz ein „Volksbegehren gegen Überfremdung" auf den

Plan rief, die mühsamen Überlebensbewegungen derer, die sich am Rande der Gesellschaft zurechtfinden müssen, die Angst vor dem „rücksichtslosen, ungeheuren Massen-Ich", diese Erfahrungen sind der Autorin immer Anlass, auf „die Zeit, die erst kommt", auf die „Maßlosigkeit" zu insistieren.

In wenigen Sätzen brachte Gertrud Leutenegger die Intentionen ihres Dichtens in dem Gedicht „Unter Straßensitzen" zum Ausdruck: „… und furchtbar wäre es in der Tat, wenn die Spottenden/aus ihrer Kälte heraus ahnen würden, daß wir Neinsager/zur Tagesordnung des Asphalts geworden sind und uns/dies abhanden kam: das aus allegorischer Nachtschwärze/getriebene Morgenrot einer Aufgabe". Es leitet gleichsam den Band **„Wie in Salomons Garten"** (1981) ein, der Gedichte aus den Jahren 1967–1973 und lose aneinandergereihte Reflexionen aus dem Jahr 1975 enthält.

Die Themen von Leuteneggers Lyrik ähneln denen ihrer Romane, und auch beider Strukturen sind verwandt. Immer wieder umkreisen ihre Sätze das Individuum, dessen bewusst erlebte Einsamkeit fast wohlig empfunden wird (in dem Gedicht „Komm wir gehen nach Ninive"); oder es wird ein Du angesprochen und gesucht als Möglichkeit, die Grenzen des Individuums zu überwinden („wir gehen durch einander hindurch/im sinkend verdunkelnden Wasser"). Doch bleibt auch in der Lyrik das Misslingen dieser Annäherung bestimmend; die Signale der Grenzen setzenden Realität wiegen schwerer als die entgrenzend erlebten Traumsequenzen. Konkreter wird Leuteneggers Sprache dort, wo sie ihre Reflexionen in Prosa fasst. Wieder schreibt sie von den „gefrorenen Beziehungen" zwischen den Menschen, wieder ist sie erstaunt über die destruierende Macht einer von Menschen gefertigten Technik, befremdet darüber, „daß wir weiterleben und uns an die Zerstörung gewöhnen".

Die erste dramatische Arbeit der Autorin, **„Lebewohl, Gute Reise"** (1980), ist „Ein dramatisches Poem", das sich „dem Verständnis nur schwer erschließt" (Urs Bugmann). Leuteneggers Sprache versinkt in ihrer persönlichen Adaption des vorchristlichen Mythos von Gilgamesch und seinem Freund Enkidu. Gilgamesch tritt auf als einer, der mit revolutionärer Geste Traditionen und Sitten bricht, Verfechter des

Fortschritts, Symbol des männlichen Prinzips, das die Macht des Weiblichen, die „Große Königin", verdrängt. Die Autorin provoziert die Erinnerung an archetypische Figuren wie die Ur-Mutter (verkörpert in den Gestalten der Hure und der Göttin Inanna), aus der Fruchtbarkeit und Liebe sprießen, die aber vernichtet werden muss, weil sie sich der neuen Ordnung widersetzt und sich der nüchternen, statuarischen Welt entzieht.

In „Lebewohl, Gute Reise" klingen Themen an, die bei Leutenegger mehr oder minder verschlüsselt immer wieder auftauchen: das patriarchalische Prinzip der Ordnung, Überwachung und Zerstörung, die Sehnsucht nach diesem „verletzlichen Vogel Liebe". Waren in Leuteneggers ersten Romanen Erinnerungen, Traumbilder und Reflexionen für den Leser noch nachvollziehbar, so verschwimmen deren Konturen in den folgenden Werken zunehmend.

Schon der Roman **„Gouverneur"** (1981) kann als ein „visionäres Traumtheater" (Eva Lauterbach) gelesen werden, als ein „Fortschreiben ihres Labyrinths von Träumen und Bildern".

Die Ich-Erzählerin lässt mitten in der Hauptstadt einen Berg aufschütten, als Monument der Liebe zum Gouverneur. Dieser Berg soll über und über mit hängenden Gärten bepflanzt werden. Bedroht wird dieses Monument der Liebe vom Gouverneur, der auf dem Hochplateau ein Mausoleum bauen lassen will. Die hängenden Gärten werden nie erblühen. Soweit die Erzählerin ihre Inspektoren auch durch die Welt schickt – nirgends sind die Pflanzen, Agaven, Myrten, Lorbeer, Rhododendron, zu haben; erhältlich aber sind Messer zum Zurückschneiden der Pflanzen, Instrumente, die Ordnung, gerade Linien in das wild wuchernde Gefüge bringen sollen; sie werden angeboten von einem Messervertreter, der dem Leser am Ende des Romans als Gouverneur demaskiert wird.

Der Gouverneur ist Symbolfigur für das Männliche, das sich über das ungestüm fordernde, blühende Wachsen des Weiblichen disziplinierend erhebt. Das dem Gouverneur zugeordnete Instrumentarium der Macht symbolisiert einen falsch verstandenen Fortschrittsglauben, der sich gegen Natur und Menschen wendet. „Dies ist ein Schrei gegen uns alle.

Wir wissen nicht mehr, daß die Erde lebt, daß die Seen atmen und die Berge hellwach in der Nacht stehen. Wir wissen es auch vom Menschen nicht mehr. Die Naturmißachtung ist nur der Anfang der Mißachtung der menschlichen Seele, der Anfang körperlicher Folterungen, der Anfang endgültig verwüstender Kriege", schreibt Leutenegger in dem Aufsatz „Der Tod kommt in die Welt" (aus **„Das verlorene Monument"**).

Der Aufstand des Weiblichen bleibt als Phantasmagorie, als Mythos, als traumhafte Bilderwelt, aber auch als wild wuchernde Prosa stehen. Weit mehr als zuvor hat sich Gertrud Leutenegger im „Gouverneur" in die blühende Metaphorik fremder Zeichen gewagt, hat eine höchst private Mystik versucht. So liest sich dieser Roman sperrig und hat auch höchst kontroverse Reaktionen hervorgerufen: Gert Ueding findet darin vor allem „schiefe Vergleiche, unfreiwillig komische Bilder, gestelzte Sätze und preziöse Phrasen"; dagegen meint der Schriftsteller Silvio Blatter: „Ich bin mir nicht sicher, ob ich dieses Buch ganz verstanden habe; seiner nutzlosen Schönheit bin ich aufgesprungen wie ein Traumgefährt, schlafwandlerisch sicher (...)."

Mit **„Komm ins Schiff"** (1983) schreibt Gertrud Leutenegger ihre in „Ninive" begonnene Liebesgeschichte fort.

Den Rahmen für dieses ‚sprachliche Eintauchen in die Tiefen der Liebe' ist ein Fest in der „Mailänder Kantine", einem Hotel an einem Schweizer See. Dort trifft die junge Frau ihren Geliebten, ein sprach- und namenlos bleibendes Du. Gemeinsam fliehen sie vor einer Realität, die dem funktionierend modernen Zeitgeist alte, von Erinnerungen und Mythen geweihte Stätten einpassen will. Gefragt sind nicht mehr die tief in der Erinnerung klingenden Sehnsüchte, sondern vielmehr „risikolose Leidenschaften".

Dominierende Farbe ist ein manchmal fast blendendes, sehnsüchtiges Weiß: die Farbe des Kostüms der jungen Frau, die Farbe des Schiffs. Die Sprache tastet sich heran an eine fast körperlich spürbare Sehnsucht nach jenen mystischen Momenten der Liebe, in denen sich die physischen und psychischen Grenzen einer Identität auflösen. „Komm. Rücklings über die Bootsbank will ich hängen, wie losgelassene Ruder ziehen meine Füße im Wasser, ja, so weit rechts und links hängen sie über den Bootsrand, die Zehen steif gekrümmt in der Strömung, wo ist der Himmel, wo ist der See, oben, unten, aus mir sprudelt die Strömung, steigt der ganze See, als hätte ich immer gewußt, Wasser ist in mir, Wasser. Wasser. Das Meer. Ich werde an dir ertrinken!"

Gertrud Leuteneggers Vision von der Liebe folgt stets einer Vision von Freiheit. So sind die Wände der Mailänder Kantine mit „Bildern der Freiheit" dekoriert; gemeint ist eine Freiheit, die sich tief in einer Person in bildhaften Empfindungen entwickelt, eine Freiheit von den Zwängen der Realität und den Erfahrungen einer sich immer mehr ausbreitenden Zerstörung. „Ihre Kritik an den Verhältnissen, in den ersten Büchern leise, aber eindringlich, muß in den neueren entschlüsselt werden, diffus, als Unbehagen, teilt sie sich aber schon bei flüchtigem Lesen mit" (Christoph Neidhart in einem Porträt der Autorin).

Einige Prosastücke und Aufsätze, die zuerst in verschiedenen Zeitungen standen, sind 1985 unter dem Titel **„Das verlorene Monument"** als Buch erschienen. Darin setzt sich die Autorin kritisch mit Tendenzen unserer Zeit auseinander: mit dem blinden Fortschrittsglauben und mit der Zerstörung von Natur und Umwelt, die an unseren „Lebenswurzeln" zehrt. Einzelne Aufsätze weisen thematisch auf ihre Prosaarbeiten – so kritisiert „Die dankbaren Toten von Chippis" die Umstrukturierung einer Landschaft durch Industrieansiedelungen: Konkret geht es um eine Aluminiumfabrik im Wallis, die in dem Roman **„Kontinent"** (1985) wieder auftaucht.

Die Wirklichkeit dieses Dorfes – des durch chemische Spritzmittel mehr und mehr ausgedörrten Bodens, des Lebenszusammenhangs der Menschen dort – wird im Roman in eine „aus Zeit und Raum fallende *Vorstellung* von Wirklichkeit" (Christoph Kuhn) verwandelt.

Wieder erzählt ein weibliches Ich, eine junge Frau, die in jenes Dorf kommt, engagiert von der dort ansässigen Aluminiumfabrik, um für die Jubiläumsplatte der Fabrik Geräusche und Töne festzuhalten. Daraus soll, so wünscht es die Erzählerin, eine Musik entstehen, die „mit dem Brausen im Weltinneren eins werden könnte". In ihre Beobachtungen und Reflexionen drängen sich immer wieder Erinnerungen an eine China-Reise und an eine mit dieser Reise verknüpfte Liebesgeschichte.

Auch in „Kontinent" stellt die Sprache der Autorin eine Distanz zu den Menschen und Dingen her, die reales Geschehen und alltägliche Personen in irreales, ja manchmal surreales Licht rückt. Die Personen, ihre Handlungen, ihre Motive bleiben schemen-, ja rätselhaft. Ein kleines Mädchen zum Beispiel, das mit einem Puppenwagen voller toter Vögel die Dorfstraße entlangzieht, scheint der Imagination eines Alptraums entsprungen, erfährt seinen schrecklichen Zusammenhang mit der Wirklichkeit erst im Kontext des gesamten Romans. Die toten Vögel stammen aus den Weinbergen, die ein Helikopter mit Insektenvertilgungsmittel überzogen hat.

Auch hier tauchen Symbole und Symbolfiguren auf, die, ähnlich, aus dem „Gouverneur" schon bekannt sind: ein Inspektor – im „Kontinent" ein Bewässerungsinspektor –, eine Verwalterin, das ‚Unten' des Kanalhauses, das die Erzählerin bewohnt, das ‚Oben' des Observatoriums, in das sie zu Ende des Romans zieht. „Was ich beschreibe, ist eigentlich dieser Prozeß – die Stufen des Erwachsenwerdens. Dazu braucht man nicht Material zusammenzutragen und in Archiven aufzubewahren. Die Dinge beschäftigen und verfolgen mich vielmehr innerlich", bekennt die Autorin in einem Gespräch mit Nikolaus Oberholzer. „Wollte ich nicht fortgehen von Fabrizio? Wann war das? Ich habe schon eine so weite Gedankenreise zurückgelegt, bin bei Fabrizio angelangt, da bin ich wieder, hergekommen aus weiter Welt", notierte Gertrud Leutenegger in ihrem Roman „Ninive". Elf Jahre später verweilt sie wieder an diesem Punkt ihrer Empfindung, ihrer Liebe, fast möchte man sagen, ihres Sehnens. „Zu einem bestimmten Zeitpunkt meines Lebens sah ich aus dem Meer eine Meduse auftauchen, groß wie ein Kinderkopf, rosa marmoriert, mit Fangfäden, die tief ins Wasser hinabhingen. Unvermittelt aber zerflossen diese wie Haare in den grauen Wellenmassen, die Meduse schaukelte auf mich zu, wobei sie ihre Ränder bald aufblähte, bald zusammenzog. Wider Willen betrachtete ich länger die zarte, doch durchdringende Erscheinung. Etwas unbedingt mich angehendes strahlte mir daraus entgegen, schon untergegangen oder noch gestaltlos, Flut umspülte meine Füße, das Meer, aus dem wir alle kommen." Die Meduse, dieses ungeheuerliche Fabelwesen, das – so will es die Mythologie – jeden Betrachter versteinert, gibt Gertrud Leuteneggers bislang letzter Prosaarbeit den Titel. Die Meduse hält die Ich-Erzählerin fest, zwingt sie, die laufenden Bilder der Erinnerung anzuhalten, dorthin noch einmal zurückzukehren, wo sie in ihrem Roman „Ninive" schon einmal war: zu Fabrizio, zu den Bildern der Kindheit, der Jugend, zu den Bildern der ungestümen Sehnsucht. Die Erinnerung führt diese Frau zu einer Nacht, die sie mit Fabrizio im Freien verbrachte, in einem kleinen Wald nicht weit entfernt vom Dorf Rovina. In dieser Nacht, an diesem Ort gewahrt die Autorin den Moment, in dem sie ihre Kindheit, die frühen Jahre des Beheimatet-Seins in der Magie der Sinne und des Alltags verlassen hat.

Schon im Aufbruch dorthin schwingt jene Ahnung mit, nun die Zeit verlassen zu müssen, in der die Sinne mit allen Dingen vertraut waren, in der das Glück sie wie Wellen des Meeres überfluten konnte, jene Ahnung, die das Wissen des Verzichts, die Bitterkeit des Mangels ankündigt. Auch hier wird keine Geschichte erzählt, vielmehr berichtet die Autorin in dem schmalen Band **„Meduse"** (1988) von Zuständen des Bewusstseins, von Erfahrungen, die sich im Gedächtnis festsetzen und als Stimmungen immer wieder auftauchen. Ihr Erzählen ist dabei von einer leisen, aber eindringlichen Poesie bestimmt, orientiert an einer Poesie der Sinne, an den Zuständen der Luft, an den Zeichen, die die Menschen in ihrem Gesicht, an ihrem Körper tragen. „Auf dem Hintergrund der ins Absolute zielenden Poetik der Liebe muß man auch die neue Erzählung lesen. Sie ist geschrieben aus der radikalen Perspektive der Frau, die den Aufstieg, die Symbiose ins ‚innerste Dasein' über alle Errungenschaften des Mannes, auch die seines Geistes, setzt." (Paul Konrad Kurz)

„Acheron" heißt der Prosaband, den Gertrud Leutenegger 1994 nach längerer Publikationspause folgen ließ. Wieder, wie schon bei früheren Werken, spannt der Buchtitel einen weiten Bogen hinüber in die Mythologie der Antike. Acheron ist in der griechischen Mythologie der Totenfluss, jener Fluss der Unterwelt, auf dem Charon mit seiner Fähre die toten Seelen in den Hades bringt; gelegentlich wird Acheron auch als Metapher für den Hades selbst benutzt.

Der Band hat keine Gattungsbezeichnung, weist aber die Merkmale einer längeren Erzählung auf und zählt 33 kurze, nummerierte Abschnitte. Im Zentrum steht eine namenlose Ich-Erzählerin, die zu Beginn der Erzählung unterwegs ist auf einem Schiff, einer Fähre, zu einer Insel, wie sich herausstellt. Wohin die Reise aber genau führt, bleibt vorerst noch offen, fest steht nur, dass die Fähre im Pazifik unterwegs ist und die Reisende von Tenko erwartet wird. Die Erzählerin, die sich im Zwischendeck aufhält, registriert mit großer Intensität ihr eigenes Befinden und das unmittelbare Geschehen auf dem Schiff, das Verhalten der Passagiere und des Kapitäns, der „in fast überirdisches Weiß gekleidet" ist. In kunstvoll verschränkten, blitzlichtartig aufleuchtenden Bildern brechen ambivalente Gefühle, Erinnerungen und Beobachtungen auf. Immer wieder kreisen die Gedanken der Erzählerin um Tenko, eine Japanerin, die sie nachts in der Untergrundbahn kennen gelernt hat, wo diese Muscheln verkaufte. Neben Tenko wird bald auch ein gewisser „Signor" erwähnt, „der Herr der Brücke". Er schiebt sich allmählich in den assoziativen Erzählfluss, womit nach und nach Genaueres über den älteren Geliebten zu erfahren ist: „Seine von der Sonne gegerbte Haut hatte ich stets als häßlich empfunden, ebenso seine gedrungene Gestalt. Jede einzelne Häßlichkeit prägte ich mir ein und triumphierte, daß ich diesen Mann liebte. Ich habe ihn immer den Signor genannt, allein, und vor andern. Seine Liebe war eine Herrschaft, der ich mich freiwillig unterwarf. Ich rebellierte gegen sie, wie gegen jede Gewalt, und ich umarmte sie wie alles, was uns vernichtet."

Signor ist in Europa zurückgeblieben, aber in kurzen, mit großer Eindringlichkeit aufleuchtenden Erinnerungen steht er ihr immer wieder vor Augen. Die Ich-Erzählerin verbindet vieles mit ihm, nicht zuletzt die Erfahrung einer ungewöhnlich intensiven Liebe: „Der Signor war ein Abgrund, der jede frühere Leidenschaft verschlang, alle diese glühend zerstäubten Sterne und Planeten, und am Ende seiner Existenz von ihnen erhitzt, leuchtete er noch einmal hell auf." Die Beschreibung dieser Leidenschaft, die von widersprüchlichen Gefühlen nicht frei ist, geht einher mit einer Schilderung der Bautätigkeit, der sich der Signor widmet. Er leitet den Bau einer Brücke in den Bergen und hat dabei mit zahlreichen Schwierigkeiten zu kämpfen. Dabei tauchen auch Erinnerungen auf an eine frühere Arbeit, an den Bau eines Tunnels, bei dem es Tote gegeben haben soll. Diese düsteren Andeutungen, von denen die Erzählerin auf Umwegen und nur gerüchteweise erfährt, überlagern die Erinnerungen an glückliche Momente und scheinen ihr den

Abschied vom Geliebten leichter zu machen. Es ist zugleich ein Abschied von einer männlich dominierten Umwelt.

Dem Signor gegenüber steht Tenko, die einzige Figur, die in diesem Text einen Namen trägt. Sie verkörpert eine ganz andere Welt: „Alles an ihr ist Untergang." Die obdachlose und körperlich versehrte Frau lebt vorwiegend in der Untergrundbahn einer japanischen Großstadt, die unschwer als Tokio zu erkennen ist. Tenko schläft und ernährt sich auch dort und bestreitet ihren Lebensunterhalt mit dem Verkauf von Muscheln. In der Untergrundbahn haben sich die beiden Frauen zufällig kennen gelernt, eine Zeitlang trifft die Ich-Erzählerin Tenko regelmäßig dort und lässt sich von ihr durch die Unterwelt führen. Die Erzählerin erlebt die Begegnung als eine Liebe, auch wenn an Tenkos Verhalten wenig darauf hindeutet, dass sie die Gefühle erwidern kann. Als Tenko einmal für einige Zeit verschwunden bleibt, findet die Erzählerin sie nur mit Mühe wieder; sie liegt am Boden, in ihrem Erbrochenen, „(…) ihre Augen sind ganz die einer Betrunkenen, glasig stierend und zugleich abwesend, und doch sind es immer noch die Augen, die mich wie kein anderes Augenpaar auf dieser Insel angeschaut haben".

Was die beiden ungleichen Frauen verbindet, sind unter anderem die Muscheln, die immer paarweise angeboten werden und meist perlmuttfarben oder lachsrot sind. Sie werden zu einem tragenden Motiv auch der Erzählung. Nicht zuletzt markieren die zerbrechlichen Gebilde einen einprägsamen Kontrast zu den drängenden Menschenmassen in der Untergrundbahn. Diskret und unübersehbar verweisen die rosa Muscheln zudem auf weibliche Sexualität.

Dass sie keine Muscheln mehr zum Verkaufen hat, ist der Grund, weshalb Tenko in ihre Heimat zurückkehrt, auf eine Vulkaninsel. Diese liegt nach einem Vulkanausbruch unter einer Lavaschicht begraben, und die Erzählerin stößt, als sie Tenko auf der Insel besucht, auf zahlreiche Spuren von Tod und Verwüstung. Die Überfahrt zur Insel ist jene Reise, mit deren Schilderung die Erzählung einsetzt.

Mit den kunstvoll arrangierten Rückblenden und Vorwegnahmen knüpft Gertrud Leutenegger ein dichtes Netz von Bildern, worin Traum und Erinnerung, Wahrnehmung und Imagination sich auf beinahe unentwirrbare Weise verflechten und das eine im anderen wieder erkannt wird. Nach dem Abschied vom Signor, der durch die Reise in die Ferne möglich wurde, steht nun ein weiterer Abschied bevor, der von Tenko. Die Erzählerin wird eine Nacht auf der Insel verbringen, irritiert zunächst, dann aber mit dem Gefühl, an einen Wendepunkt gelangt zu sein. „Vielleicht ist es mir nicht gegeben, alles in einem zu erleben", hatte sie noch in Gedanken an den Signor geklagt, „mein ganzes Leben buchstabiert ein verwirrtes Nacheinander von Glück und Irritation". Nun wird sie, obschon an einem unwirtlichen Ort angekommen, geradezu überwältigt von Erinnerungen an Glücksmomente ihrer Kindheit und wendet sich zugleich uneingeschränkt der Gegenwart zu: „Nie aber war ich versöhnter mit dieser Nacht als jetzt, staunend erblicke ich mich völlig von mir losgetrennt, und ich weiß: hier begann der Sommer meines Lebens."

Mit **„Lebewohl, Gute Reise"** hatte Gertrud Leutenegger 1980 ein „dramatisches Poem" vorgelegt, das 1984 auch auf die Bühne kam. 1999 erschien **„Sphärenklang"**, das im Untertitel dieselbe Gattungsbezeichnung trägt.

„Sphärenklang" ist ein Dialog; im Gespräch begegnen sich eine „Sie" und ein „Er", über die keine näheren Angaben gemacht werden. Erst nach und nach stellt sich heraus, wer hier spricht und was die beiden ins Gespräch gebracht hat. Die beiden sind ein Paar, sie haben zusammen ein Kind und leben im Süden, in der Nähe eines Sees. Nun sitzen sie einander gegenüber und versuchen, miteinander zu reden – und reden aneinander vorbei.

Als der Dialog einsetzt, scheint lange unklar, ob hier nun Tote oder Lebende miteinander sprechen. Der Mann ist nach einem schweren, beinahe tödlichen Verkehrsunfall aus einer Klinik zurückgekehrt. Seine Erfahrungen im Rausch und an der Grenze zum Tod haben ihn von seiner Familie entfernt. Auch sich selbst ist er fremd geworden, er kann sich nur noch bruchstückhaft an sein Leben erinnern. Im Gespräch versuchen die beiden herauszufinden, was vorgefallen ist, aber der schreckliche Moment ist nicht zu beschreiben. Und dennoch drängt er ins Wort, denn er trennt die beiden Menschen auf eine Weise, die nicht auszuhalten ist, von beiden nicht. Das Schreckliche muss aufgelöst werden, damit es Umrisse gewinnt und erkennbar wird. Das Gespräch der beiden kreist denn auch buchstäblich um Leben und Tod, und zugleich müssen beide erst noch erkunden, wie über die ersten und letzten Dinge des Lebens zu sprechen wäre. Sie müssen sich selbst den Boden bereiten, sie werden von keinen Gewissheiten getragen.

Der Versuch, die noch verbliebenen Gemeinsamkeiten auszuloten, misslingt. Die Stationen zwischen dem Hochgefühl zu Beginn ihrer Lebensgemeinschaft und der Katastrophe, in die alles gemündet hat, werden von den beiden sehr verschieden dargestellt, das Gespräch bringt sie mit fortschreitender Dauer immer weiter auseinander. Was sie noch bindet, ist einzig die Tatsache, dass sie beide reden – und einander dabei verfehlen.

In seiner Laudatio zum „Literaturpreis der Innerschweiz" sagte der deutsche Literaturkritiker Jochen Hieber: „Inhaltlich ist ‚Sphärenklang' ein so unerbittliches wie schmerzhaftes Dokument des Scheiterns. Ästhetisch jedoch ist diese Arbeit ein nicht unerheblicher Gewinn. Zum allerersten Mal setzt Gertrud Leutenegger dem wie stets namenlosen und weiblichen Ich, das ihr ganzes bisheriges Werk dominierte, ein formal gleichrangiges Du, ein männliches Du, gegenüber." Der äußerst stilisierte Dialog wurde vom Suhrkamp Verlag, der seit 1975 das Werk der Autorin betreut, abgelehnt und erschien in einer bibliophilen Ausgabe in der Eremiten-Presse. Als Hörspiel wurde er 1998 unter der Regie von Stephan Heilmann von DRS 2 produziert.

Mit dem Roman **„Pomona"** (2004) kehrte Gertrud Leutenegger, zehn Jahre nach Erscheinen von „Acheron", wieder zur Prosa zurück. Der Titel des Romans verweist auf die römische Göttin der Fruchtbäume und der Gärten. Pomona wird mit Früchten dargestellt, in der Hand hält sie einen Apfel. Satyrhafte Feldgeister stellen ihr nach, darunter Priapus, aber sie weiß sich zu schützen.

Die Ich-Erzählerin erzählt zum einen von Begebenheiten aus dem namenlosen kleinen Tessiner Dorf, in welchem sie mit ihrem Mann und der kleinen Tochter lebt, hoch über dem Comersee. Es sind Geschichten aus dem Alltag, sie handeln von dörflichem Leben, etwa vom Jungen Sirio, der an Epilepsie erkrankt ist, vom Gelächter heiterer Menschen, die durch die Gassen ziehen, von Festen und kleinen Aufregungen – zugleich mischen sich in diese Geschichten auch immer häufiger Andeutungen von einem schrecklichen Familienleben. Orion, der Ehemann, ist dem Trunk ergeben. Sein Leben ist eine einzige Folge von Abstürzen, er ist unberechenbar und für seine Nächsten oft eine Qual. Was zunächst nur bedrängend und irritierend ist, durchsetzt mit unvermittelt heiteren Momenten, wird mit der Zeit zu einer Bedrohung. „Orion besaß eine außerordentliche Kraft zum Vergessen. Wäre ich fähig gewesen, in dieses restlose Augenblicksleben einzuwilligen, die fürchterlichsten Dinge am andern Tag als ungeschehen zu betrachten, hätte nie diese Trauer in mir zu nagen begonnen." Orion kann sich anderntags, nachdem er wieder einmal im alkoholisierten Zustand gewütet hat und selbst die Tochter sich verbergen musste, an nichts erinnern. Er ist ein begabter Architekt, wie es scheint. Seine Teilnahme an Wettbewerben und Ausschreibungen bleibt jedoch meist erfolglos, und schon bei der Einreichung seiner Pläne und Modelle glaubt er jeweils sicher zu sein, dass es wieder nicht klappen wird. In seinem Scheitern zieht er sich immer mehr zurück und verbringt seine Nächte hinter dem Teleskop, mit dem er den Himmel nach Sternen absucht. Der Blick in die Ferne vermag ihn jedoch nicht zu erlösen, so wenig wie der rauschhafte Alkoholkonsum: „Orion drehte sich um und stieß krachend den Tisch, der ihm im Weg stand, gegen den Nussbaumschrank, stürmte zur Hofseite und schmetterte auch dort alle leicht angelehnten Fensterläden gegen die Hausmauer, er fluchte etwas von einem Gefängnis, stündlich entdecke man Millionen Lichtjahre entfernte Galaxien, Gasorkane und atomare Feuersäulen, einen unablässig wirbelnden brodelnden Kosmos von furioser Aktivität, während wir uns in einem Schattenreich verkriechen würden".

Im Unterschied zu Orion verfügt die Erzählerin über ein außerordentliches Erinnerungsvermögen und kann intensive Momente abrufen, die ihr als belebende, Mut stiftende Bilder helfen, sich gleichsam gegen die Widrigkeiten ihrer augenblicklichen Situation zu stemmen. In ihren Erinnerungen und selbst im Traum kehrt sie immer wieder in ihre Kindheit zurück, in das Dorf und vor allem in den Apfelkeller des Elternhauses. Dort streckt ihr die verstorbene, aber immer noch nahe Mutter einen Apfel entgegen, einen von vielen, die im Keller lagern. Diese hat Klara gebracht, eine Bäuerin, die regelmäßig mit Äpfeln vorbeikommt und eine breite Sortenvielfalt anbieten kann. Berner Rose, Södler, Roter Astrachan, Ontario, Karbantich, Berlepsch usw. – allein schon die Namen der Apfelsorten verweisen auf den sinnlichen Reichtum einer Kindheitswelt, der inzwischen nur noch in der Erinnerung heraufbeschworen werden kann.

Über die Geschichte Klaras und der Mutter, der beiden ungleichen Frauen, die sich seit langem kennen, ragt die Romanhandlung auch weit zurück in die Vergangenheit und evoziert eine Realität, die sich aus allen zeitlichen Bedingungen zu befreien scheint. Eindringlich wird denn auch das Ende der beiden Frauen geschildert, mit deren Tod eine Welt verloren geht. Um das, was von der Kindheit zu retten ist, kreisen die Gedanken der Erzählerin immer wieder: „Am Ende behält man wenig von einer Kindheit; einen Geruch, eine Lichtstimmung, eine Geste. Alles andere ist zum Stoff geworden, aus dem wir atmen, handeln, vergessen."

In ihrer Erzählung vom Dorfleben und den familiären Kalamitäten wendet sich die Erzählerin wiederholt an die Tochter. Ihr erklärt sie, was sie dazu bewogen hat, mit ihr das Dorf zu verlassen und in die ferne Stadt zu ziehen: „(…) weil ich mit dir zusammen, lebendig bleiben wollte." Zugleich erzählt sie der Tochter auch manches von dem, was deren Kindheit geprägt hat – Begebenheiten, an die sich die Tochter vielleicht nicht mehr so genau wird erinnern können und die auch in ihrer Ambivalenz belassen werden. Dabei besticht, wie die Autorin neben randscharfe Bilder immer wieder auch Passagen stellt, in denen Traum und Wirklichkeit nahtlos ineinander übergehen, in einer Sprache, die gleichzeitig nüchtern und poetisch ist. In dieser ungemein farbigen Sprache stellt sie auch die widersprüchlichen Erfahrungen mit Orion nebeneinander, ohne sie zu verharmlosen oder zu dämonisieren oder gar gegeneinander zu verrechnen.

Wie bereits in „Das verlorene Monument" versammelt Leutenegger in **„Gleich nach dem Gotthard kommt der Mailänder Dom"** (2006) und **„Das Klavier auf dem Schillerstein"** (2017) verstreut publizierte Kurzprosa aus 30 Schaffensjahren. Diese kurzen Texte werden in der Zusammenstellung als genuiner, zentraler Werkbestandteil deutlich. Sie handeln von Dingen, Begegnungen, Überbleibseln, Erinnerungen und Worten, die augenblickshaft Tiefe und Weite erhalten. An den Prosaminiaturen zeigen sich die Themen und Verfahren, an denen Leutenegger beständig arbeitet, besonders verdichtet und konzentriert, die Zusammenstellung macht ihre Konstanz und Variation deutlich. Ihr

Schreiben basiert zum einen auf der Nähe verschiedener Schichten der Wirklichkeit zueinander, die jederzeit ineinander umschlagen können, weil sie nicht metaphorisch füreinander einstehen, sondern einander metonymisch berühren – wie die Tunnelarbeiter, die den Gotthardtunnel graben und zu Marmorstatuen auf dem Mailänder Dom werden. Zum anderen erweitert sich die Realität, wenn Dinge versetzt und in neue Zusammenhänge gestellt werden, wie jenes Klavier, das plötzlich auf dem Schillerstein steht, surreale Verfremdung und Verdichtung der Realität zugleich.

Leuteneggers zentrales Verfahren der Mythisierung von Gegenwart zeigt sich in dem frühen Text „Roma, Pompa, Loredana" (1985, wieder abgedruckt in „Gleich nach dem Gotthard kommt der Mailänder Dom"), in dem die Erzählerin einen Brandanschlag auf ein Roma-Mädchen im Rom der Gegenwart mit Motiven, Schauplätzen und Ritualen der Antike überblendet. Dieses Verfahren einer Mythisierung rassistisch-sexistischer Gewalt ist riskant. Es zielt jedoch nicht auf eine Enthistorisierung und Entpolitisierung, sondern zu einer „Mythisierung, die den Mythos ernst nimmt (…) als das, was sich der diskursiven Auseinandersetzung entzieht und dennoch oder gerade deshalb immer wiederkehrt" (Sylvia Henke) In den Texten jüngeren Datums wird diese Kritik an der Gewalt gegenüber Außenseitern und den Schwächsten der Gesellschaft zu einer poetisch-ökokritischen Perspektive erweitert, so im Text „Ruinen" über das Verschwinden der Alpengletscher (in: „Das Klavier auf dem Schillerstein").

In der Kurzprosa reflektiert Leutenegger das eigene Schreiben. Dies geschieht vor allem in jenen feuilletonistischen Texten, in denen Leutenegger sich als Lesende zeigt. Während die Romane einen eigenen Werkkosmos schaffen und zum Hermetischen tendieren, werden in der Auseinandersetzung mit Kleist und Novalis, Catherine Colomb oder Murasaki Shikibu literarische Bezüge deutlich. Auffällig dabei ist die Engführung von literaturhistorischen mit biografischen Kontexten sowie von präzisen Beobachtungen am Sprachmaterial mit der Thematisierung der Materialität von Büchern („Nachtstück", in: „Das Klavier auf dem Schillerstein") und der Korporalität des Lesens, etwa in der adoleszenten Lektüre von Robert Walsers „Jakob von Gunten" unter einem safttropfenden Johannisbeerstrauch im weltbewegten Jahr 1967, denn dieses Buch „kann man nicht im Haus lesen, es würde dabei explodieren" („Jakob, der Johannisbeerstrauch", in: „Gleich nach dem Gotthard kommt der Mailänder Dom").

2008 und 2014 veröffentlichte die Autorin mit „Matutin" und „Panischer Frühling" zwei weitere Romane. In **„Matutin"** (2008) radikalisiert Leutenegger ihr großes Thema und Verfahren der lyrischen Verdichtung innerer und äußerer Wahrnehmungen einer erzählenden Figur, die sich in einem Ausnahmeraum und in einer Zwischenzeit befindet, bis sie schließlich verwandelt und erlöst in die Welt zurückkehrt. So geht auch in „Matutin" eine namenlose Ich-Erzählerin durch einen Prozess innerer Wandlung, in dem Träume, Kindheitserinnerungen, Wahrnehmungen von Landschaften und Details, Kulturgeschichte und Gegenwart sowie christliche und mythische Strukturen ineinander verschwimmen und ein unbenannt bleibendes Trauma durchgearbeitet wird. In „Matutin" fungiert ein heterotopes Bauwerk als Respit für die Erzählerin: ein nachgebauter Vogelfängerturm nachbauen, wie er einst in Norditalien der Jagd auf Zugvögel diente, nun aber als Event-Architektur auf einer schwimmenden Insel in einem See steht. Die Erzählerin wird Kustodin des Turms, der ihr erscheint, als „wäre (er) eigens für (sie) konstruiert worden". Der Roman ist Logbuch der 30 Tage und Nächte, die sie im Turm verbringt. In der Einsamkeit des Turms hat sie den Blick über die Stadt und ist zugleich den Blicken einer anonymen Macht ausgesetzt: „Natürlich beobachten wir sie." Wie die Erzählerin sich in diesem Raum einrichtet, beschreibt zugleich Leuteneggers Erzählverfahren: „Den ganzen Morgen habe ich mich mit den Fensterläden beschäftigt, das oberste Geschoss auf die verschiedenartigste Weise ausgeleuchtet oder verdunkelt und auch eine bestimmte Stellung der Fensterläden herausgefunden, die von mir her größte Sichtweite, von der Stadt her aber absolute Deckung meinerseits ermöglicht." In diesem Wechselspiel aus Ausleuchtung und Verdunklung begibt sie sich in ein Zwielicht aus Erinnerungen an die Kindheit und eine frühere Beziehung, Träumen und Beobachtungen des Geschehens am Seeufer und in der Stadt, für die Lesenden abwechselnd erhellend und verrätselnd. Ihr Blick nach draußen ist immer auch ein Blick zurück, schwankt zwischen genauer Beschreibung der Gegenwart, Projektion und Imagination. Er fällt auf Menschen am Ufer, die ihr (und den Lesenden) seltsam vertraut erscheinen, wie aus einem anderen Leben (oder einem anderen Roman). Vertraute Figuren sowie prägnante Motive und Metaphern rufen Figuren aus dem Leutenegger-Kosmos auf, ohne dass diese explizit gemacht werden. Wovor die Erzählerin geflohen ist und was sie zurückgetrieben hat an diesen Ort bleibt ebenfalls ihr Geheimnis. Die starke symbolische Aufladung und Verrätselung des Romans wurde in der Kritik teils als „hermetisch" und „symbolisch überladen" wahrgenommen (Tabea Krauß), teils gerade als Stärke eines Buches geschätzt, in dem die Ich-Erzählerin zu einer Erlösung gelangt, gerade „weil sie als Einzige den Schlüssel zu all den Geheimnissen besitzt, die in der Geschichte (…) verborgen sind und die man als Leser um keinen Preis gelüftet bekommen möchte" (Charles Linsmeyer).

Die Kustodin soll täglich einen Überraschungsgast begrüßen und ihm die Vogeljagd in Erzählungen vor Augen stellen. Sie nimmt genau eine Besucherin auf: Victoria stammt aus Südamerika und ist vermutlich ohne Wohnsitz und ohne Aufenthaltspapiere. Die beiden Frauen teilen die täglich gelieferte Polenta und Geschichten über den Vogelfang und über Victorias gewalterfahrenes Leben in Südamerika, aber Victoria bleibt rätselhaft und verschwindet eines Tages. Die skeptische Freundschaft der beiden Frauen sowie ihre Erzählungen, die Erinnerungen und Träume anstoßen, tragen jedoch zur traumhaft verdichtenden Durcharbeitung der Vergangenheit der Erzählerin bei. Diese bleibt ebenso dunkel wie jene Victorias, den Lesenden ebenso fremd vertraut wie Victoria der Erzählerin.

Vögel sind in „Matutin" Symbol und Identifikationsfiguren – augenscheinlich vermittelt über die illegale Migrantin, die temporär in jenem Bau Zuflucht findet, von dem aus einst migrierende Vögel gejagt wurden, und in der biografischen Verbundenheit der Erzählerin mit Vögeln, durchgespielt durch Vergleiche und Metaphern. Die Tiermetaphern übersteigen dabei die vorschnelle Lektüre – Vogelleid steht für Menschenleid – und agieren vielmehr als poetologische Metaphern sowie als Medien der Kommunikation des Unaussprechlichen. Landschaftsbeschreibungen und ethnografische Stadtbeobachtungen, kafkaeske Turmregeln, die Details der Vogeljagd und die biografisch-gemeinschaftlichen Erinnerungen an das christliche Passionsgeschehen stehen metaphorisch füreinander ein, verstärken sich gegenseitig und umkreisen dabei einen Kern, der unausgesprochen bleibt.

Als die Erzählerin nach 30 Tagen und Nächten von „Männern in Regenmänteln" aus dem Turm geholt und wegen Verstößen gegen die Turmregeln entlassen wird, geht sie erlöst: „Warum ist mir auf einem so leicht? Mit allem Verlorenen gehe ich hinein in die erwachende Stadt." Es ist eine dem Leiden abgerungene Erlösung, die das Buch nicht leicht macht, weil es „nicht leichtfertig" (Beatrice von Matt) ist.

Sechs Jahre nach „Matutin" wendet sich Leutenegger in einem weiteren Roman ganz ähnlichen Themen zu, jedoch die Moll-Tonalität des Vogel-Romans in Dur transponierend. Nicht mehr im grau-gelben Herbst, sondern in einem grün-blauen Frühling spielt **„Panischer Frühling"** (2014), nicht mehr topografisch maximal verengt auf einen Turm, sondern ausgebreitet über das ganze Stadtgebiet Londons. Als Bühne für das traumwandlerische Ineinandergleiten von Erinnerung und Wahrnehmung fungiert nicht mehr die seltsame Ortlosigkeit, in der Hotels und Schlachthäuser immer schon geschlossen haben, weil die Menschen weitergezogen sind, sondern eine über Straßennamen, Daten und Wasserpegel der Themse präzise verortbare Außenwelt. Das multikulturelle London wird nicht mehr aus der Vogelperspektive distanziert beobachtet wie Lugano, sondern ethnografisch präzise und humorvoll mit dem Blick der Flaneurin. Und nicht mehr die gejagten, geblendeten, gebratenen und von Katzen zerrupften Vögel sind leitmotivisch, sondern Pflanzen – berauschend blau blühende Bäume, Schilfrohr, die Wasserrosen in den Gärten von Kew.

Erneut aber ist es eine Ausnahmesituation – dort die temporäre Kunstinstallation des Vogelturms, hier der Stillstand, als wegen des Ausbruchs des Vulkans Eyjafjallajökull 2010 tagelang keine Flugzeuge über London flogen –, in der eine namenlose Ich-Erzählerin durch einen Prozess der Erinnerung und des Erzählens geht. Erneut tut sie dies am Wasser und erneut in einem Duett mit einer weiteren Person, die als Gegenüber das Erzählen ermöglicht. Und wieder wird das Verschwinden dieser Person betrauert, ermöglicht der Erzählerin jedoch das Verlassen des liminalen Raums in eine vorsichtig optimistische Zukunft. Ein weiteres Mal ist diese zweite Person ein Außenseiter – in „Panischer Frühling" ist es Jonathan, ein junger Mann mit einem entstellten

Gesicht, der an der London Bridge Obdachlosenzeitungen verkauft. Die Beziehung zwischen den beiden Figuren entspinnt sich zögerlich, lange Zeit werden keine direkten Blicke, bis zum Ende keine Berührungen getauscht. Erneut ist es eine Beziehung im Medium des Erinnerns und Erzählens. „Sein verschwenderisches Erzählen hatte eine solche Weite des Vertrauens geschaffen, in der ich mich nicht nur zugelassen, sondern sogar aufgenommen fühlte. Nie wie in solchen Augenblicken werden, wenigstens für kurze Zeit, die Gespenster der Welt beschwichtigt." Die Erzählerin berichtet dabei vor allem von den Kindheitssommern in den Bergen, Jonathan von seiner Jugend am Meer in Südengland und den Geschichten seiner Großmutter über die während des Kriegs von London nach Cornwall verschickten Kinder. Die Erzählungen und unausgesprochenen Geheimnisse gehen ineinander über, die Figuren verschwimmen. Als Jonathan eines Tages nicht zurückkehrt, an seinem Stammplatz stattdessen ein weißes Fahrrad an einen unbekannten Verkehrstoten erinnert, kann die Erzählerin nicht mehr erzählen – aber weiterreisen und weiterleben: „Es tat so weh, dass ich die Augen schloss. War es Zeit, nach Hause zu gehen? Am Morgen des letzten Frühlingstages bestieg ich den Zug in Richtung Cornwall. Nach Penzance."

Diese hellere, ungewohnt dynamische Variation von Leuteneggers Themen und Verfahren fand großen Anklang: „Während ihre frühen Werke mitunter den Verdacht weckten, man habe es mit prachtvoll ausgemalten Bildern zu tun, die sich selbst genügten, regiert in diesem Roman ein verführerischer poetischer Zauber, dem alles Aufgesetzte, Pittoreske und künstlich Heraufbeschworene völlig fremd ist." (Rainer Moritz) „Panischer Frühling" stand auf der Shortlist sowohl des Deutschen als auch des Schweizer Buchpreises.

Waren in „Matutin" und „Panischer Frühling" die Bezüge zwischen den Werken Leuteneggers verschlüsselt in der Form von Topoi und Bildern, die durch die verschiedenen Texte geistern, legte die Autorin 2020 mit **„Späte Gäste"** einen Roman vor, der in den Figuren, Orten und Handlungselementen explizit an „Pomona" (2004) anschließt. Die Ich-Erzählerin, die sich am Ende von „Pomona" aus der Beziehung und ihrem Dorf gelöst hatte, kehrt zu einer eigentümlichen Totenwache für Orion zurück. In der Nacht vor seiner Beerdigung übernachtet sie allein im Wirtshaus und gibt sich Erinnerungen an das Leben mit Orion und im Dorf hin. Umgeben ist sie dabei von den titelgebenden späten Gästen: Es sind „die Lebenden und die Toten, die Geliebten und die Gefürchteten" – und die Geflüchteten. Denn in die Betrachtungen von Wandgemälden und Schattenspielen mischen sich Bilder von aufgehäuften Rettungswesten und toten Kindern am Strand von Lesbos. Der Wirt, der der Erzählerin und ihrer Tochter in der Zeit von „Pomona" Zuflucht vor Orion ermöglichte, ist in seiner sizilianischen Heimat und versucht, deren ausgestorbene Ortschaften zu einem Zuhause für Flüchtlinge zu machen. Und über Serafina kommt jene Geschichte an die Erzählerin, wie das mitternächtliche Fastnachtsmahl von verkleideten Gestalten aufgesucht wurde, deren „dunkle Hautfarbe" auffiel: „Unter den Verkleideten mussten Flüchtlinge und Migranten sein, nicht aus der Vergangenheit und nicht aus dem Totenreich, sondern aus der nahen Umgebung, und saßen, als hätten sie immer dazugehört, mit ihnen beim Mitternachtsmahl." Die Nacht endet damit, dass eine Nachtgestalt der Erzählerin eine Münze gibt, als Fährgeld für Orion – und der Wirt sie weckt und sanft auf den Weg setzt: „Es ist Zeit, sagt der Wirt, die Glocken läuten. Aber schauen Sie nicht zurück."

Die Mischung gesellschaftlicher Themen in die Visionen, Träume und Erinnerungen fügt sich bruchlos in die Erzählung und ihre Verfahren ein, etwa in der Überblendung eines Tausendfüßlers an der Wirtshauswand mit der Erzählung von sizilianischen Kindern, die die ankommenden Schlauchboote als Tausendfüßler bezeichnen: „Turnschuhe, Stiefel, nackte Füße. Durch den Wellengang waren die Beinreihen, mochten sich die Migranten auch noch so aneinander festklammern, in beständiger zuckender Bewegung. Die Kinder hatten genau hingesehen." Diese Form der Flüchtlingsparabel, der Mythisierung und biografischen Aneignung von Zeitgeschehen ist problematisch, denn die „Gemengelage aus Erzähltraditionen, Mythologie und politischen Aktualitäten" (Paul Jandl) gibt den Geflüchteten keine individuellen Stimmen und Gesichter. Sie ist jedoch von einer tiefen Empathie und von jener Vision getragen, die der Wirt an die Decke seines Gasthauses pinselte: „Leben würde wieder in das ausgestorbene Nachbarhaus einziehen. Fremdes, unvertrautes Leben. Das Modica seiner Mutter gehörte der Vergangenheit an, neue Schmerzen, Irritationen und Glück würden die Gassen erfüllen. Zukunft." „Späte Gäste" handelt vom individuellen Sterben und gesellschaftlichen Abschiednehmen, um vom Leben und von der Zukunft erzählen zu können.

Leuteneggers Schaffen aus fast 50 schreibenden Jahren umfasst Romane, Erzählungen, Essays, Lyrik und dramatische Texte. 2022 veröffentlichte sie mit **„Partita"** einen poetologischen Text, der den Prinzipien ihres Schreibens jenseits aller Gattungsgrenzen nachhorcht. Die Notate, so der Untertitel des Buches, sind Nebenergebnisse der schriftstellerischen Tätigkeit, die diese selbst zum Thema machen: Kürzestprosa, verslose Lyrik, manchmal zum Aphorismus tendierend, ihn im nächsten Moment auflösend. 77 Einträge, jeweils einen bis vier Sätze lang, stehen auf je einer Seite des Buches, „allein auf einer Seite, um sich nicht gegenseitig zu behindern und um ausreichend Platz zum Atmen zu haben" (Michael Krüger). Entstanden sind die Texte, so Leutenegger in einer Nachbemerkung, über Jahrzehnte während der Arbeit des Schreibens, als Reflexion des eigenen Schaffensprozesses. Die meisten Texte handeln vom Schreiben und lassen sich als poetologisches Programm verstehen, etwa wenn Leutenegger die Ästhetik ihrer Werke in Sentenzen äußerst treffend umreißt: „Kein Gegenstand, keine Realität ist gesichert. Daher das Schwebende, Fragende, Sphärische." Oder: „Das Gelebte nicht als Material, als Grund der Sprache, als unstillbar forttreibende formgebende Kraft." „Partita" ist jedoch keine Erklärung des eigenen Werks in Form einer Poetikvorlesung, sondern ein Text, der performativ vor- und durchführt, wovon er handelt („Nichts erklären, sondern durch die Konstellation, durch das Zusammenklingen der Teile die verlorene Musik zum Vibrieren bringen"). Mit dem Titel „Partita" ist eine musikalisch-tänzerische Form für die Zusammenstellung der Sätze strukturierend – auch in der Metaphorik der Texte ist das Primat des Musikalischen, Akustischen auffällig, das die Farbmetaphorik der Romane und Kurzprosa ersetzt. Mit der Anordnung als musikalische Variationsfolge macht Leutenegger die Form der Zusammenstellung der Notate selbst zum Argument. Sie inszenieren die existenzielle, spirituelle Bedeutung des Schreibens, die Suche nach einer tieferen Wahrheit, die dem Ernst ihrer Texte unterliegen – jener „gnadenlose mittelschweizerische Ernst" (Kristina Maidt-Zinke), der häufig Gegenstand der Kritik war. Die tänzerische Form ergänzt ihre traumwandlerische Leichtigkeit (für die Leutenegger viel gelobt wurde). In „Partita" wird die apodiktische Präzision der wie in Stein gehauenen einzelnen Sätze durch das variierende Prinzip in Bewegung gehalten, so wie die Romane der Autorin als ein Weiterspinnen und Variieren eines musikalischen Themas miteinander verbunden sind. Leutenegger, deren Texte oft als hermetisch gelten, strebt gerade nicht nach Vollkommenheit und Abgeschlossenheit: „5. Es gibt Texte, die können keine vollkommene Gestalt erlangen. In ihrem Scheitern liegt ihre Wahrheit." Diese Absage an die Totalität ist dabei ein gleichermaßen poetisches wie politisches Programm: „6. Die falsche Totalität jedes Bildnisses zertrümmern in die zarte, unerbittliche Zwiesprache der Fragmente." Die Notate zeigen, dass die hochgradig durchkomponierten Texte Leuteneggers nicht das Ergebnis manieristischer Formverliebtheit sind, sondern einem Verständnis des Schreibens als Denk- und Lebenspraxis entwachsen.

Anm.: Die Darstellung stammt bis einschließl. von „Meduse" von R. Winter, bis „Pomona" von M. Zingg, danach von E. Köhring.

Der vollständige Beitrag **„Gertrud Leutenegger"** im Kritischen Lexikon zur deutschsprachigen Gegenwartsliteratur ist einzusehen unter: www.klg-lexikon.de.

Anna Rauscher

Esther Kinsky

Esther Kinskys Werk umfasst episodenhaft erzählte Romane, Lyrikbände, Essays und einen in Kollaboration entstandenen Reisebericht. Die Grenzen zwischen den Gattungen sind dabei nicht immer trennscharf zu ziehen, da sie auch in ihrer Prosa eine lyrisch anmutende Bildlichkeit schafft und sich in der Lyrik freie Verse und Prosagedichte finden. Kinskys Texte zeugen von einer genauen Beobachtungsgabe und enthalten zahlreiche deskriptive Passagen. Häufig finden sich Neologismen, originelle Metaphern, Vergleiche und Personifikationen. Der Tonfall wirkt in Prosa wie Lyrik ruhig bis lakonisch. Dabei lassen die gewählten Sujets und die gezielte Kombination scheinbar nichtiger Details und Zufälle in den Texten eine dichte Atmosphäre und melancholische Ästhetik entstehen und verweisen in ihrer Rätselhaftigkeit auf tiefere Bedeutungsschichten. Oft tritt ein intertextuelles Moment auf, das von Zitaten aus der europäischen und amerikanischen Literatur über Anspielungen bis zur expliziten Auseinandersetzung reicht. Die jüngeren Werke, „Naturschutzgebiet", „Am Fluss" und „Karadag Oktober 13. Aufzeichnungen von der kalten Krim" zeichnen sich zudem durch Intermedialität aus, weil hier Text und Fotografie kombiniert werden. Eine Tendenz zur Mischung von Fakt und Fiktion findet sich unter anderem in „Am Fluss", da ein Kenner von Gesamtwerk und Biografie der Autorin hier Überschneidungen mit der Identität der namenlosen Ich-Erzählerin erkennen mag.

Das Werk Esther Kinskys kreist um Erinnerung, Wahrnehmung und ihre Versprachlichung, Heimat, Fremde und Fremdsein, das Marginalisierte, Vergessene und Abseitige, das Zwischenreich zwischen Zivilisation und Wildnis sowie immer wieder die Sprache selbst. Ihr Debütroman **„Sommerfrische"** (2007) gliedert sich in kurze Kapitel, die durch den wiederholt auftretenden Titel „üdülő", zu Deutsch „Feriensiedlung", strukturiert werden. Geschildert wird ein Hitzesommer in Ungarn, gerahmt von dem alljährlichen Beziehen der Feriensiedlung bis zu deren Räumung. Fokussiert werden Figuren, die in einer Vorstadtgegend leben und nach dem Niedergang der ansässigen Industrie auf wenig einträgliche Gelegenheitsarbeiten, Kriminalität und Prostitution angewiesen sind. Sie sehnen sich nach Glück und Wohlstand, doch haften ihren Unternehmungen eine gewisse Statik und Hoffnungslosigkeit an, die formal betont wird durch das wiederkehrende Motiv der von Autos erfassten Straßenhunde.

Repetitionen in der Betitelung der Kapitel finden sich auch im Roman **„Banatsko"** (2011). Hier stehen das Fremdsein der Ich-Erzählerin und ihr poetisches Beschreiben des Lebens in der ungarischen Grenzstadt Battonya im Mittelpunkt. Im Vergleich zu „Sommerfrische" sind die Kurzkapitel noch weniger deutlich verbunden, sodass Kohärenz und Struktur eher durch Wiederholung entstehen.

Der umfangreiche Roman **„Am Fluss"** (2014) verlegt den primären Schauplatz in den Nordosten Londons. Flüsse Europas und Amerikas fungieren hier als natürliche Grenzen, Lebensspender und Todesbringer und lassen sich unter anderem als Metaphern für die Zeit lesen. Der Roman beschreibt einen Aufenthalt der anonymen Ich-Erzählerin in England bis zu ihrer Abreise nach Osteuropa, wobei die Chronologie des Erzählflusses durch zahlreiche Schilderungen von Erinnerungen aufgebrochen wird. Die Erzählerin konzentriert sich in ihren Erkundungsgängen und -fahrten auf das Abseitige und Vergessene, beschreibt eindringlich das Leben in der ärmlichen Gegend und erforscht in langen Fußmärschen das verfallende, allmählich verwildernde Gebiet entlang des River Lea.

„Karadag Oktober 13. Aufzeichnungen von der kalten Krim" (2015) fokussiert neben poetischen Beschreibungen und Reflexionen über das Gesehene Aspekte der Menschheits- und Literaturgeschichte. Im Unterschied zu den vorangehenden Werken ist der Text dreistimmig angelegt: Kinskys Wahrnehmungen sind dabei typografisch abgesetzt von den auf der Basis des während des Entstehungsprozesses 2014 verstorbenen Martin Chalmers dokumentierten Beobachtungen sowie den Berichten des britischen Krimreisenden Laurence Oliphant (1829–1888).

„Hain", ein als "Geländeroman" bezeichneter, dreiteiliger Text, knüpft im Hinblick auf stilistische Elemente und Themen an „Am Fluss" und „Am kalten Hang" an. Der drei Reisen in Italien beschreibende Text betont stärker das autobiografische Moment; zentral ist die Trauer um den verstorbenen Martin Chalmers. So beschreibt der erste Teil einen Aufenthalt der Protagonistin in dem abseits gelegenen Dorf Olevano, der dritte eine ebenfalls im Winter begonnene Reise in eine verlassene, unwirtliche Gegend in der Po-Ebene. Auch hier durchwandert die Erzählerin wiederholt vergessene Orte und aufgelassene Industriestätten, dabei begegnen ihr Heimatlose und Tiere, die wie Boten oder Wächter einer anderen Welt wirken. Der zweite Abschnitt schildert episodenhaft Kindheitserinnerungen an Italienreisen mit dem sprachaffinen Vater. Als Kind wie als Erwachsene erweist sich die Erzählerin als sensible Beobachterin, die in unscheinbaren Dingen ihrer Umgebung Rätsel, Zeichenhaftes und unvermutete Zusammenhänge erspürt – bedächtig tastet sie ihre Umwelt mit den Augen der Sprache ab (vgl. auch Ijoma Mangold). Der Umgang mit dem Tod bildet in Pro- und Epilog eine thematische Klammer: Eingangs werden zwei nebeneinander gelegene Vorrichtungen für Gedenkkerzen in rumänischen Kirchen beschrieben, links die der Lebenden (viï), rechts die der Toten (morţĭ). An diese Anordnung anknüpfende Beobachtungen strukturieren den Text und begleiten den Trauerprozess der Protagonistin („Wird mir die Hand verdorren, die ich von den morţĭ abziehe?", 110). Wieder aufgenommen wird die Vorstellung einer räumlichen Aufteilung in Leben und Tod in einer nachgelagerten Ekphrasis einer dreigeteilten Predella von Fra Angelico, das eine Lamentatio zeigt. Auch hier befinden sich die Lebenden links, die Hinterbliebenen rechts, beide flankieren den mittig platzierten Tod. Die Erzählung selbst schildert den Besuch zahlreicher Friedhöfe, Nekropolen und beschreibt Trauerpraktiken bis hin zu organisatorischen Aspekten des Bestattungswesens (vgl. Ijoma Mangold). Den als untröstlich interpretierten Hinterbliebenen im Lamentatio-Gemälde steht eine Entwicklung im Trauerprozess der Erzählerin gegenüber ("Als ich die steilen Kurven bergab hinter mir hatte und in der Ebene war, barst das Bleiherz wie im Märchen", 115). Der Text variiert damit Facetten des Trauerns und Gedenkens und bleibt dabei indirekt und offen.

Esther Kinskys erster Lyrikband **„die ungerührte schrift des jahrs. Gedichte"** (2010) vereint fünf Zyklen vergleichsweise kurzer Gedichte in freien Versen. Wie im Debütroman gilt das Interesse hier dem östlichen Europa, der Erinnerung an die Kindheit, Grenzen, Fremdem, der Natur und der – auch metapoetischen – Frage nach dem semiotischen Gehalt der Umwelt. Melancholische Gedichte zu Natur, dem Lauf der Jahreszeiten, dem Reisen und Fremdsein finden sich auch in **„Aufbruch nach Patagonien"** (2012). Insbesondere im Abschnitt „Unterfünfraben" werden Themen und Motive aufgegriffen, die später Eingang in „Fremdsprechen" und „Am Fluss" finden. **„Naturschutzgebiet"** (2012), eine Kombination aus Prosagedichten, freien Versen und 40 kleinformatigen Farb- und Schwarz-Weiß-Fotografien, entstanden von April 2012 bis April 2013 auf dem Gelände des Oskar-Helene-Heims in Berlin-Zehlendorf, nimmt erneut das Thema Zeit und das Verhältnis von Zivilisation und Wildnis in den Blick. Kennzeichnend für die Gedichte sind zahlreiche Neologismen, eine gewisse Hermetik und eine unter anderem der spärlich eingesetzten Interpunktion geschuldete Polysemie. **„Am kalten Hang. viagg' invernal"** (2016) beschreibt, wie der Titel andeutet, eine Fahrt im Winter von Norden über die Alpen nach Italien. Einem teils von Asyndeta und Neologismen („irrgäste", „flinkeln", 39, 51) durchzogenen, die Reise beschreibenden Textband stehen vergleichsweise statischer betrachtende Gedichte und abstrakte Illustrationen gegenüber. Wanderschaft, Heimat, Klage und Tod klingen in Variation an. Die Sprache der Gedichte wirkt mitunter archaisch. Sie schafft durch „Zeilensprünge (…) ein Gefüge aus Ruhe und Unruhe, das die harmonischen Klänge des Volkslieds aufnimmt und unterläuft" (Nico Bleutge). Eingebettet in Naturbetrachtungen werden Gedanken zu Verlust und Vergänglichkeit: „Es ist ein Buch über das Vergehen der Zeit und über den Verlust des Gegenübers, ohne dass dieser Verlust (…) direkt ausgesprochen würde" (Bleutge). In der Wahl der Themen und der Tendenz zu Intertextualität und Intermedialität mag man sich an andere Autoren der jüngeren Literatur wie beispielsweise W. G. Sebald erinnert fühlen. Da diese Themen in fast allen Texten Kinskys in Variation aufscheinen und einzelne Motive, Passagen und Figuren in verschiedenen Werken wiederkehren, bietet sich eine Gliederung unter thematisch-motivischen Gesichtspunkten an, wobei die jeweilige Formsprache bei der genaueren Betrachtung des Einzelwerks stets eigens in den Blick zu nehmen ist.

Wahrnehmung und deren sprachlicher Realisierung kommt in Kinskys Schreiben ein entscheidender Stellenwert zu. Ihre Ich-Erzählerinnen sind nicht primär Akteurinnen, sondern vielmehr Beobachterinnen. Sie erscheinen als die Umgebung, in der sie fremd sind, bedächtig und präzise erkundende Figuren, sodass insbesondere „Am Fluss" zahlreiche deskriptive Passagen aufweist. Das Wahrgenommene wird dabei vermittels Neologismen, Synästhesien und Tropen in intensiven, fast lyrischen Bildern beschrieben. Mit dem in der Erzählgegenwart Wahrgenommenen werden, etwa in „Am Fluss" und „Karadag Oktober 13", assoziativ individuelle Erinnerungen an Kindheit und Reisen zu anderen Flüssen der Welt oder Ereignisse der Kollektiv- und Industriegeschichte – der Holocaust und seine Folgen, der Balkankonflikt oder die Geschichte englischer Porzellanherstellung – verknüpft, was einen chronologischen Erzählfluss verhindert. Ein Dialog mit dem Vergangenen entsteht auch durch den intertextuellen Gehalt des Werks, insbesondere in „Karadag Oktober 13", wo die Sicht auf die Krim und ihre Geschichte durch Zitieren und Bezugnahme auf den Bericht Oliphants in verschiedenen Perspektiven erscheint.

Eine besondere Rolle bei der Wahrnehmung und der Assoziation mit Erfahrenem spielt auch der intermediale Gehalt der Texte. Das Fotografieren als Versuch, das Gesehene zu fixieren, der Vergleich des Wahrgenommenen mit Film, Theater oder Tonspur findet sich mehrfach und betont indirekt auch die Medialität des Textes. Generell erhebt die Erzählerin trotz der reichhaltigen sprachlichen Bilder keinen Anspruch auf mimetische Realitätsabbildung. Vielmehr bezweifelt sie zuweilen ihre Wahrnehmung und zieht unter anderem das Fotografieren als Erkenntnisinstrument heran, doch bleibt ein Rest an Rätselhaftem häufig bestehen. Fotos und das Fotografieren nehmen auf der thematischen Ebene, etwa durch zufällige Funde von rätselvollen Bildern und Alben oder als Ekphrasis, eine prominente Rolle ein. „Naturschutzgebiet", „Am Fluss" und „Karadag Oktober 13" weisen zudem Text-Bild-Kombinationen auf. Relativ kleinformatige Fotografien, zumeist in Schwarz-Weiß, sind dabei den Kapiteln oder Gedichten separat vorangestellt und werden nur in dem im Andenken an Martin Chalmers verfassten Teil in den Text integriert. Gezeigt werden häufig Landschaften und Gebäude, seltener sind auch Tiere oder Personen im

Bild. Durch das Format, die Licht- und Schärfeverhältnisse und die Wahl der Sujets ist zuweilen nicht eindeutig, was auf den Bildern zu sehen ist. Die Farbfotografien in „Naturschutzgebiet" und viele der Fotos in „Karadag Oktober 13" haben unter anderem eine dokumentarische Funktion und gehen über eine bloße Illustration des Textes hinaus. Die an Polaroids erinnernden Bilder in „Am Fluss" ziehen dagegen, noch verstärkt durch die Behandlung der Thematik im Text, durch ihre Uneindeutigkeit Wahrnehmung und Erinnerung in Zweifel, wird doch auch explizit darauf hingewiesen, „dass nichts so sehr ins Ungewisse führt wie die Erinnerung" (371). Auch in „Hain" spielen Malerei, Fotografieren, Film, Dias, Fernglas und Perspektive eine prominente Rolle; es finden sich gleichsam kamera- und gemäldeartige Schreibweisen. Abbildung und Wahrnehmung greifen häufig ineinander. Oft stehen Fotografie und Film in engem Zusammenhang mit Betrachtungen zu Tod und Totengedenken („Die Decke über dem Toten glänzte matt, sie sah (...) aus, wie der Vorhang einer Dunkelkammer", 25). Körperliche Erinnerung und Fotografie verdichtet die Erzählerin zu einem Bild einer Phase der durch den Todesfall ausgelösten Hilflosigkeit: „Wenn mein Blick (...) auf meine Hände (...) fiel, meinte ich darunter und in den Zwischenräumen meiner Finger M.s Hände zu sehen, weiß und zart und langgliedrig, seine Sterbehände, die so anders waren als die Lebehände, und sie lagen unter meinen wie auf einem doppelt belichteten Bild. Dann zischte der Kaffeekocher (...) und meine Lebehände mussten sich von M.s weißen Händen darunter losreißen, (...) unweigerlich verbrannte ich mich und merkte an diesem Verbrennungsschmerz, dass ich noch nichts wieder gelernt hatte." (46)

Die Schauplätze der Romane, die Sujets der integrierten Fotografien und der Gedichte machen ein Interesse an abseitigen, dem Vergessen und Verfall anheimgegebenen Gegenden deutlich, wie auch die Eigenart, darin etwas Tieferes, zuweilen fast Metaphysisches zu vermuten. Liminale und gefährdete Räume spielen eine prominente Rolle – seien es der nur im Sommer verfügbare Sehnsuchtsort des „üdülő" in „Sommerfrische", die in „Banatsko" auftretende Verknüpfung von geografischen, politischen und sprachlichen Grenzen, das wandernde Erkunden der Stadtrandgegenden, in denen Schwäne „Verwilderung" proben („Am Fluss", 263), oder die Märkte als „Randzonen der Zwielichtigkeit und Zweideutigkeit" (236), wobei insbesondere der kurzlebige „Markt der Heimatlosen" (240) in einer verfallenen Straße mit Theaterdarbietungen verglichen wird und regelrecht fantastisch wirkt. Charakteristisch ist dabei ein besonderer Blick auf die Dinge, der im scheinbar Alltäglichen alternative Bedeutungsschichten zu sehen vermag und die Oberflächen mit zusätzlicher semantischer Tiefe anreichert. In „Aufbruch nach Patagonien" etwa erscheinen nach Hause eilende Chassiden-Kinder dem Sprecher „wie linkische engel" (62). Das Verhalten der leitmotivisch auftretenden Raben wird individuell gedeutet:

> Ich höre
> raben ich weiß
> sie sitzen bewachen
> ein stück licht
> an dem wollen
> sie ihre schwärze erproben
> immer wieder immer
> dunkel
> hell dunkel andere
> meinen
> sie suchen nach
> nahrung. (65)

Gestrandete und Außenseiterfiguren, aber auch Menschen, in denen die Erzählerin besondere Gaben zu sehen weiß, bevölkern die Textlandschaften. In „Am Fluss" erinnert ein kroatischer Trödler an Flucht, Krieg und Fremde. Porträtiert werden auch eine junge Frau, die davon überzeugt ist, mit einer Lochkamera Engel fotografieren zu können, und ein mehrfach scheinbar zufällig den Weg der flanierenden Erzählerin kreuzender gealterter Kunstreiter, der auf Exil, Verlust, Schein und Sein verweist. Besonders deutlich wird die Aufwertung des scheinbar Marginalen an der Figur des „König(s)". Die Erzählerin erblickt den Mann inmitten einer Wolke von Vögeln und sieht in ihm eine besondere Würde: „Gegen den Himmel im Westen hob sich sein Profil ab, von dem ich nur sagen könnte, daß es königlich war, mit Erhabenheit vertraut, aber auch an Verlassenheit gewöhnt." (10)

Kinskys Interesse an Randzonen (vgl. auch Fleig/Yücel 2022) erstreckt sich auch auf die nicht-menschliche Umwelt. Im Motto für den Gedichtband „Naturschutzgebiet" zitiert Kinsky Henry David Thoreau, und in der Tat lassen sich auch ihre Texte in Teilen als modernes Nature Writing (vgl. auch Katharina Teutsch) lesen. Halbwilde Pferde, streunende Hunde und Katzen faszinieren die Krimreisenden in „Karadag Oktober 13" und bilden das Sujet mehrerer Fotografien. In „Am Fluss" sucht die Erzählerin bevorzugt die „Zwischenwildnis" auf, das „Land, das sich der Nützlichkeit verweigerte, eine unbezeichnete verletzliche Stelle der Stadt" (88, 89). Urbanes Brachland mit Tendenzen zur Verwilderung fokussiert sie bereits in „Naturschutzgebiet", formuliert darin eine „Gebrauchsanweisung/für eine wildnis" (10, V.1f.), sieht in der Landschaft einerseits ein „(g)estörtes gelände so treffend und betrübt/benannt menschlich überprägt gestoßen/in schmächtige wildheit" (18, V.1–3), um andererseits die Vorläufigkeit menschlicher Rodungsarbeiten und die überlegene Regenerationskraft der Natur zu betonen (vgl. 23). Das Eingreifen des Menschen in die Natur – Fällungen, Verbrennen oder Jagd – beschäftigt die Protagonistin auch in „Hain". Häufig verbindet sie es indirekt mit der den Text prägenden Sterbe-Thematik. Auch entwirft der Roman nuancierte Geräuschlandschaften und betont damit nicht zuletzt die Affinität der Protagonistin zu Vögeln. In beachtlicher ornithologischer Kenntnis entwirft sie ein sprachliches Panorama der Artenvielfalt. Verwüstungen durch Erdbeben thematisiert Kinsky in **„FlussLand Tagliamento"** (2020) und **„Rombo"** (2022). Das *„Bett"* des Tagliamento beschreibt Kinsky als *„(v)erbliebene Wundflächen von Erschütterungen, womöglich eine Folge der unzähligen kleinen, oder den beiden großen letzten Erdbeben, Jahrhundertspuren einer Verschiebung des Geländes, der Lage der Dinge"* (FlussLand Tagliamento, 7, Hervorhebung im Original). In „Rombo" fokussiert Kinsky zwei Erdbeben im Friaul Mitte der 1970er Jahre. Anne Fleig konstatiert dazu: „Über den ökologischen Bezug hinaus zeigt der Roman (…), wie Erinnerung funktioniert und welchen Beitrag Literatur dazu leisten kann." Die Katastrophen prägen die Menschen („Später wird jeder von dem Geräusch reden. Vom *Rombo*. Mit dem es anfing. Mit dem alles anders wurde (…). Jedem hat sich dieses Geräusch ins Gedächtnis eingeschrieben, unter verschiedenen

Namen. Summend, surrend, grollend, murmelnd, donnernd, polternd, rauschend, sausend, kollernd, pfeifend, dröhnend, brüllend.", 44, Hervorhebung im Original; „Ich hatte keine Angst, nur so ein Gefühl, ganz fremd, fremd und groß, als wäre dies das Ende aller Tage.", 73; „Uns allen, die wir das Erdbeben mitgemacht haben, hat dieses Grollen eine Wunde versetzt. Davon ist eine Narbe geblieben, die nie weggeht. (…) Wir mussten danach, nach dieser Wunde, alle wieder von vorne anfangen, wir waren wie Kinder (…).", 244; vgl. auch Fleig/Yücel 2022). Augenfällig ist schließlich, dass die Autorin in fast allen Texten die Möglichkeit einer Zeichenhaftigkeit der Umgebung und auch der Natur annimmt, wobei die konkrete Botschaft meist im Ungewissen bleibt. So erscheinen die Erosionsspuren in „Karadag Oktober 13" auf dem Gestein als unverständliche Inschriften und die Erzählerin in „Am Fluss" unternimmt Versuche, Lichtverhältnisse, die Ziegelmauern und die Stadt selbst als Text zu lesen.

In allen Werken beweist Kinsky eine hohe Sensibilität für Sprache: „Sprache und Natur stehen bei Esther Kinsky beständig in einem produktiven Spannungsverhältnis. Man könnte sagen, dass es am Ende darum geht, Natur in Sprache zu übersetzen. Das ist das Besondere an ihrem Werk: dieser ungeheure Wortreichtum, die Suche nach Worten, um Natur beschreiben zu können." (Fleig/Yücel 2022) So sucht Kinsky in „kő növény köjény" dichtend nach dem treffenden Ausdruck: „wär nicht/ein weicheres wort dieser rosenflut gewachsener etwa/*splendour* mit seinem gelassenen glänzen" (12, V.8–10, Hervorhebung im Original). In „Banatsko" verknüpft die im ungarischen Battonya fremde Ich-Erzählerin Identität mit Sprache und erlebt zuweilen, dass ihr die fremde Sprache „widerständig und unaussprechlich" wird, „als müsste ich mich ihr zum Beweis für meine Unhiesigkeit versagen" (27f.). Eindringlich wird in „Am Fluss" der Dialekt Ostlondons als „stummelige(r) Tonfall" beschrieben, „in dem Silben und Konsonanten auf ewig zum Schweigen gebracht von den Wörtern abbrachen und lautlos unter die Sitze fielen, die schmutzigen Fußböden aller Busse waren bedeckt mit diesen Schichten fallengelassener Wortschnitzchen" (215), sodass der Ort Hackney Wick (vgl. 213) zu „Agony Wick" (215) wird. Besonders augenfällig wird der für das Gesamtwerk bestimmende Zusammenhang zwischen Sprache, Übersetzung, Identität und Erinnerung in „Fremdsprechen. Gedanken zum Übersetzen" (2013) und „Irrgast. Vom Umbenennen der Welt" (2017). Immer wieder neu perspektiviert Kinsky das Wie des Übersetzens. Der notwendige Abstand zwischen den Sprachwelten wie auch die nie verschwindende Unvollkommenheit jedes Übersetzungsversuchs machen deutlich, worin das Wesentliche der Übersetzung besteht: Es ist für Kinsky „die Art und Weise, wie sie Zeugnis ablegt von der Auseinandersetzung mit den beiden Gegebenheiten des Menschseins: Sprache und Fremde" („Fremdsprechen", 25).

Betrachtungen stellt Kinsky neben dem Übersetzen auch zum Medium Kino an. In dem durch Fotografien ergänzten Text **„Weiter Sehen. Von der unwiderstehlichen Magie des Kinos"** (2023) erzählt sie von der Entdeckung, dem Herrichten und Ende eines alten Lichtspielhauses in Ungarn. Das titelgebende „Weiter Sehen" versteht sie als „den Blickwinkel und (…) die Distanz zu den Dingen, Bildern, zum Geschehen, zu Nähe und Ferne, zur Weite. Die Weite ist mehr als Ferne, sie ist das, was man an Möglichem zulässt" (8). Zur Entwicklung des Kinos erklärt die Ich-Erzählerin: „Dieser Raum, der nicht einmal hundert Jahre lang Bedeutung und Gültigkeit hatte, schließt sich in den letzten Jahrzehnten immer weiter. (…) Die mit dem Raum verbundene kollektive Erfahrung und die mehr oder weniger ausdrückliche Freude am Vorhandensein dieser Erfahrungsmöglichkeiten schwinden, und das ist ein Verlust, der, ob betrauert oder nicht, beschrieben gehört und Gedanken verdient." (8 f.). Sie betont die Dichte an Kinos in „Osteuropa" und stellt fest: „(D)as Kinosterben lernte man vom Westen, wo Film zur Privatsache wurde, wo Kinos verkümmerten und schließlich eingingen, während die wenigen überlebenden Film als Luxusgut vertrieben. Das Kino als Ort der Klassenlosigkeit verging." (22) Die Entwicklung beschreibt sie als fortschreitend: „Nach dem Kinosommer im ungarischen Tiefland sah ich sechzehn Jahre lang Kinos sterben. (…) (J)eder gewöhnte sich daran, die eigene Einsamkeit, die sich früher ins Kino ausführen ließ, vor dem heimischen Bildschirm im Nacken sitzen zu haben, ein privates Buckelchen, dem es dort wohl war." (219) Zugleich richtet Kinsky ausgehend von einem bestimmten Lichtspielhaus den Blick auf die Geschichte der Menschen in der beschriebenen Gegend und thematisiert brutale Verfolgung (vgl. 125–126, 132, 134),

„Krieg" (133; siehe dazu auch S. 135), Politik (vgl. 68–69, 140, 172–173) und materielle Not (vgl. 67, 191).

In **„Gedankenspiele über die Hoffnung"** (2023) schließlich nimmt Kinsky Krisen der Gegenwart (vgl. 11, 14–15) in den Blick und fragt: „Ist Hoffnung nicht auch immer Verantwortung und Anlass zu handeln? (…) Wie viel hat Hoffnung mit Macht zu tun? Warum zählt nach herrschendem Konsens die Hoffnung von Migranten aus Krieg und Elend auf ein materiell besseres, sichereres Leben in den demokratischen Wohlstandsgesellschaften weniger als die Hoffnung der Angehörigen dieser Gesellschaften, ihr Wohlstandsniveau zu erhalten oder gar zu verbessern?" (25, 27). Bezugnehmend auf das Sterben (vgl. S. 37) schließt sie: „Vielleicht ist die Gegenwart als kompromissloses Jetzt, das sich mit keiner Aussicht oder Zuversicht einlässt, die unterschätzte Kraft, (…) doch, im Unterschied zur Hoffnung, absolut." (39 f.)

Der vollständige Beitrag **„Esther Kinsky"** im Kritischen Lexikon zur deutschsprachigen Gegenwartsliteratur ist einzusehen unter: www.klg-lexikon.de.

Karin Herrmann / Katrin Dautel

Karen Duve

Ein „irreparabler Wasserschaden" (Florian Illies) oder ein „Sumpfepos für unser ganz persönliches Jahrhundertende" (Volker Weidermann) – bei der Beurteilung von Karen Duves 1999 erschienenem „Regenroman" gehen die Meinungen der Rezensenten auseinander. Insgesamt aber hat die Kritik den Roman, mit dem die Autorin gewissermaßen über Nacht einer breiteren Öffentlichkeit bekannt wurde, positiv aufgenommen. Das Romandebüt geriet jedoch nicht so sehr aufgrund seiner literarischen Qualität in die Diskussion, sondern vor allem im Rahmen des Medienspektakels um das in jenem Jahr beschworene ‚Fräuleinwunder' und die „Rückkehr des Epischen in der deutschsprachigen Literatur der neunziger Jahre" (Karl-Wilhelm Schmidt). Karen Duves Erzählungen dagegen fanden deutlich weniger Beachtung.

Die als Einzeltexte teilweise vor dem „Regenroman" erschienenen und 1999 unter dem Titel **„Keine Ahnung"** in einem Band vereinten Erzählungen handeln vom Lebensgefühl junger Frauen, die in einem Alter sind, das die Bezeichnung ‚Adoleszenzgeschichten' für die Texte gerade noch zulässt. Sie thematisieren die Perspektivlosigkeit der jungen Frauen, ihr Verhältnis zu ihren Eltern sowie ihre Beziehungen zu Männern. Für die Protagonistinnen, ausschließlich Ich-Erzählerinnen, ist das Dasein „eine einzige Last, nichts als Unbehagen" („Im tiefen Schnee ein stilles Heim"), sie stehen ihrem Leben, ihrer Freiheit teilnahmslos gegenüber. Der Mangel an Gestaltungswillen beziehungsweise Gestaltungskraft lässt ein Vakuum entstehen, in dem die Protagonistinnen apathisch und antriebslos – wie der Satellit in der Titelgeschichte – ihre Kreise ziehen. Die Perspektivlosigkeit der jungen Frauen tritt gerade deshalb besonders hervor, weil fast alle Geschichten in Umbruchsituationen zwischen verschiedenen Lebensabschnitten angesiedelt sind. Den Erwartungen und dem Druck anderer, etwas aus dem eigenen Leben zu machen, begegnen die Erzählerinnen mit Verweigerung und dem Rückzug in sich selbst. „Mein Vater rief an und drohte wieder mit der Zukunft. (…) Ich war jung. Ich hätte Wünsche und Ziele haben sollen. Die Leute erwarten das von einem, wenn man jung ist. Doch für mich war die Zukunft bloß ein Feind mehr, der es auf mich abgesehen hatte." („Keine Ahnung")

Die Gleichgültigkeit der jungen Frauen ihrem Leben gegenüber scheint aus der Gleichgültigkeit der Eltern gegenüber ihren Töchtern zu resultieren. Das Eltern-Töchter-Verhältnis ist reduziert auf ein unpersönliches, möglichst reibungsloses Zusammenleben: „Meine Eltern hatten längst resigniert und verlangten nichts von mir, als daß ich sie einigermaßen glaubwürdig belog und nicht mit dem behelligte, was ich tatsächlich trieb." („Märchen") Die Darstellung des (Ersatz-)Mutterverhältnisses in „Im tiefen Schnee ein stilles Heim" erinnert stark an Elfriede Jelineks „Die Klavierspielerin" (1983): Mütterliche Fürsorge entpuppt sich als erstickende Vereinnahmung der Tochter; zunehmend prägen Verlustängste und Misstrauen die Atmosphäre.

Immer wieder berühren die Erzählungen das Verhältnis zwischen den Geschlechtern, wobei die Männer meist wenig differenziert gezeichnet werden: Sie verlangen entweder Sex oder Bestätigung. Die Beziehungen, in denen die Protagonistinnen gezeigt werden, bleiben ohne Entwicklungsmöglichkeiten. „‚Ich liebe dich', sagte er. Vermutlich stimmte das sogar. Ich nahm es nicht persönlich." („89/90")

Dieselben Themen finden sich im „Regenroman" mit anderer Ausprägung und Gewichtung wieder. Die Frau der männlichen Hauptfigur ist mit einer ganz ähnlichen Erfahrungsmatrix ausgestattet wie die Ich-Erzählerinnen in „Keine Ahnung". Im Vergleich zu den zum Teil sehr klischeehaften Männerbildern der Erzählungen liefert Duve jedoch im **„Regenroman"** die differenzierte Nahaufnahme eines Manns.

Der erfolglose Schriftsteller Leon Ulbricht kehrt Hamburg den Rücken, um sich, versorgt von seiner jungen Ehefrau Martina, in der Abgeschiedenheit einer ostdeutschen Moorlandschaft ganz seinem Schaffen zu widmen. Der Umzug nach Priesnitz wird möglich durch den Vorschuss des Zuhälters und Boxers Pfitzner, der Leon beauftragt, seine Biografie zu schreiben. Fasziniert von der Unermesslichkeit des Moors, übersieht Leon die Baufälligkeit des erworbenen Anwesens. Der „Regen, der endlose alles auflösende Regen, der sich im Moor fing", beschleunigt rapide den Verfall des Hauses, dem

Leon mit halbherzigen Sanierungsversuchen keinen Widerstand zu leisten vermag. Die Reparaturen im Haus und ein Rückenleiden halten ihn vom Schreiben ab, weshalb sein unzufriedener Auftraggeber ihn zunehmend unter Druck setzt. Neben den sintflutartigen Regenfällen macht eine Schneckenplage im Garten Leon zu schaffen: Er, der seine Chance gekommen sieht, endlich zu Geld und Erfolg zu gelangen und sich als ‚ganzer Kerl' zu erweisen, muss seine eigene Ohnmacht und Schwäche erkennen und sich eingestehen, dass die Dinge ihm entgleiten. Zur Irritation seines Selbstverständnisses tragen auch die benachbarten Schwestern Schlei bei: Die zupackende Kay verunsichert Leon hinsichtlich seiner handwerklichen Fähigkeiten, und die fette, sinnliche Isadora, die sein Begehren weckt, führt ihm vor, dass sie es ist, die die Spielregeln der Verführung bestimmt. Der Erschütterung seines Selbstbilds begegnet Leon zunächst mit Strategien zur Sicherung seiner Überlegenheit, doch gegen Ende des Romans weicht sein krampfhaftes Ringen um Kontrolle einer wachsenden Lähmung. Nachdem Martina ihn verlassen hat und das mittlerweile völlig verwahrloste Haus in einer Gewitternacht buchstäblich zerbricht, gibt er regressiven Sehnsüchten nach und verliert sich schließlich im Moor: „Wie gut es war, Moder unter Moder zu sein. Leon sank zurück in den Schoß seiner wahren Mutter. (…) Seufzend ergab er sich in die feuchte Umarmung."

Leon repräsentiert einen Typus, der sich durch eine unangenehme Mischung aus Hierarchiedenken, Gewaltfaszination und dem Demonstrieren-Wollen der eigenen Potenz charakterisieren lässt. Bestandteil seiner komplexen Strategien, die eigene Überlegenheit beziehungsweise ihren Anschein zu wahren, ist auch die Abwertung alles Weiblichen als schwach und defizitär.

Das Bauprinzip des Romans besteht in der Umkehrung eben dieser Machtverhältnisse, die Romanstruktur folgt der Maxime der sukzessiven Entmachtung des Protagonisten: So wird Leons vom Moor verschluckter Nike-Turnschuh, den Isadora mühelos wieder aus dem unergründlichen Sumpf zieht, zur Trophäe, zum Zeichen der Überlegenheit der Natur und des Weiblichen. Leons Geschichte wird als eine Rückentwicklung erzählt, an deren Ende der aufgeweichte Held bilanziert: „‚Was ist aus mir geworden? (...) Ein Haufen, ein häßlicher Haufen.'"

Die literarische Strategie, die hierarchischen Verhältnisse in Leons Welt zu zerstören, wirkt in zwei Richtungen: Zum einen wird das komplexe Geflecht der Mechanismen, die der Machterhaltung dienen, erzählerisch analysiert und damit ‚zerlegt' – Leons Bild von sich selbst als einem ‚richtigen' Mann wird also nicht nur dadurch demontiert, dass seine Beschwichtigungs- und Kompensationsstrategien *misslingen*, sondern bereits durch deren *Darstellung* selbst. Zum anderen setzt die Autorin die Schneckenplage, den Dauerregen, Isadora usw. als Werkzeuge der Entmachtung ein. Leon wird schließlich als ein Wesen dargestellt, das mit dem Möchtegern-Intellektuellen des Romanbeginns nicht mehr viel gemein hat: „Seine zivilisierte, hochkomplizierte und differenzierte Persönlichkeit war zusammengeschrumpft auf das primitive, japsende ‚Ich-will' des verfolgenden Männchens." Der bereits aufgrund seines beschädigten Rückgrats beeinträchtigte *homo erectus* lässt sich am Ende „auf alle viere nieder" und wird „Moder unter Moder". Der „Regenroman" lässt sich somit als Werk der systematischen Destruktion eines verzerrten männlichen Selbstbilds lesen. Woraus sich dieser Vernichtungswille speist, der auch in der satirischen Erzählhaltung zum Ausdruck kommt, bleibt offen. Die literarische Aggression, die sich gegen Leons Männlichkeitsgehabe richtet, erscheint als in den Raum der Fiktion verlegte Ersatzhandlung, als Gedankenspiel, das den Untergang eines bestimmten Männertyps lustvoll inszeniert.

Mit Leons Untergang hat die verfolgte Erzählstrategie ihr Ziel erreicht. Der Erfolg des auf die Auslöschung jenes Männertypus angelegten Romanprojekts wird jedoch relativiert, wenn die letzten Seiten des „Regenromans" – in einer Art Epilog – einen Vertreter des gleichen Typus gänzlich unangefochten vom Vernichtungswillen der Autorin zeigen.

Mit welcher Perspektive der Erzählstrang endet, der Martinas Entwicklung beschreibt, bleibt ganz offen: Während die ersten Kapitel sie in der Rolle der Erleidenden zeigen (vereinnahmt von Leon, gehemmt durch einen Schuldkomplex gegenüber ihrem Vater), gewinnt Martina im Verlauf der Handlung, insbesondere durch den Kontakt mit Kay Schlei, mehr und mehr Selbstvertrauen; der angedeutete Emanzipationsprozess gipfelt darin, dass Martina das Auto ihres Vaters anzündet, das vor dem Hintergrund der Schilderung ihrer Jugend als Symbol patriarchaler Herrschaft und Bevormundung gedeutet werden kann. Ob dieser Akt der Autonomie allerdings wirklich progressiven Charakter hat und im Sinne echter Befreiung Zukunft ermöglicht, lässt sich nicht entscheiden.

Mehrfach verweist der „Regenroman" explizit auf die Sintflut, im Unterschied zum Bibeltext ist die Strafe, die in der Auflösung besteht, aber nicht auf Läuterung und Neuanfang ausgerichtet. Eine weitere Anleihe aus der literarischen Tradition ist das Spiel mit dem Motiv der Wasserfrau (repräsentiert von Isadora, die geradezu als Verkörperung der naturhaft-feuchten Sphäre dargestellt wird). Duves Verarbeitung dieses Motivs stützt sich auf Klaus Theweleits psychoanalytische Studien „Männerphantasien" (1977/78), die als Schlüssel für eine tiefenpsychologisch orientierte Interpretation des Romans herangezogen werden müssen. Der in den „Männerphantasien" untersuchte Typ Mann hat Angst vor dem Weiblichen, dem Strömenden, der Auflösung in der Masse; entsprechend stark ist sein Kontrollbedürfnis ausgeprägt. In dieser psychischen Disposition ist Leons Persönlichkeitsprofil deutlich wieder zu erkennen. Weitere intertextuelle Bezüge bestehen etwa zu Robert Musil, Thomas Mann und Wolf Wondratschek (vgl. Volker Hage); die von Achim Reichel vertonte „Regenballade" der Dichterin Ina Seidel (in: „Gedichte 1905–55") hat Karen Duve nachweislich als Inspirationsquelle für ihren Roman gedient.

Die „barocke Bildlichkeit" (Karl-Wilhelm Schmidt) der Sprache im „Regenroman" bezieht sich insbesondere auf die Darstellung der Natur. Im Zusammenhang mit dem Dauerregen spricht Schmidt von einer „Rhetorik des Wassers, die in eine Poetik der Sintflut mündet". Allerdings wirkt die Sprache des „Regenromans" im Vergleich zu den Erzählungen bisweilen überstrapaziert; durch allzu gewollte Sprachkraft im Sinne einer Ästhetik des Ekels verliert der Roman an Schärfe. Duves Stärke liegt darin, mit wenigen Strichen ein Milieu treffend zu charakterisieren, weniger im Produzieren origineller Vergleiche. Auch hinsichtlich der Erzählstrategie offenbart der Roman Schwächen: Das im Dienst der Satire Überzeichnete – allem voran das Vorführen von Leons Männlichkeitsgehabe – nimmt der intendierten Kritik die Spitze:

Der Leser mag erleichtert feststellen, dass die Wirklichkeit so schlimm ja nicht sei. Der bissige Humor, die ätzende Kritik bleiben somit letztlich harmlos.

Einen weiteren problematischen Aspekt sprechen Georg Pichler und Jörg Albrecht an: Sie kritisieren, die Romanfiguren hingen beinahe leblos an den Fäden der Autorin. Die konsequent verfolgte Strategie, die auf Leons Vernichtung zielt, lässt es nicht zu, von einem Scheitern des Protagonisten zu sprechen, was ja immerhin die Möglichkeit des Gelingens voraussetzte. Diese Möglichkeit aber ist im „Regenroman" von Beginn an undenkbar.

Ein letzter Einwand gilt der im „Regenroman" verfolgten Erzählstrategie an sich: Indem sie einer destruktiv-gewaltsamen Logik folgt, bleibt sie befangen im Kreislauf von Sieg und Niederlage und suggeriert letztlich die Alternativlosigkeit von Gewalt.

Karen Duves zweiter Roman **„Dies ist kein Liebeslied"** (2002) besteht in weiten Teilen aus Erinnerungen der Ich-Erzählerin Anne Strelau, die nach London fliegt, um dort Peter Hemstedt zu besuchen, in den sie seit ihrer Jugend unglücklich verliebt ist.

In fünf ausgedehnten Rückblenden lässt Anne unterwegs ihre Kindheit und Jugend Revue passieren: Eltern, Geschwister, Grundschulzeit, Gymnasium, Partys, die erste Zigarette, der erste Kuss – und die erste Diät. „Der Entschluß zur ersten Diät ist ein einschneidender, wenn nicht sogar der wichtigste Moment im Leben eines Mädchens. (…) Eine Art Initiationsritus, nur, daß du nicht als fertige Frau daraus hervorgehst, sondern immer wieder von vorn anfangen mußt. Du bist elf oder zwölf, und vielleicht bist du auch erst zehn, wenn du begreifst, daß du so, wie du bist, auf keinen Fall bleiben kannst." Essen mit Reue statt Genuss wird zum Normalfall, Kilos, Kalorien und Kleidergrößen bestimmen das gesamte Denken des Teenagers. Anne leidet darunter, nicht so sportlich wie ihre Geschwister und Klassenkameraden zu sein, und entwickelt Minderwertigkeitsgefühle. Sie sehnt sich danach, leicht, grazil und damit – wie sie meint – liebenswert zu sein. Ihren Hunger nach Anerkennung und Liebe betäubt sie, indem sie sich wahllos mit Essen vollstopft und sich anschließend, um nicht zuzunehmen, erbricht. Doch Anne bleibt – trotz zahlreicher freudloser Bettgeschichten – einsam und unglücklich und wird immer dicker. Die Pein, „angeschaut zu werden und nicht dünn genug zu sein", überschattet ihr Leben mehr und mehr. Sie träumt von Situationen, in denen sich ihr wahrer Wert erweist, sie will gesehen werden, wie sie *eigentlich* ist: „Innen drin bin ich dünn und verletzlich und begehrenswert. Man kann es bloß nicht sehen."

„Dies ist kein Liebeslied" ist die Geschichte einer Desillusionierung, und die Trauer über Jahre ungelebten Lebens mischt sich in Annes Erinnerungen. Duve beschreibt die Logik einer Essstörung aus der Innensicht: „Fünfundfünfzig Kilo war die Schallgrenze. Wenn ich mehr wog, fühlte ich mich schuldig. Entweder fühlte ich mich schuldig oder hungrig. Aber eigentlich fühlte ich mich auch schuldig, wenn ich fünfundfünfzig Kilo wog, eigentlich hätte ich neunundvierzig wiegen sollen. Neunundvierzig Kilo wäre ein akzeptables Gewicht gewesen oder siebenundvierzig." Das Glück, das um den Preis der Anpassung an das gängige Schönheitsideal erreichbar scheint, stellt sich jedoch nicht ein, weder mit 55 noch mit den 112 Kilogramm, die Anne zum Zeitpunkt des Erzählens wiegt.

Die analytische Absicht, die Duve mit ihrem Roman verfolgt, verbindet sich mit dem moralischen Impuls, die Deformation einer ganzen Generation aufzuzeigen. Bereits der Prolog verrät etwas über die intendierte Gesellschaftskritik: „Was folgt, ist frei erfunden. Orte und Handlungen haben nur wenig mit tatsächlichen Orten und Vorkommnissen zu tun. Bücher und Filme werden schlampig zitiert. Und Ihr seid alle nicht gemeint." Duves Roman zeigt ganz unspektakulär die Macht der medial vermittelten Bilder und Vorstellungen von Weiblichkeit, denen gegenüber sich jede ‚echte' Frau nur defizitär fühlen kann. Die Suche nach der eigenen Identität gerät so zur Sucht, schön genug, schlank genug, kurz: wertvoll genug zu sein. Indem Duve Annes Weg vom Mädchen zur Frau, ihre Suche nach ihrem Platz in der Gesellschaft, ihre Auseinandersetzung mit Eltern, Lehrern und Freunden gestaltet, übersetzt sie das Genre des Entwicklungs- beziehungsweise Bildungsromans mit weiblicher Hauptbesetzung in die siebziger und achtziger Jahre des 20. Jahrhunderts – mit dem entscheidenden Unterschied, dass das traditionelle Entwicklungsschema – ähnlich wie im „Regenroman" – durch einen Prozess der Deformation ersetzt wird. Daraus ergibt sich geradezu eine Kontrafaktur des klassischen Entwicklungsromans: Das Potenzial der Ich-Erzählerin liegt brach, statt sich zu entfalten. Das höchst subjektive Ziel von Annes Lebensgeschichte besteht in ihrer Begegnung mit Hemstedt, der schließlich – aus Mitleid oder unverbindlicher Freundlichkeit – mit ihr schläft. „Dies war die Nacht, auf die ich hingelebt habe. Jetzt kommt nichts mehr." Ob von diesem in gewisser Hinsicht erlösenden Ereignis ein neuer Lebensimpuls für Anne ausgeht, ob sie in ihren von Depression und Einsamkeit gezeichneten Alltag zurückkehrt oder die Suizidfantasien, die ihr Leben begleiten, in die Tat umsetzt, bleibt offen. Das Ende des Romans lässt Spielraum für unterschiedliche Deutungen.

Mit „Dies ist kein Liebeslied" nimmt sich die Autorin eines großen Themas an, das zahllose Mädchen und Frauen betrifft. Das Lebensgefühl einer Frau, die an Lieblosigkeit leidet und an Bulimie erkrankt, wird ohne Larmoyanz und ohne Tendenz zum Pathologisieren geschildert. Stellenweise läuft Duve jedoch Gefahr, psychologische Muster allzu plan und schablonenartig in die Textkonstruktion zu übertragen; auch die Analyse der Essstörung wirkt bisweilen recht plakativ. Das große Format wird nicht für eine der Komplexität des Phänomens angemessene Differenzierung genutzt; von der naheliegenden Möglichkeit, die beiden Zeitebenen Erinnerung – Gegenwart in diesem Sinne einzusetzen, macht die Autorin keinen Gebrauch. So wird ein beträchtliches Reflexionspotenzial verschenkt. Das Niveau ihrer Erzählungen hat Karen Duve auch in ihrem zweiten Roman nicht mehr erreicht.

„Es war einmal" – sowohl der Beginn als auch der Titel von **„Die entführte Prinzessin"** (2005) signalisieren, dass Karen Duve ihren dritten Roman ins Märchen-Genre verlegt.

König Rothafur, Herrscher des kalten, rauhen Nordlands, hat eine Tochter im heiratsfähigen Alter, Prinzessin Lisvana. Durch das Minnelied des Sängers Penegrillo verbreitet sich die Kunde von der Schönheit Lisvanas und erreicht auch Diego, Thronfolger des reichen, im Süden gelegenen Baskarien. Dieser verliebt sich in seine Vorstellung von der Prinzessin und bricht mit Gefolge ins Nordland auf, um Lisvana zu freien. Durch eine Intrige des Nordland-Ritters

Bredur, der eifersüchtig Lisvanas bevorstehende Heirat verhindern will, kommt es zum Eklat, woraufhin die Baskaren mit dem unglücklichen Diego an Bord die Heimreise antreten – nicht ohne vorher die Prinzessin zu entführen. In ihrer Ehre gekränkt, weist Lisvana Diegos Werben hartnäckig ab. Bredur verfolgt die Entführer und hat eine Reihe von Abenteuern zu bestehen, ehe er Lisvana befreien und Diego als Geisel nehmen kann. Zurück im Nordland, wird Bredur als Held gefeiert; er soll die Prinzessin, die inzwischen Diegos Liebe erwidert, heiraten. Schließlich verzichtet Bredur auf Lisvana, die sogleich den baskarischen Prinzen heiratet. Diego und Bredur schließen Freundschaft, und wenn sie nicht gestorben sind ...

Mit dem Motiv der geraubten Königstochter, die dem Werben des Entführers standhält, greift Duve Elemente des Gudrun-Stoffes auf, allerdings mit dem entscheidenden Unterschied, dass die Nordland-Prinzessin ihren Entführer am Ende heiratet. Auch ein Bezug auf das altenglische Beowulf-Epos lässt sich erkennen, da der Drache, der Bredur auf einem Teil seiner Abenteuer begleitet, den Namen Grendel trägt. Anders als in der Sage ist Grendel jedoch kein gefährliches Ungeheuer, sondern ein verspielter Drache, der nicht ohne Fürsorge und tägliches Krafttraining auskommt. Auch ängstliche Ritter, genervte Könige und ehrgeizige Zwerge gehören zum Personal des Romans. Im Unterschied zum Märchen sind die Handlungen der Figuren vielfach psychologisch motiviert; Selbstzweifel, Trotz oder Gewissenskonflikte beschäftigen sie. Die Chance jedoch, eine Entwicklung der Charaktere darzustellen, wird einer Regie geopfert, die deutlich sichtbar auf ein Happy End zusteuert. Der Konflikt zwischen Individuum und Konvention, der v. a. in den unterschiedlichen Auffassungen der Ehe als Liebesbund oder als Repräsentationsbündnis zum Ausdruck kommt, wird so nur scheinbar zugunsten des Individuums gelöst. Duves Lust am Erzählen führt zu einer etwas willkürlichen Mixtur von Motiven, die nicht wirklich miteinander zu einer größeren Komposition verbunden werden. Auch die sprachliche Gestaltung lässt sich nicht als gelungen bezeichnen: „Der sich mal wieder geltend machende Vulkanismus und die Begegnung mit einem Eisbären waren der Reisegeschwindigkeit auch nicht gerade förderlich gewesen." Oft gleiten Dialoge und erzählende Passagen ins Kitschige oder Phrasenhafte ab, ohne dass damit jedoch eine Parodie der Gattung verbunden wäre.

Anders als der Märchenroman spielt „**Taxi**" (2008) in der Realität, und zwar im Hamburg der 1980er Jahre. Wie die Protagonistinnen aus Duves ersten beiden Romanen ähnelt auch Alexandra Herwig, die Ich-Erzählerin in „Taxi", den jungen Frauen aus den Erzählungen des Bandes „Keine Ahnung":

Nach einer abgebrochenen Ausbildung sucht Alexandra nach einer Interimslösung, ein spannendes Leben zu führen, ohne endgültige Entscheidungen treffen zu müssen: „Ich musste mir langsam etwas einfallen lassen. Meine ehemaligen Mitschüler studierten schon seit anderthalb Jahren, und wenn ich nichts tat, würden sich meine Eltern wieder irgendeinen langsamen Tod in einem Büro für mich ausdenken." Und so übernimmt Alexandra, kurz Alex genannt, die Schichten zwischen 18 Uhr abends und 6 Uhr morgens im Taxi „Zwodoppelvier". Meist verlaufen Alex' Begegnungen mit den Fahrgästen unerfreulich: Betrunkene verschmutzen die Polster, Zuhälter beleidigen oder bedrohen die junge Frau, vom Leben Benachteiligte lassen ihre Minderwertigkeitskomplexe an der Fahrerin aus, alte Damen stellen ihre Geduld auf die Probe, Geschäftsreisende zahlen mit zu großen Scheinen, und ohnehin rauchen die meisten Kunden und hinterlassen ihren Müll im Wagen. So werden die Fahrgäste zunehmend zum Objekt der Verachtung, und Alex schließt sich der Bezeichnung der Kunden als „Dreckhecken" an, die in ihrer Fahrerclique üblich ist. Zu dieser Gruppe zählen neben Dietrich und Rüdiger, die eng miteinander befreundet sind, auch „Udo-Zwonullfünf", „Udo-Dreidoppelsieben" und der – harmlose – „Taximörder", viele von ihnen Möchtegern-Philosophen und verkannte Künstler. Nachdem Alex eine Beziehung mit Dietrich eingeht, wird sie zur Zielscheibe von Rüdigers frauenverachtender Polemik, die sich nicht zuletzt aus halbverdauter Lektüre von Nietzsche, Montherlant, Weininger u. a. speist.

Obwohl Alex mit ihrer Situation immer unzufriedener ist, bringt sie keine Energie auf, ihr Leben in neue Bahnen zu lenken. Die Angst vor Veränderungen lähmt die Protagonistin, sodass die Krise zum

Dauerzustand wird. Der Taxi-Job, zunächst als Provisorium gedacht, wird zur Routine, die mehr und mehr an den Kräften zehrt: „Und dann waren fünf Jahre um und ich fuhr immer noch Taxi. (…) Natürlich gab es noch viel Schlimmeres, als Taxifahrerin zu sein, mir fiel bloß nichts ein." Erschöpft von der Nachtarbeit, zermürbt von den Erlebnissen mit ihren Fahrgästen und ohnehin mit wenig Eigenantrieb ausgestattet, entwickelt Alex eine Depression. Um ihr Leben nicht selbst in die Hand nehmen zu müssen, lässt sie lieber andere über sich verfügen. Sie schafft es nicht, Dietrich zu verlassen, der sie zuverlässig mit Schuldgefühlen versorgt, sie lässt sich auf eine Affäre mit ihrem Nachbarn, dem Frauenhelden Majewski, ein, und auch auf Rüdigers Provokationen, Parolen über die natürliche Unterlegenheit der Frau, geht sie immer wieder ein, anstatt den Kontakt abzubrechen. Das Taxi, ursprünglich Symbol der Freiheit und Abgrenzung von elterlichen Erwartungen, wird damit mehr und mehr zur Metapher der Fremdbestimmung und Passivität: Die Fahrgäste geben das Ziel vor.

Der Roman spielt über weite Strecken im Taxi, und der Leser begleitet die Ich-Erzählerin bei ihren Touren durch das nächtliche Hamburg zwischen Reeperbahn, Blankenese, Hafengegend und Staatsoper und erlebt die „Kombination aus Anonymität und Nähe" (Matthias Wulff) zwischen Fahrerin und Fahrgästen mit. Das Taxi wird zum Medium für Milieustudien. Eine umfassende Analyse ist damit noch nicht geleistet, doch deutet sie sich an, wenn die Ich-Erzählerin ihre Erlebnisse mit ihrem Hobbywissen über Affen zu erklären versucht. Das Fazit lautet dann etwas simpel: „Die vorrangigen Primaten-Interessen heißen nun einmal nicht Gleichheit und Brüderlichkeit, sondern Macht und Geltung."

Über die menschliche Gattung räsoniert die Protagonistin auch im Dialog mit dem kleinwüchsigen Marco, einem Doktoranden der Psychologie. Gelegentlich besucht sie Marco, um mit ihm ins Bett zu gehen; als er mehr Verbindlichkeit für ihre Beziehung einfordert, weicht Alex jedoch aus. Gerade an der Beziehung zu dem körperlich beeinträchtigten Marco wird deutlich, dass hier das Gesetz des Stärkeren nicht außer Kraft gesetzt, sondern lediglich umgekehrt wird, wenn

Alex ihn für ihre eigenen Bedürfnisse instrumentalisiert, ohne ihn als Person ernst zu nehmen.

Das Ende des Romans scheint ins Surreale abzugleiten: Alex Herwigs letzter Fahrgast ist ein Schimpanse, den sie durch eine spektakuläre Entführung vor seinem groben Besitzer retten will. Doch das Taxi landet mit einem Totalschaden in der Böschung, der Schimpanse flüchtet und Alex verliert ihren Taxischein. Eine vage Zukunftsperspektive deutet sich an, wenn Alex sich am Ende in die Schanzenstraße zu Marco fahren lässt.

Der Text ist in zwei Teile gegliedert: „1984–1986" und „September 1989–Juni 1990". Auf die Ereignisse ‚Tschernobyl' und Maueröffnung wird angespielt, jedoch bleiben derartige Bezüge im Hintergrund. Im Zentrum stehen stattdessen die Erlebnisse von „Zwodoppelvier", die pointenreich erzählt werden. Kurz wie die einzelnen Fahrten – und wie diese unterbrochen von Funkdialogen – sind die Kapitel, doch trotz aller Kurzweiligkeit erschöpft sich das Unterhaltungspotenzial dieser Anekdoten allmählich. So wirken die – jeweils für sich durchaus mit viel Witz erzählten – Episoden auf die Dauer ermüdend, zumal die einzelnen Geschichten nicht überzeugend zu einem großen Ganzen verflochten werden. Der Anekdotenreichtum erstickt somit das analytische Potenzial, das die durchaus originell gewählte Perspektive – ein Taxi, in das ‚die ganze Welt' einsteigt – mit sich bringt. Das Ergebnis der Gesellschaftsanalyse fällt so eher bescheiden aus.

Gleichwohl besticht der Roman durch die schonungslose Darstellung der Realität; dieses erfahrungsgesättigte Erzählen verdankt sich gewiss nicht zuletzt dem Umstand, dass Karen Duve hier autobiografische Elemente aus ihrer Zeit als Taxifahrerin verarbeitet hat. Einige der Motive aus „Taxi" sind dem Leser bereits aus der Erzählung „89/90", enthalten in dem Band „Keine Ahnung", bekannt – ebenso der für Karen Duves Erzählen typische Ton: gnadenlos realistisch und sarkastisch. Die Frage nach dem literarischen Anspruch schneidet in „Taxi" übrigens Rüdiger an: „Die Unterhaltungsfunktion von Büchern ist ja auch längst überholt." Selbst wenn man Rüdiger nicht zustimmt und den Unterhaltungswert des Romans als Qualitätskriterium anerkennt, entsteht doch der Eindruck, dass Duve mit „Taxi" unter ihren Möglichkeiten bleibt.

Nach „Taxi" wandte sich Karen Duve einem größeren nicht-literarischen Projekt zu: In **„Anständig essen"** (2010) dokumentiert sie ihren „Selbstversuch", so der Untertitel, ihre Ernährungsgewohnheiten zu ändern und so „ein besserer Mensch zu werden". Das Vorhaben zielt darauf, die „Diskrepanz zwischen dem, was ich wusste, und dem, wie ich bisher eingekauft hatte", zu reduzieren. Der Fokus liegt dabei nicht primär auf gesundem, sondern ‚anständigem', also ethisch korrektem Essverhalten.

Das Buch ist entlang der Phasen des ‚Selbstversuchs' strukturiert; zu Beginn wird eine Ernährungsweise ausschließlich durch Bio-Lebensmittel erprobt, anschließend vegetarische, dann vegane und zuletzt frutarische Ernährung. Während der jeweils zwei (bzw. im Fall des veganen Lebens vier) Monate stellt die Autorin nicht nur ihre Ernährung um, sondern beschäftigt sich auch intensiv mit dem jeweiligen weltanschaulichen Kontext. Der Leser begleitet sie bei ihren Recherchen, bei denen Duve unter anderem die Bedingungen der Fleischproduktion und Milchwirtschaft beleuchtet. Dürfen wir Tiere essen, wie gehen wir mit Pflanzen als Mitlebewesen um, auf wessen Kosten halten wir an unseren Konsumgewohnheiten fest – diese und weitere Fragen reflektiert Duve. Sie plädiert für verantwortungsvollen Konsum und appelliert an den Leser, die Bedingungen der Nahrungsmittelproduktion nicht länger zu verdrängen, etwa die Massentierhaltung.

Seine Überzeugungskraft gewinnt der ‚Selbstversuch' nicht nur aus dem informativen Recherchematerial, sondern gerade auch aus der selbstkritischen Haltung der Autorin, die sich konsequent auf ihr Projekt einlässt, ohne jedoch eine missionarische Haltung einzunehmen und ihrem Appell einen normativen Ton zu verleihen. Während die philosophischen Passagen, etwa zur Frage nach dem Unterschied zwischen Tier und Mensch, eher dünn ausfallen, bezieht das Buch seine Stärke aus den erfahrungsgesättigten Berichtspassagen, in denen Duve beispielsweise eigene Widerstände thematisiert oder Zweifel einräumt. Am Ende leitet die Autorin aus ihren Recherchen und Erfahrungen eine Reihe von Vorsätzen und Prinzipien für ihre künftige Ernährung ab.

In den Bereich des fiktionalen Erzählens kehrte Karen Duve mit **„Grrrimm"** (2012) zurück, einer Sammlung von fünf Texten, mit denen sie 200 Jahre nach Erscheinen der Erstausgabe der „Kinder- und Hausmärchen" der Gebrüder Grimm bekannte Märchen neu erzählt, verfremdet und aktualisiert. Vorfassungen von vier der fünf Märchen sind zwischen 2005 und 2010 bereits in verschiedenen Zeitschriften und Zeitungen publiziert worden; einzig bei dem titelgebenden Märchen „Grrrimm" handelt es sich um einen neuen Text.

Fantastische Motive ziehen sich seit dem „Regenroman" durch Duves Werk; in „Die entführte Prinzessin" zeigt sich die Affinität der Autorin zum Märchen-Genre besonders deutlich. In ihren Grimm-Bearbeitungen versetzt Duve nun Figuren und Handlungselemente der Märchen in den Kontext der heutigen Gegenwart; dies erzeugt witzige Effekte, wirkt manchmal jedoch etwas gewollt. Die moderne Lebenswelt mit PET-Flaschen, Internet-Cafés, EU-Geldern etc. wird zum Hintergrund der Märchenhandlungen; Rotkäppchen trägt Moonboots, und der Prinz lässt sich von Schneewittchen scheiden. Das Märchen vom „Froschkönig" wechselt ins Krimi-Genre und trägt den Titel „Die Froschbraut"; der Frosch entpuppt sich letztlich als schöner junger Polizist. Hier und bei „Bruder Lustig" besteht Duves Bearbeitung hauptsächlich in einer Modernisierung.

Das Archetypische der Märchenfiguren tritt in den Hintergrund zugunsten von Individualisierung und Psychologisierung. So tragen die meisten Figuren Namen; es handelt sich um individuelle Charaktere, die zum Teil auch eine Entwicklung durchlaufen. Die schematische Struktur der Märchen wird durchbrochen, indem die Handlung vom bekannten Ablauf abweicht – mal mehr, mal weniger originell. Als Ansatzpunkt für Variationen der Vorlagen dient insbesondere die Frage nach dem Motiv, aus dem heraus die Figuren handeln; dabei ist es häufig nicht Idealismus, sondern Pragmatismus, der sie leitet. Der Text „Der geduldige Prinz" etwa geht aus von der Frage, was eigentlich während des 100-jährigen Dornröschenschlafes außerhalb des Schlosses geschieht. So verlagert sich der Fokus der Aufmerksamkeit von Dornröschen – bei Duve: Prinzessin Florentine – hin zum geduldig wartenden Prinzen, der hier Alphons heißt und durch verschiedene Diäten den Alterungsprozess aufzuhalten versucht. „Zwergenidyll" ist motiviert von der Dynamik, die sich aus dem Zusammenleben einer schönen jungen Frau mit sieben Zwergen-Männern ergibt. „Schneewittchen" wird aus der Perspektive eines der sieben Zwerge erzählt. Auch in „Die Froschbraut" wird das märchenhafte Geschehen aus der Perspektive einer Ich-Erzählerin geschildert.

In „Grrrimm" wechseln sich in jeweils längeren Passagen die Stimmen von Stepan und Elsie ab: Stepan, der infolge einer Schädelverletzung keine Angst empfindet und auf Anraten seiner Therapeutin zu ‚einem, der auszieht, das Fürchten zu lernen', wird; Elsie, die wegen ihrer roten Kappe gehänselt wird. Duves „Rotkäppchen"-Version wird so aus zwei Perspektiven erzählt und entfernt sich damit auch formal am weitesten von ihrer Vorlage. Inhaltlich wird die bekannte Märchen-Handlung wesentlich dadurch modifiziert, dass Duve zum einen das Werwolf-Motiv in die Rotkäppchen-Geschichte einbindet und zum anderen die blutige Story als Liebesgeschichte erzählt. Indem Elsie am Ende ihre Kappe ins Feuer wirft, emanzipiert sie sich von der Zuschreibung „Rotkäppchen". Ähnlich dekonstruiert Schneewittchen die Legendenbildung um die böse Stiefmutter, wenn sie sich etwa die Geschichte vom unheilbringenden Kamm selbst ausdenkt: So „gibt sie, ohne mit der Wimper zu zucken, eine haarsträubende Lügengeschichte zum Besten" – bei Duve geht Schneewittchens Ohnmacht auf den Kampf mit einem der Zwerge zurück, der sich ihr nähern will. Aus diesem psychologisierenden und gewissermaßen entmythologisierenden Ansatz der Bearbeitung ergeben sich überraschende Pointen, jedoch wird diese Psychologisierung nicht konsequent verfolgt; so erscheinen die Figuren zwar als Individuen, aber doch nicht wirklich lebendig.

Vier Jahre nach „Anständig essen" legte Duve erneut eine nicht-fiktionale Publikation vor: **„Warum die Sache schiefgeht. Wie Egoisten, Hohlköpfe und Psychopathen uns um die Zukunft bringen"** (2014), ein Essay in sechs Kapiteln mit Einleitung und Literaturverzeichnis. In seiner gesellschaftskritischen Stoßrichtung ist der Essay dem ‚Selbstversuch' zwar prinzipiell vergleichbar, jedoch hat er eine andere inhaltliche Ausrichtung. Duve selbst stellt einen engen Bezug zum zwei Jahre später erschienenen Roman „Macht" her: „Mein Buch ‚Warum die Sache schief geht' war ja eigentlich die Recherche zum Roman." (Im Interview mit Mia Eidlhuber). […]

Im Roman „**Macht**" (2016) entwirft Duve in 27 Kapiteln ein Katastrophen-Szenario. Aufgrund des fortgeschrittenen Klimawandels dauert es im Jahr 2031, in dem der Roman spielt, nur noch etwa fünf bis zehn Jahre bis zum Weltuntergang. Das Ende der Menschheit steht bevor, die Zeit läuft ab, die Entwicklung ist unumkehrbar.

Wirbelstürme und Dürren, genmanipulierter „Killer-Raps" sowie eine Rapskäferplage gehören zum Alltag. Im Mittelmeer haben sich giftige Algenteppiche ausgebreitet, die Medien berichten von „Hochwasserflüchtlingen aus Bangladesch, die an der Indischen Mauer nur noch mit Waffengewalt in Schach gehalten werden können". Fleisch und Benzin sind streng rationiert und nur durch Eintausch kostbarer „CO_2-Punkte" zu erwerben; „Euro-Nord" und „Westos" dienen als Zahlungsmittel. Die Lifestyle-Pille „Ephebo" verspricht ein jugendliches Aussehen und wird trotz stark erhöhten Krebsrisikos als Nebenwirkung verbreitet konsumiert. Eine „Frauenregierung" ist an der Macht, wohl auch deswegen, weil das passive Wahlrecht eingeschränkt worden ist; ein „Demokratiekomitee" trifft die Vorauswahl potenzieller Kandidatinnen und Kandidaten, die nicht durch „Aggressivität, eine auffällige Risikobereitschaft, einen starken Hang zur Kungelei oder ein verkümmertes Sozialverhalten" auffallen dürfen. Während offiziell „Kontrollierte Demokratie" und politische Korrektheit herrschen, haben sich neben „latent gewaltbereiten Splitterreligionen" radikale ideologische Gruppierungen etabliert, etwa die „Anti-Frauen-Bewegung MASKULO".
Vor diesem Hintergrund spielt im fiktiven Hamburger Vorort Wellingstedt die Handlung des Romans; Protagonist und gleichzeitig Ich-Erzähler ist Sebastian Bürger, ein früherer Umweltaktivist, Vater zweier Kinder und einstmals verheiratet mit Christine, der ehemaligen „Ministerin für Umwelt, Naturschutz, Kraftwerkstilllegung und Atommüllentsorgung". Vor zwei Jahren hat Sebastian seine Frau, die ihn verlassen hat, „betäubt, entführt, eingesperrt und angekettet"; nun lebt sie hinter einer Stahltür versteckt als Gefangene im Keller von Sebastians Elternhaus, das dieser im Stil der 1960er Jahre renoviert und eingerichtet hat. In dem zum Verlies umfunktionierten „Prepper-Raum" trägt sie Blümchenkleid mit Schürze, backt

Plätzchen und ist Sebastian, den sie mit „mein Gebieter" anspricht, in jeder Hinsicht zu Diensten. Beim 50-jährigen Klassentreffen von Sebastians Abiturjahrgang 1981, als also alle „schon fast siebzig" sind, trifft der Protagonist seine Jugendliebe Elli wieder und beginnt eine Affäre mit ihr. Die Lage eskaliert, als er Elli mit zu sich nach Hause bringt und diese per Zufall sein geheimes Versteck entdeckt. Um nicht aufzufliegen, sperrt Sebastian nun auch Elli im Keller ein; die Situation spitzt sich dramatisch zu, sodass Sebastian schließlich zu fliehen versucht. Unterwegs erfährt er aus den Medien von Christines Befreiung.

Duve selbst gibt Auskunft über die Konzeption ihres Romans: „Ich wollte vor allem drei Hauptideen miteinander verbinden: Eine Geschichte, die in der nahen Zukunft spielt. Dazu den Gedanken, dass früher alles besser war. (…) Und drittens den Fall des Österreichers Josef Fritzl, der seine Tochter und später auch deren Kinder über Jahrzehnte gefangen hielt." (Im Interview mit Marten Rolff). Damit greift der Roman implizit den Blaubart-Stoff auf; das geheime Verlies dient als patriarchale Nische in einer zunehmend von Frauen regierten Welt. Sebastian Bürger, eine Blaubart-Version des Jahres 2031, hängt „an diesem kleinen, aus der Zeit gefallenen Raum, in dem ich mich nie beweisen muss und nie abgewiesen werde und in dem ich alle Vorrechte besitze, die mir aufgrund meines Geschlechts zustehen". Der „Prepper-Raum", der eigentlich im Sinne von *be prepared* als Zuflucht im Katastrophenfall dienen soll, wird pervertiert zu Blaubarts Kammer, in der Christine ‚allzeit bereit' zu sein hat. Als Elli Sebastians schreckliches Geheimnis entdeckt und damit Macht über ihn gewinnt, muss Sebastian diese Bedrohung bannen und seine Geliebte gewaltsam unter Kontrolle bringen.

Hier zeigt sich, wie im Roman Macht- und Geschlechterthematik verknüpft sind – wie im „Regenroman" wird das Geschlechterverhältnis als Machtverhältnis dargestellt. Bereits das erste Kapitel von „Macht" endet mit der ‚Logik', dass Geschlechtergerechtigkeit nicht als beiderseitiger Vorteil, sondern als Nullsummenspiel betrachtet wird: „Und manchmal muss man eine Frau zerstören, wenn man nicht von ihr zerstört werden will." Die Devise Sebastians, aus dessen Perspektive während des gesamten Romans erzählt wird, lautet: „Es gibt keine Gleichheit zwischen Männern und Frauen, es gibt nur Sieger und Besiegte."

[…]

„Macht" spielt zwar im Jahr 2031, doch handelt es sich bei dem Text gerade nicht um einen Zukunftsroman: In ihrer Dystopie gestaltet Duve eine Zukunft ohne Zukunft. Die Gewissheit des nahenden Untergangs führt zu Enthemmung und Grenzüberschreitung, sind doch keine Konsequenzen mehr zu befürchten. In Duves Setting ist die Apokalypse gerade nicht mit der Vorstellung eines Jüngsten Gerichts verknüpft: Die handelnden Personen werden nicht mehr zur Rechenschaft gezogen; angesichts des absehbaren Weltuntergangs scheint sich jedes Urteil zu erübrigen. So kalkuliert Sebastian, „dass – zumindest langfristig – niemand mehr die Konsequenzen seiner Lügen und Schandtaten fürchten muss. (…) Wir können alle tun, was wir wollen, ohne uns vor den Folgen fürchten zu müssen. Das ist das Gute daran, wenn es keine Zukunft gibt." Ganz am Ende des Romans ist jedoch fraglich, ob Sebastian sich für seine Taten nicht doch noch rechtfertigen muss; damit wird sein Kalkül indirekt bestätigt, denn Duves Erzählstrategie lässt es nicht zu, dass der Protagonist *scheitert* – er hat, wenn er erwischt wird, lediglich *Pech*.

[…]

Nachdem Duve in „Macht" ein dystopisches Zukunftsszenario entwarf, widmete sie sich in den Romanen „Fräulein Nettes kurzer Sommer" (2018) und „Sisi" (2022) dem Genre des historischen Romans.

In einem Interview mit der „Rheinischen Post" bezeichnet sie das Thema ihres Romans zu Annette von Droste-Hülshoff eher als „Zufallsentscheidung", nachdem sie bei Recherchen zu einem geplanten Buch über das Mittelalter auf die „traurige Liebesgeschichte" der berühmten Dichterin gestoßen sei. Diese ging in die biografische Forschung zu Droste-Hülshoff unter dem Stichwort „Jugendkatastrophe" ein. Es handelt sich dabei um ein Komplott ihrer Verwandtschaft und eines Bekannten, das zum gesellschaftlichen Rückzug der damals 23-jährigen Adligen führte.

Dieses Ereignis steht im Zentrum von Duves ca. 600 Seiten langem Roman, eingebettet in ein Panorama der damaligen Zeit des gesellschaftlichen Umbruchs zwischen 1817 und 1821.

Der Prolog zu „**Fräulein Nettes kurzer Sommer**" führt direkt in das Jahr 1819 und eine der zentralen Szenen des Romans: Annette von Droste-Hülshoff ist mit Heinrich Straube im Treibhaus des Bökerhofs in Ostwestfalen – damaliger Sitz der Familie von Haxthausen mütterlicherseits –, wo sich der aspirierende, wenn auch mittellose, protestantische Schriftsteller und Student ihr zum ersten Mal körperlich nähert. Zu diesem Ereignis kommt Duve später zurück. Die anschließenden chronologisch geordneten Kapitel zeichnen ein Epochenbild einer Gesellschaft zwischen Restauration und nationalliberalen Bewegungen. 1817 steht das universitäre Leben in Göttingen im Fokus, hier besonders die historische Studentengruppe der Poetischen Schusterinnung an der Leine, deren Mitglieder unter anderem Droste-Hülshoffs Stiefonkel August von Haxthausen, Heinrich Straube und August von Arnswaldt sind. Droste-Hülshoff, schon damals ebenfalls dichterisch aktiv und mit ihrer weiblichen Rolle in der Adelsfamilie ringend, verbringt ihre Zeit mit Verwandtenbesuchen. Das folgende Jahr steht ganz unter dem Einfluss der Brüder Grimm, die Annette zusammen mit ihren Stiefonkeln in Kassel besucht. Auf dem Bökerhof, ein Treffpunkt des Romantikerkreises um Werner und August von Haxthausen, lernt sie den als „neuen Goethe" geltenden Heinrich Straube kennen. Zwar hält sie ihn für nicht sonderlich attraktiv, hat mit ihm jedoch einen ernsthaften Austausch über ihre literarischen Texte. 1819 kommt es im Bökerhofer Treibhaus zum ersten Kuss zwischen Annette und Straube, zu dem sie in der Zwischenzeit viel Zuneigung gefasst hat. Im Jahr darauf ereignet sich schließlich die „Jugendkatastrophe", die zu einem tragischen Wendepunkt in Droste-Hülshoffs Leben führt. Nette, die trotz ihres als wenig hübsch beschriebenen Äußeren zunehmend Aufmerksamkeit von Männern erfährt, wird Opfer einer Intrige ihrer Familie und August von Arnswaldts, der sich von Annette zurückgewiesen fühlt. Straube bricht daraufhin auf Rat seines Freundes den Kontakt zu Annette ab; diese leidet unter der Trennung und ihrer angeblichen Schuld sehr und zieht sich aus dem gesellschaftlichen und familiären Leben zurück. Duve schließt den Roman mit einem Ausblick auf die zukünftigen Schicksale der Protagonist:innen. Wie auch Straube, widmen sich die meisten der selbsternannten

Poeten dem Philistertum. Annette meidet den Bökerhof und „folgte dem vorbestimmten Lebensweg innerhalb des vorgegebenen Rollenbildes". Erst viele Jahre später nach einer langen Phase der psychischen Niedergeschlagenheit widmet sie sich wieder dem literarischen Schreiben.

Duves Roman, für den sie 2019 den Düsseldorfer Literaturpreis erhielt, ist einer unter mehreren literarischen Verarbeitungen des Lebens von Annette von Droste-Hülshoff, die in einem Zeitraum von wenigen Jahren erschienen; dies zeugt von einem neu erwachten Interesse an der vor allem durch „Die Judenbuche" bekannten Schriftstellerin des Biedermeiers, sowohl aus der Perspektive weiblichen Schreibens als auch aus dem Bestreben heraus, ihr Werk und ihre Biografie neu zu lesen. Zeugnis von Duves ausführlichen Recherchen ist das lange Literaturverzeichnis der verwendeten Quellen am Ende des Romans. Wie im Prolog vorweggenommen, webt sie in ihren Text Stellen aus historischen Zeugnissen wie Briefen oder Tagebüchern. Es wird jedoch darauf hingewiesen, dass in der biografischen Forschung genaue Details zur „Jugendkatastrophe" Droste-Hülshoffs bisher nicht bekannt sind, somit auch schriftstellerische Freiheiten genutzt wurden. Bildet dieses Ereignis zwar den Kern des Romans, der im Anschluss recht schnell abgehandelt wird, so wird im Vorfeld ein ausführliches Epochenbild eines Deutschlands im Spannungsfeld zwischen Hochadel, Bürgertum, antisemitischen Ausschreitungen und der Suche nach einer nationalen Identität geschildert. Nach möglichen Bezügen zur Gegenwart befragt, konstatiert Duve in Interviews, dass diese zwar nicht beabsichtigt waren, ihr beim Schreiben jedoch selbst präsent wurden. Mit feinfühliger Ironie stellt sie ein Sittenbild des biedermeierlichen Adels und das Schicksal einer intelligenten jungen Frau dar, die es in den patriarchalen Machtverhältnissen schwer hat. Sie leidet unter ihrem Frausein, eckt mit ihrer direkten Art oft an und ist bei der Verwandtschaft als „Nervensäge" bekannt. Mit humoristischer, jedoch sensibler Distanz gelingt es Duve, auch die tragischen Momente scheinbar spielerisch darzustellen.

Cornelia Blasberg kritisiert jedoch, dass Duves Text in zwei stilistisch unterschiedliche Teile auseinanderfalle: zum einen in einen ironisch-distanzierten Blick in den Kapiteln, die den historischen, atmosphärischen Kontext darstellten, zum anderen eine eher dramatische Erzählweise im Teil zur „Jugendkatastrophe". Die Hauptfigur Annette verblasse dabei zeitweise zu einer Art Randfigur (Blasberg 2019). Andere bemängeln, dass Droste-Hülshoffs literarisches Werk durch den Fokus auf der Jugendkatastrophe kaum thematisiert würde. Lediglich ihre „geistlichen Gedichte" fänden oberflächliche Erwähnung (Mirjam Springer 2019, Burkhard Müller 2019). Auch sei die feministische Perspektive bisweilen klischeehaft und manche Stellen läsen sich wie „Emanzipationstipps aus der ‚Brigitte'" (Springer). Sprachlich gelingt Duve jedoch der Spagat zwischen dem 19. und dem 21. Jahrhundert, auch wenn sich manche Formulierungen etwas flapsig lesen. Ungeachtet der Kritik ist Duves historischer Roman ein gelungener Beitrag zur neuerlichen Rezeption der als biedermeierlich geltenden Autorin. Ihre schriftstellerischen Freiheiten nutzend, stellt Duve eine andere, bisher weniger bekannte Seite der Dichterin dar, die sie durch das Genre des historischen Romans auch einem populärliterarischen Leser:innenkreis öffnet.

Der Zufall hatte bei der Wahl des Themas ihres nächsten Romans ebenfalls seine Finger im Spiel, dies behauptet Karen Duve zumindest in der „Tiroler Tageszeitung". Selbst Pferdeliebhaberin, war sie auf der Suche nach einer historischen Persönlichkeit mit exzellenten Reitfertigkeiten und stieß auf Kaiserin Elisabeth von Österreich-Ungarn, zu der sie 2022 schließlich den historischen Roman **„Sisi"** veröffentlichte. Dieser erschien im selben Jahr wie die Netflix-Serie „Die Kaiserin" und der Spielfilm „Corsage" von Marie Creutzer. Im Jahr darauf kam der Film „Sisi & Ich" unter der Regie von Frauke Finsterwalder in die Kinos. Dieser neue ‚Sisi-Trend', spekuliert Duve, zeige, dass, die Zeit gekommen sei, „die österreichische Kaiserin ein wenig von ihrem Zuckerguss zu befreien" und ein „vollständigeres Bild der österreichischen Kaiserin mit ihren menschlichen Schwächen, kleinen Peinlichkeiten und vielleicht sogar Boshaftigkeiten" (im Gespräch mit Bernadette Lietzow) zu zeichnen.

Duves Roman beschäftigt sich im Kern mit einem kurzen Ausschnitt aus dem Leben der Kaiserin kurz vor ihrem 40. Geburtstag. Er umfasst 48 Kapitel, die einzelne, weitgehend chronologisch geordnete

Episoden aus den Jahren 1876 und 1877 aneinanderreihen und nur vereinzelt von Rückblenden zu Ereignissen aus den vergangenen Jahren unterbrochen werden. Eine durchgehende, klar erkennbare Handlung gibt es nicht, ein roter Faden wird jedoch durch die Besuche der Nichte gespannt, derer sich die Kaiserin in diesen Jahren annimmt. Im Zentrum stehen vor allem die Reitveranstaltungen und -jagden, an denen Elisabeth als leidenschaftliche, geradezu besessene sowie exzellente Reiterin teilnimmt. Erlebt wird dies im Roman vornehmlich aus der Sicht der Personen, die ihr nahestehen; vor allem die treu ergebene Hofdame Marie Festetics und die Tochter ihres Bruders, Marie Louise von Wallersee. Ihr Gatte, Kaiser Franz Joseph, und der Kronprinz Rudolf treten nur am Rande auf, so wie auch eine Geliebte des Kaisers in Wien.

Im Sommer 1876 lernt die Kaiserin bei einer Parforcejagd den hervorragenden Reiter Bay Middleton kennen. Sie entdeckt in ihm einen ebenbürtigen Reiter, mit dem sie ihre Jagd-Leidenschaft ausleben kann. Nach Pflichtaufenthalten bei der Königin von England und in Wien, reist sie nach Ischl und später nach Feldafing am Starnberger See und nimmt sich ihrer 18-jährigen Nichte Marie Louise von Wallersee an. Ihr Umgang mit der Nichte variiert zwischen einer harten Hand und liebevoller Fürsorge. Der Kaiser ist nur selten anwesend; in Wien hofft seine Geliebte Anna auf mehr Zuwendung von ihm. Die Kaiserin hatte sich schon vor längerer Zeit von ihm entfremdet, sein Regierungsstil und seine Liebschaften empfand sie als enttäuschend. Nach der Abreise von Middleton widmet sie sich zunehmend dem Grafen Nikolaus Esterházy, der sie auf ihren Jagden begleitet. Während des winterlichen Aufenthalts in Wien leidet Elisabeth unter der Jagdpause, sie ist schwermütig und verzweifelt; obsessiv kümmert sie sich um ihre Tochter Valerie. Im nächsten Sommer, zurück auf Schloss Gödöllő, fährt sie zur Geburtstagsfeier ihrer Tochter Gisela nach München und Kronprinz Rudolf wird mündiggesprochen, der sich von nun an vor allem dem Nachtleben widmet. Die Kaiserin arrangiert für Marie Louise schließlich eine Heirat mit dem cholerischen Grafen Georg Larisch-Moennich, die im Oktober stattfindet. Der Roman schließt kurz vor Weihnachten und Sisis Geburtstag; die Kaiserin plant bereits ihre nächsten Reisen und Jagdaufenthalte.

Wie schon im vorhergehenden Roman schließt Duve eine lange Liste ihrer Quellen an. Im Nachwort erwähnt sie die Fülle an Zeitzeugnissen, die Elisabeth aus unterschiedlichen, stark divergierenden Positionen heraus beschreiben und aus denen sie sich – ihrer Aussage nach – großzügig bedient hat. Auktoriale Erzählstimme und Zitate werden geschickt miteinander verwoben. Der Abundanz an Perspektiven auf Sisi möchte Duve jedoch „nicht noch eine weitere Meinung hinzufügen, sondern den Chor der bereits vorhandenen Stimmen in seiner ganzen Bandbreite zu Wort kommen lassen". Herausgekommen ist ein höchst ambivalentes Bild der Kaiserin von Österreich-Ungarn, das zwischen Liebenswürdigkeit und narzisstischer Rücksichtslosigkeit oszilliert. Mit außerordentlicher Schönheit gesegnet, ist Sisi besessen von ihrem Aussehen und von ihrem Gewicht. In ihre Reitkleider wird sie von ihrer Schneiderin eingenäht, mal isst sie viel, mal isst sie lange nichts. Das harte Selbstregime erwartet Sisi auch von anderen; scheinbar gedankenlos benutzt sie Bedienstete und Verwandte zu ihren Zwecken. Die ihr Nahestehenden, im Roman vor allem ihre Hofdame Festetics und die Nichte Marie, beten die Kaiserin trotz ihrer zeitweiligen Härte und Gleichgültigkeit an. Auch der Kaiser liegt ihr bei den seltenen Begegnungen zu Füßen. An ihren Kindern Rudolf und Gisela zeigt sie wenig Interesse, um ihre kleine Tochter Valerie macht sie sich jedoch fast krankhaft Sorgen. Ob Elisabeth Opfer des Wiener Hofes ist oder Täterin, wird im Unklaren gelassen. Dies gelingt Duve nicht zuletzt durch den für sie typisch ironisch-trockenen Ton, der eine amüsierte Distanz zum Geschehen herstellt. Bisweilen wird dies ins Sarkastische überspitzt. Duve dekonstruiert auf diese Weise das bisher allgemein vorherrschende, liebliche Sissi-Bild. Anne Amend-Söchting spricht auf literaturkritik.de von einer „Entzauberung" der Kaiserin. Mit ihrer Darstellung einer modernen, nicht anpassungswilligen Frau schafft Duve eine Variante der Kaiserin fürs 21. Jahrhundert, die ihrer Ansicht nach eine „Rollenverweigerin" (im Gespräch mit Klaus Nüchtern) war und bereits Lebensweisen der heutigen Zeit vorweggenommen hat.

Dass Duve mit ihren biografischen Fiktionen „Fräulein Nettes kurzer Sommer" und „Sisi" einen Nerv der Zeit getroffen hat, zeigen die fast zeitgleich erschienenen literarischen und filmischen Umsetzungen der Biografien der beiden Frauen. Mit beiden Figuren gelingen ihr differenzierte Darstellungen weiblichen Lebens in einer männlich geprägten Welt.

Anm.: Die Darstellung stammt bis einschließl. von „Macht" von K. Herrmann, danach von K. Dautel.

Der vollständige Beitrag **„Karin Duve"** im Kritischen Lexikon zur deutschsprachigen Gegenwartsliteratur ist einzusehen unter: www.klg-lexikon.de.

Petra Günther / Shantala Hummler

Sibylle Berg

Bereits vor ihrem Romandebüt **„Ein paar Leute suchen das Glück und lachen sich tot"** (1997) hatte sich Sibylle Berg durch ihre journalistischen Arbeiten einen Namen gemacht. Vor allem ihre Kolumnen im „Zeit-Magazin" verschafften ihr einen beachtlichen Bekanntheitsgrad und wirkten durch Themenwahl und stilistische Eigenheit mit an dem von der Autorin durchaus selbst gepflegten Image einer rotzfrechen Zeitdiagnostikerin der 1990er Jahre, die mit kaltem Blick und unbekümmert um die Grenzen des guten Geschmacks die Tabus politischer Korrektheit verletzt.

„Ein paar Leute suchen das Glück und lachen sich tot" besteht aus einer Abfolge von meist nicht mehr als ein bis drei Seiten umfassenden Episoden mit kurzen, lakonischen Überschriften. Das Personal bilden im Wesentlichen sieben Figuren, die miteinander verheiratet, verwandt oder bekannt sind. Abgesehen von einer älteren Frau und einem magersüchtigen jüngeren Mädchen haben die Protagonisten gerade die 30 überschritten, der zeitgeschichtliche Horizont des Geschehens sind die 1990er Jahre. Die Handlung selbst, in schnell wechselnden Perspektiven und Erzählsituationen dargestellt, wird durch den Titel angemessen umrissen. Die Suche nach Glück, die Vergeblichkeit dieser Suche, die Eitelkeit, die in dem Streben liegt – durchaus in der Tradition eines barocken Vanitas-Begriffs –, sind Grundthemen in Sibylle Bergs Schreiben. In ihrem Erstling lässt sie mit einer Ausnahme alle ihre Figuren eines gewaltsamen Todes sterben. Die drastische Präsentation von Todesarten und die Darstellung von Gewalt ziehen sich ebenso wie die Glückssuche durch Bergs Werk. In diesem Zusammenhang entlarvt die Autorin die Liebe, die von den Romanfiguren oft für das erstrebenswerte Glück gehalten wird, als Illusion. Die Schwere der Themen und die Unerbittlichkeit der Analyse werden aufgefangen durch die lockere Struktur des Textes, die der Technik des schnellen Schnitts verpflichtet ist. Allein die Kürze der einzelnen Episoden verhindert ein Abgleiten in ein psychologisierendes Erzählen. Zudem bewährt sich der immer wieder aufscheinende groteske Humor der Autorin als Antidot gegen die Düsternis der dargestellten Verhältnisse.

Je nach Standpunkt erkannte die Literaturkritik in Bergs zweitem Roman „**Sex II**" (1998) eine überzeugende Radikalisierung ihrer Schreibweise oder deren durchdrehenden Leerlauf.

„Sex II" spielt in einer von Endzeitstimmung erfassten Großstadt im Verlauf eines Tages. Das weibliche Erzähler-Ich, 33 Jahre alt, sieht nach Drogenkonsum in die Köpfe der anderen Großstadtbewohner und damit in Abgründe von Gewalt und Perversion. Obwohl der Roman durch die relative Einheit von Zeit und Ort straff organisiert ist, zerfällt er in zahlreiche Episoden, die jeweils mit der Uhrzeit und einem Steckbrief derjenigen Figur überschrieben sind, in deren Bewusstsein das Erzähler-Ich gerade Einblick nimmt. Des Weiteren sind in den Roman 15 sogenannte „GgdW" (Geschichten gegen den Wahnsinn) eingestreut, in denen der Leser bereits veröffentlichte journalistische Arbeiten der Autorin erkennen kann.

War Gewalt bereits in „Ein paar Leute suchen das Glück und lachen sich tot" ein wichtiges Thema, so erfährt ihre Darstellung in „Sex II" eine Steigerung, die dem Leser beinahe sämtliche Abarten etwa von Kindesmissbrauch, Vergewaltigung und Tötung zumutet. Neben dieser Gewaltorgie treten andere für Bergs Schreiben charakteristische Themenkomplexe – wie das vergebliche Streben nach Glück in Form von Liebe – zwangsläufig zurück. Nur die eingesprengten „GgdW" ermöglichen dem Leser kurze Verschnaufpausen. Erscheint die der Videoclip-Ästhetik geschuldete und an Splatter- und Snuff-Movies gemahnende Erzähltechnik als modern und durchaus auf ein jüngeres Lesepublikum zugeschnitten, überrascht andererseits der deutlich konservative kulturkritische Ton, etwa in der Zeichnung der Großstadt als eines menschenverachtenden Molochs.

Viel besprochen wurde das Cover von Bergs drittem Roman, „**Amerika**" (1999). Die Buchhülle zeigt die Autorin als Diva im langen schwarzen Kleid, mit roter Löwenmähne und einer Dogge. Bereits in ihren ersten beiden Romanen hatte Berg ironisch mit dem Produktstatus ihrer Bücher bzw. ihrem eigenen Image gespielt. So eröffnet sie „Ein paar Leute suchen das Glück und lachen sich tot" mit einem Dankeswort an den Leser, der zum Kauf des Hauses der Autorin im Tessin beigetragen habe. Der Titel „Sex II" spielt auf entsprechende Filmtitel und die Vermarktungsstrategien über Serienbildung an. Indem sich Berg auf dem Cover ihres dritten Romans präsentiert, bedient sie scheinbar den Popstar-Nimbus, der die Autorin in der literarischen Öffentlichkeit umgibt. Zugleich ist jedoch der selbstironische Gestus nicht zu verkennen, der bereits aus der ausgestellten Künstlichkeit des Arrangements spricht. Auffällig ist allerdings insgesamt die Diskrepanz zwischen der öffentlich inszenierten Autorrolle und der Spärlichkeit gesicherter biografischer Daten über die Autorin.

Auch in „Amerika" suchen vier Leute nach dem Glück: Paul strebt nach Reichtum, Karla nach Ruhm, Anna nach Liebe, Bert nach Schönheit. In der ersten Hälfte des wiederum in kurze Abschnitte zerfallenden Romans führt die Erzählerin das – erwartbare – Scheitern des jeweiligen Glücksstrebens vor, um im zweiten Teil als *dea ex machina* die Träume ihrer Figuren in Amerika in Erfüllung gehen zu lassen. Die Einlösung der jeweiligen Glücksversprechen offenbart sich jedoch als deprimierende Erfahrung. Angesichts der Sinnlosigkeit des Lebens können auch Geld, Karriere, der ersehnte Partner oder Schönheit nicht glücklich machen. Mit diesem Fazit ist „Amerika" im Grunde noch trostloser als die beiden Vorgängerromane. Dort, wo die Figuren die von ihnen ersehnten Glücksgüter in Händen halten, macht sich Langeweile breit. Der unerbittlichen Lebensanschauung des Romans wohnt aber auch ein merkwürdig konservativer, ja sozial naiver Grundtenor inne: „Die Ehrlichkeit, sich einem sinnlosen Leben zu stellen, ist nicht eine Frage des Geldes. Es ist innerer Luxus." Mit dieser Sentenz nähert sich der Roman bedenklich dem Allgemeinplatz, dass Geld alleine auch nicht glücklich mache. Als Pendant zu der Inszenierung des Autorinnenimages auf dem Buchumschlag findet sich im Text selbst die Kultivierung einer gleichfalls ironisch zugespitzten auktorialen Erzählpose. Immer wieder stößt der Leser auf Einschübe, in denen sich die Erzählerin selbst mit „Frau Berg" anspricht und scheinbar zur Ordnung ruft: „Frau Berg, nicht wieder onanieren. Das ist widerwärtig. O.K., onaniert wird nicht, nur gefickt, gewichst, geschleimt, bück dich, du Mist …".

Diese stilistische Eigenheit hatte Sibylle Berg bereits in ihren Kolumnen als humorvolles bzw. provokantes Markenzeichen eingesetzt.

Einen guten Überblick über diese Arbeiten bietet der Sammelband **„Gold"** (2000), der tatsächlich im goldfarbenen Umschlag daherkommt und mit seinem Titel auf Vermarktungsstrategien der Popmusikbranche anspielt. In „Gold" wird die Spannbreite im journalistischen Schreiben Bergs offenbar. Außer den Kolumnen lernt der Leser überzeugende Reisereportagen und eindrucksvolle Porträts kennen. Neben dem typischen, oft flapsig provokanten Sibylle-Berg-Ton tritt in diesen Arbeiten immer wieder eine unerwartete Ernsthaftigkeit zutage. Angereichert wird die Sammlung bereits veröffentlichter Artikel um abgelehnte Texte sowie um so genannte „Fanpost", meist bitterböse und dabei häufig brüllend komische Leserbriefe.

Sibylle Bergs Buchveröffentlichung **„Das Unerfreuliche zuerst"** (2001) ist mit dem Untertitel „Herrengeschichten" versehen, und tatsächlich stehen im Mittelpunkt der kaum einmal zehn Seiten langen Texte Männer: deprimierte oder deprimierende, gewaltbereite und gewalttätige, gefühlsbehinderte, dumpfe Männer. Zwar werden diese männlichen Figuren von der Autorin privilegiert, indem sie das Erzähler-Ich besetzt halten, doch entsteht dadurch keine überzeugende Rollenprosa. Das letztliche Desinteresse des Lesers an diesen „Herren" rührt zum einen von ihrer offensichtlichen Beschränktheit, ihrem Selbstmitleid und ihrer Brutalität, zum anderen klingen aus den männlichen Erzähler-Ichs allzu deutlich die bekannten stilistischen Manierismen der Autorin. Die Männer wirken bei dieser stilistischen Kreuzung bei aller Trostlosigkeit und Widerwärtigkeit im Einzelfall wie aparte Beobachtungsobjekte.

In fünf Jahren legte Sibylle Berg fünf Prosabände vor, gleichzeitig reüssierte sie als Theaterautorin. Diese Wendung hin zur Bühne hat einige Kritiker verwundert und dazu bewogen, die Romanautorin Sibylle Berg gegen die Stückeschreiberin Sibylle Berg ins Feld führen zu wollen. Tatsächlich wird der Kulturbetrieb Theater in „Sex II" prächtig abgewatscht: „In einer großen Stadt kann man ins Theater gehen. Warum da einer hingeht, ist unklar. Theater taugt nicht für eine Welt, die sich gerade selber aus der Umlaufbahn schießt. Die Regisseure wissen das, wissen um ihre Kunst, die keiner mehr braucht und unter drei Stunden Erziehung zur Langsamkeit läuft darum nichts mehr. Ohne Pause. Alte Wörter, verkleidete Menschen, schlechte Betonung. Wegzappen unmöglich und wer hat Zeit, drei Stunden seines Lebens zu verschenken, da man in dieser Zeit hervorragend fernsehen könnte."

Auch wenn es fragwürdig ist, die Erzählerin in „Sex II" mit der Autorin gleichzusetzen, so ergeben sich aus der Tirade doch spannende Fragen nach der Stellung des Theaters in der Medienkonkurrenz. Was bringt eine Autorin, deren Schreiben deutlich auch von der Schnelligkeit und den harten Schnitten einer Videoclip-Ästhetik geprägt ist, auf die Bühne? Eins zumindest wird schnell offenbar: Sibylle Bergs Stücke liegen deutlich unter drei Stunden.

Nachdem Berg als Koautorin an der Dramatisierung ihres Romans „Ein paar Leute suchen das Glück und lachen sich tot" mitgewirkt hatte, legte sie mit **„Helges Leben"** (2000) ihr erstes eigenständiges Stück vor. In „Helges Leben" gibt es keine Menschen mehr auf der Erde, die Tiere regieren. Zur Unterhaltung lassen sich Tapir und Reh von Frau Gott und Frau Tod das trostlose Leben von Helge vorführen. Ein „ganz normales kleines Menschenleben" wird im Zeitraffer von der Zeugung bis zum Tod präsentiert, Werbepausen inklusive. Der Zuschauer kann bekannte Berg-Themen wiedererkennen: verfehlte Beziehungen, unglückliche Kindheit, vergebliche Suche nach Liebe und Glück, Gewalt. Sexualität und Perversion werden drastisch verbalisiert. Das gesamte Stück durchzieht ein abgedrehter Humor, der schon in Rollenbezeichnungen wie Tapir und Schnapphamster zum Ausdruck kommt. Insgesamt bleiben die Figuren seltsam flach, in der deprimierenden Zwangsläufigkeit von Helges Leben sind dramatische Konflikte nicht vorgesehen, allenfalls sind die Personen Getriebene ihrer Ängste, die als selbstständige Figuren, „Helges Angst" und „Tinas Angst", auftreten. Unterhaltungswert gewinnt „Helges Leben" durch viele skurrile Details, Musikeinlagen und die kurzweilige szenische Anlage.

Für ihr Stück **„Eine Stunde Glück"** (2000) wählt Berg das Format der Fernseh-Talkshow als Rahmen, ein prekäres Unterfangen, da die real existierende Fernseh-Talkshow an Absurdität kaum mehr überbietbar scheint. So reagierte auch die Kritik zwiespältig, die einen sahen in „Eine Stunde Glück" „eine brisante Melange aus Medienkritik und Menschheitsdepression", für die anderen war Bergs zweites Stück lediglich „platte Abbildung und der aussichtslose Versuch, die Fernsehrealität ins Absurde zu steigern".

Der Titel von Bergs drittem Stück „**Hund, Frau, Mann**" (2001) verrät bereits Thema und Anlage. In einer knappen Stunde wird wiederum im Schnelldurchlauf die Geschichte einer Beziehung erzählt, die von einem sprechenden Hund kommentiert wird.

Auch in „**Herr Mautz**" (2002) treten sprechende Tiere auf, drei Kakerlaken, wiederum wird im Rückblick erzählt, hier das Leben von Herrn Mautz. Herr Mautz hat sich nach dem altersbedingten Ausscheiden aus dem Berufsleben auf eine Reise nach Asien begeben, ist unheilbar an Malaria erkrankt und wird, dem Tode nah, in seinem Billighotelzimmer von drei Kakerlaken und einem Erzähler heimgesucht. Ihm wird aufgegeben, sich an einen tollen Moment in seinem Leben zu erinnern. Herr Mautz, der sein Leben der Abrichtung und Totalkontrolle von Gefühlen gewidmet hat, erweist sich als unfähig dazu. Das Stück „Herr Mautz", das Sibylle Berg auch für den Schauspieler Rolf Mautz, der die Titelfigur in der Oberhausener Uraufführung verkörperte, geschrieben hat, fällt insofern aus dem Rahmen, als Berg hier einen alten Menschen in den Mittelpunkt stellt, der nach dem Ausstieg aus dem beruflichen und sexuellen Wettbewerb für seine Umgebung prinzipiell unsichtbar geworden ist. Die Figur des Erzählers verweist auf ein grundsätzliches Problem der Bühnentexte Bergs, in denen ein Geschehen weniger dramatisiert als vielmehr dessen Erzählung inszeniert wird. Mangelt es den Romanen Bergs bisweilen an Kohärenz, weil sie in ihrer Schreibweise stark den journalistischen Erzählstrategien der Autorin verhaftet bleiben, so fehlt es den Theaterarbeiten fast immer an dramatischer Spannung, weil der erzählerische Duktus vorherrscht. Umgekehrt erhöht die lockere Komposition von Bergs Romanen deren Unterhaltungswert und eröffnet die kaum durchdramatisierte Anlage ihrer Theaterstücke einen kreativen Freiraum für die Regie.

Dies ist auch in „**Schau, da geht die Sonne unter. Spaß ab 40**" (2003) der Fall. Berg schildert darin einmal mehr den Rückblick gescheiterter Existenzen auf ihr Leben im Augenblick des Todes. Der erste Teil spielt im Milieu finanziell und gesellschaftlich Unterprivilegierter, der zweite Teil wiederholt das Geschehen auf gesellschaftlich höherem Niveau. Trist ist der Ablauf in beiden Fällen. Und ähnlich wie im Roman „Amerika" schleicht sich unter der Hand die naive bis zynische Haltung ein, dass Geld auch nicht glücklich mache. Die Standardthemen Bergs wiederholen sich, werden jedoch von der Autorin insofern variiert, als die Protagonisten nunmehr um die 40 sind und mit ihrer Berufsjugendlichkeit konfrontiert werden. Zwischen Adoleszenzkrise und der Angst vor dem Alter gibt es in Bergs Augen kein Erwachsensein. Als (Berufs-)Jugendlicher wartet man – vergeblich – darauf, dass das richtige Leben anfängt, ab 40 hat man das Leben verpasst.

Im Wesentlichen altern die Protagonisten in Bergs Büchern mit der Autorin, und so beginnt der Roman **„Ende gut"** (2004) mit der Aussage: „Ich bin so um die 40." Die weibliche Erzählfigur, die sich mit den bekannten Themen Bindungslosigkeit, Vergeblichkeit von Liebe und Sterblichkeit herumschlägt, lebt nicht nur in einer Endzeitstimmung, sondern die Apokalypse selbst scheint sich zu nähern. Die Erde ist durch Terroranschläge und Umweltkatastrophen in vielen Teilen unbewohnbar geworden, und auch die Protagonistin übt Gewalt aus: Die Heldin erschießt einen Chefredakteur und verlässt die Stadt. Auf der anschließenden Odyssee lernt sie einen stummen Mann kennen, zwischen beiden entwickelt sich eine zarte Liebesgeschichte. Der Roman endet merkwürdig friedvoll in Finnland.

Abgesehen vom befremdlichen Schluss ist die stärkere Integration aktueller zeitgeschichtlicher Bezüge auffällig, etwa der Terroranschläge auf die Twin Towers, der kriegerischen Auseinandersetzungen in Afghanistan und im Irak oder der Klimakatastrophe. Die Protagonistin sieht fern und liest Zeitungen, und dem Leser werden immer wieder so genannte „Infohaufen" präsentiert, die wie das angelesene bzw. angesehene Wissen der Ich-Erzählerin erscheinen. War in den vorhergehenden Romanen der gesellschaftspolitische Kontext allenfalls am Rande – am ehesten noch als Versatzstück der Popkultur – präsent, rückt er in „Ende gut" stärker in den Blick, wird zur Ausgestaltung der apokalyptischen Atmosphäre herangezogen, nicht ohne dass die Autorin die mediale Vermitteltheit politischer, wirtschaftlicher und sozialer Zusammenhänge erkennen lässt.

Wieder mehr auf einen privaten Bezugsrahmen abgestellt ist Bergs Stück **„Das wird schon"** (2004), in dem zwei Frauen, die eine Ende 30, die andere Ende 40, am Silvesterabend an einem Therapie-Workshop teilnehmen, in dem sie lernen wollen, nie mehr zu lieben. „Das wird schon" wirft einen bösen Blick auf marktgängige Therapieformen und die Beziehung zwischen Mann und Frau und bietet intelligente Unterhaltung, die sich bisweilen dem gehobenen Frauenkabarett nähert. Traten in den kruderen und kompromissloseren früheren Werken Bergs bereits durchaus konservative Wertvorstellungen zutage, zeichnet sich mit dem scheinbar versöhnlichen Schluss von „Ende gut" und dem publikumswirksamen und kaum mehr verstörenden Humor in „Das wird schon" eine Tendenz zur Beruhigung, wenn nicht gar zur Verflachung ab, bei der die Aufmüpfigkeit nur noch Ton, die Provokation nur noch Pose ist.

Noch beruhigter wirkt Sibylle Berg als Herausgeberin von **"'Und ich dachte, es sei Liebe'"** (2006), einer Sammlung von Abschiedsbriefen von Frauen. Bei den Verfasserinnen handelt es sich um bekannte und unbekannte Frauen aus Geschichte und Gegenwart, die aus einer krisenhaften Trennungssituation heraus schreiben. Berg beschränkt sich auf ein kurzes Vorwort und drei knappe Kapiteleinleitungen. Im Stil einer modernen Kummerkasten-Tante resümiert sie kaum mehr ironisch: „(…) und mit neuem Vertrauen in die Liebe sage ich: Wer eine Beziehung will, hat eine."

Mit **"'Das war's dann wohl'. Abschiedsbriefe von Männern"** (2008) gab Berg zwei Jahre später die komplementäre Fortsetzung zu den Abschiedsbriefen von Frauen heraus.

Einen überraschenden Genrewechsel vollzog sie mit **"Habe ich Dir eigentlich schon erzählt … Ein Märchen für alle"** (2006), der Geschichte der 13-jährigen Jugendlichen Anna und Max. Beide wachsen in der DDR auf, Anna bei ihrer alkoholkranken Mutter, Max bei seinem Vater, der Volkspolizist ist. Sie kommen sich näher und gehen kurzerhand von zu Hause fort. Ihre gemeinsame Flucht führt sie über Polen, die Tschechoslowakei und Ungarn bis nach Rumänien, wo sie ein Schiff besteigen, das sie in die Türkei bringen soll. Das Geschehen wird abwechselnd aus der Sicht von Anna und Max erzählt. Auslöser für die Flucht sind die dysfunktionalen Beziehungen zu Mutter bzw. Vater, aber auch die Alltagsrealität in der DDR: „Ich hoffe eigentlich nur darauf, dass ich erwachsen werde und weggehen kann. Ich werde irgendwann aus diesem Land fliehen, das weiß ich sicher." Dass die Flucht gelingt, obwohl Anna und Max noch nicht erwachsen sind, gehört zum märchenhaften Duktus des Buches. Ob durch den Untertitel

„Ein Märchen für alle" die Erzählperspektive der Jugendlichen ausreichend beglaubigt ist, bleibt indes zu fragen. Stellenweise scheinen Anna und Max als Erzählerfiguren ihrem Alter sehr weit voraus. Ihre Übersicht und ihr Reflexionsniveau wirken nicht immer altersgerecht, andererseits entstammt insbesondere Anna familiären Verhältnissen, die ein zu frühes Erwachsenwerden erzwingen.

In **„Die Fahrt. Roman"** (2007) begegnen dem Leser in Svenja und Paul Wiedergänger von Anna und Max, und auch ansonsten trifft er auf viel Altbekanntes. Bei „Die Fahrt" handelt es sich einmal mehr um einen Episodenroman, der einem Personalbestand von etwa 40 Figuren folgt, die sich auf der Reise und/oder Suche befinden und deren Wege sich immer mal wieder kreuzen. Die zum Teil exotischen Schauplätze reichen von Myanmar, Bangkok und Sri Lanka über die USA, Israel und Indien bis zu Osteuropa, Berlin und der Schweiz. An diesen Orten suchen die Personen nach Arbeit, einem Platz zum Überleben, nach der Liebe oder einer Perspektive fürs Altern. Die Behandlung von Themen wie Tourismus und Globalisierung erinnern an Reisereportagen von Sibylle Berg. Insbesondere die aus der ‚Ersten Welt' stammenden Personen wirken vielfach auswechselbar.

Wesentlich konzentrierter ist dagegen der Roman **„Der Mann schläft"** (2009) angelegt. Die Ich-Erzählerin ist eine Frau jenseits der 40, die zumindest für vier Jahre das gefunden hat, wonach die meisten Romanfiguren Bergs vergeblich suchen: einen Menschen, „den man so gern hat, dass er einen nie stört". Dieser Mann ist jedoch auf einer Reise verschwunden. In einander abwechselnden Episoden des „Damals" und „Heute" erinnert sich die Ich-Erzählerin zum einen an das Kennenlernen und das Zusammenleben mit dem namenlos bleibenden Mann, zum anderen berichtet sie in der Erzählgegenwart von dem mühsamen Aufrechterhalten irgendeiner Form von Tagesablauf auf einer chinesischen Touristeninsel, ihrer Verzweiflung und Ratlosigkeit. Seine Spannung bezieht das Romangeschehen zunächst ganz konventionell aus den Fragen, die das Verschwinden des Mannes umgeben. Der Spannungsbogen wird aber auch über die Figur der Frau getragen, der der Mann verlorengeht und deren Weiterleben bis zum Romanende für den Leser nicht recht vorstellbar wird. Was in der inhaltlichen Kurzzusammenfassung große Gefühle heraufbeschwört, wird in der erzählerischen Ausführung keineswegs desavouiert. Vielmehr wird zunächst in der Rückerinnerung die Liebe sowohl als romantische Passion als auch als gemeinsames Arbeitsprojekt der Beziehungspflege verabschiedet: „In der Naivität eines Alleinlebenden war ich davon ausgegangen, dass Paare ihre Freizeit intensiv gestalten müssten, weil sich ansonsten die Stille, die zwischen ihnen steht, als bösartiges Geschwür manifestieren würde. Das Beziehungsmodell, das mir von verschiedenen Kunstformen her bekannt war, basierte auf rein sexueller Anziehungskraft, die nach einer gewissen Zeit erlosch. Was Partner dann miteinander trieben, blieb unklar und wurde meist als Elend vermittelt. Keiner hatte sich je der Anstrengung unterzogen, eine Liebe zu schildern, die ruhig und still verlief, die freundschaftlich war und eine gewisse Niedlichkeit ausstrahlte". Eine solche Liebesdefinition lässt die Ich-Erzählerin nach dem Verschwinden des Mannes vollends verzweifelt zurück. Nach der Aufgabe des romantisch-leidenschaftlichen sowie des pragmatisch-therapeutischen Liebeskonzepts fehlt der Ich-Erzählerin der Glaube, nochmals einen Mann für sich zu finden, weil „es sehr selten war, dass sich zwei mit der gleichen Müdigkeit und dem Wunsch, nicht allein zu sterben, erkannten".

Auch das Theaterstück **„Die goldenen letzten Jahre"** (2009) verdankt seine Struktur einem Rückblick seiner Protagonisten. Bei einem Klassentreffen schauen vier Menschen auf ihre Schulzeit und damit auf sich selbst als sozial ausgestoßene, unattraktive Leidensgenossen zurück. Mittlerweile sind sie Mitte/Ende 40 und erleben mit zunehmendem Alter eine erhebliche Linderung des Leidensdrucks. Die Grausamkeit der Schulzeit wird grotesk in Szene gesetzt und selbst durch den eher versöhnlichen Grundtenor zum Schluss nicht völlig relativiert. Realistisch wird gezeigt, dass zu einem würdevollen Altern auch Geld gehört. Für Leute um die 50 halten „Die goldenen letzten Jahre" eine Botschaft bereit: Die Anerkennung des zunehmenden körperlichen Verfalls sowie der Sterblichkeit ermöglicht es, zum Terror des Jugend-, Schönheits- und Machbarkeitswahns auf Distanz zu gehen.

Mit **„Vielen Dank für das Leben. Roman"** legte Sibylle Berg 2012 ihre bis dato umfangreichste Prosaveröffentlichung vor. Auf 400 Seiten wird das Leben der Hauptfigur Toto erzählt, von der Geburt im Jahr 1966 in der DDR bis zu ihrem Tod im Jahr 2030.

Toto, Kind einer alkoholkranken, zunehmend verwahrlosenden Mutter, findet sich bald in einem Kinderheim wieder, und mit dieser Station beginnt eine Odyssee durch eine feindliche, ausbeuterische, menschenverachtende Umwelt. Toto ist mit uneindeutigen Geschlechtsmerkmalen zur Welt gekommen, und diese Andersartigkeit lässt Toto zur Zielscheibe von Herabwürdigung und Verrat werden. Sein ungeschlachter Körper und seine geschlechtliche Ambiguität provozieren dumpfe und sadistische Mitmenschen zu Bezeichnungen wie „Fleischberg", „der schwule Mongo", „mongolischer Transvestit". Gleichzeitig attestiert eine auktoriale Erzählinstanz Toto „Unverwundbarkeit und Reinheit": „Toto schien über allem zu schweben, was die Welt zu einem widerlichen Ort machte." Totos Leben wird streng chronologisch erzählt, die drei Großkapitel des Romans sind mit „Der Anfang", „Die Mitte" und „Das Ende" überschrieben, kürzere Abschnitte beginnen häufig mit „Und weiter". „Der Anfang" ist auf die Jahre „1966–2000" datiert, und die mit der Geburt einsetzende Leidensgeschichte Totos wird vor dem Hintergrund der zugrunde gehenden DDR und einer anders, aber nicht minder trostlosen BRD dargestellt. „Die Mitte" umfasst den Zeitraum „2000–2010", in dem sich Toto nach einer Operation als Frau definiert. „Das Ende" schließlich, beschrieben als eine „fortdauernde Krisenzeit", erstreckt sich bis zum Jahr 2030, in dem Toto stirbt.

Die Erzählhaltung schwankt zwischen einem überwiegend auktorialen Duktus und der Annäherung an die Perspektive Totos. Dabei kommt es zu wenig überzeugenden Vermischungen immer dort, wo Toto, der durchaus die Züge eines reinen Tors trägt, in Wortwahl und ausformuliertem kritischem Urteilsvermögen zu sehr in die Nähe der allwissenden Erzählinstanz gerät. Toto erhält im Roman keine eigene Stimme. Diese Entscheidung mag die Andersartigkeit, die fehlende Zugehörigkeit der Hauptfigur unterstreichen, sie verhindert auf jeden Fall die Herstellung von Nähe zwischen Toto und dem Leser. Vielmehr findet dieser sich an einen Erzähler verwiesen, der die Geschichte Totos rein additiv abwickelt. Zwar verleiht die Konzentration auf den Lebenslauf einer einzigen, außergewöhnlichen Person dem Roman vordergründig seine Kohärenz, und die Verweigerung jeglichen Spannungsbogens, wie er für das Erzählen von Lebensgeschichten ansonsten konstitutiv erscheint, ist der Botschaft des Romans durchaus angemessen: Toto, „ein Geschenk an die Welt", ist zugleich ein „einziges Vorführen der eigenen Unwichtigkeit". Diese Vorführung aber verlangt dem Lesepublikum auf 400 Seiten viel Geduld ab.

Kurzweiliger unterhält Berg dagegen ihr Publikum in ihrer Kolumnensammlung **„Wie halte ich das nur alles aus? Fragen Sie Frau Sibylle"** (2013). Der Untertitel nimmt ironisch das Rollenklischee der Kummerkasten-Tante auf; die journalistische Kurzform beherrscht die Autorin seit Beginn ihrer literarischen Karriere überzeugend. Sie widmet sich den grundsätzlichen Dingen des Lebens, ohne zu ermüden und ohne vordergründige Antworten zu liefern. Die drängendsten Fragen, „Wie hält man das nur aus? Zu wissen, dass fast alles, was uns so wichtig erscheint, nichts ist?", „Wie kann man leben und sich der Vergänglichkeit wirklich bewusst sein?", prägen auch die Romane der Autorin, in den Kolumnen jedoch erhalten sie oftmals eine prägnante, persönlich eingefärbte und eindringlichere Fassung.

Mit dem Roman **„Der Tag, als meine Frau einen Mann fand"** (2015) kehrt Sibylle Berg zum Sujet der Paargeschichte zurück. Im Mittelpunkt stehen Rasmus und Chloe, er ein abgehalfterter Theaterregisseur, sie seine moralische Stütze. Der Leser begegnet ihnen „in dieser zufriedenen Trostlosigkeit mittelalter, kinderloser Paare". Dem „Grauen der mittleren Jahre" will das Paar in ein tropisches Land der „Dritten Welt" entfliehen – wie bei Sibylle Berg nicht anders zu erwarten: ohne Erfolg. Gezeigt wird ein saturiertes Mittelschichtenpaar im scheinbar freien Fall, das sich mit seiner eigenen Vergänglichkeit konfrontiert sieht und verzweifelt versucht, sich von der ständigen Anwesenheit des Todes abzulenken. Diese Ablenkungsversuche werden getrennt voneinander, aber in gegenseitiger Abhängigkeit unternommen, zum Teil garniert mit drastischen sexuellen Details. Auffallend sind vergleichsweise häufig auftauchende literarische Bezugnahmen, die aber noch am ehesten den Charakter ironisch gemeinter Ausstattungshinweise haben. Am Ende steht das Paar, kurz vor dem 50. Geburtstag von Rasmus, in einer sich verdüsternden Welt aussichtslos wieder am Ausgangspunkt. Im Gegensatz zu „Der Mann schläft", aber auch zu den Kolumnen in „Wie halte ich das alles nur aus?" erscheint in „Der Tag, als meine Frau einen Mann fand" die in die Jahre gekommene, leidenschaftslose Beziehung zwischen Mann und Frau nicht als eine gangbare

Option, der Einsamkeit im Angesicht der eigenen Vergänglichkeit zu entkommen, und so fragt sich der Leser, was er aus der dargestellten Beziehungsmisere von Rasmus und Chloe für sich mitnehmen soll.

Mit „GRM. Brainfuck" veröffentlicht Berg 2019 den ersten voluminösen Band einer als Trilogie angelegten Romanreihe. Sowohl stilistisch, motivisch als auch erzähltechnisch knüpft „GRM" an ihr Frühwerk, namentlich „Ein paar Leute suchen das Glück und lachen sich tot", „Sex II" und „Amerika" an, und radikalisiert die für das Schreiben der Autorin kennzeichnende Drastik durch einen kompromisslos durchgeführten Zynismus. Das titelgebende „Grime", ein britisches, Anfang 2000 aufkommendes Subgenre aus dem Underground des Hip-Hop, übersetzt sich auf Deutsch in „Dreck" und ist programmatisch für den Erzählkosmos, den „GRM" aufspannt. Angesiedelt ist die Geschichte in der nahen Zukunft in England; sie schildert eine absolut verkommene, der Apokalypse nahe Welt, in der vier Kinder, Don, Karen, Peter und Hanna, in Rochdale unter prekären Verhältnissen aufwachsen, die zunehmend desolater und brutaler werden, was die verwahrlosten Kinder schlussendlich in die Obdachlosigkeit und ans Ende jeglicher Hoffnungen führt. Wenngleich die vier als Outcasts markierten Hauptfiguren durch ihre je eigene groteske Gestalt aus dem Unterschichtsmilieu herausragen, lässt der Text keinen Zweifel daran, dass hier keine Einzelschicksale erzählt werden. Vielmehr zeigt sich an den einzelnen Figuren die zur Normalität gewordene brutale und asoziale Realität einer Gesellschaft, in der die Parameter eines digitalen Spätkapitalismus ins Extreme extrapoliert wurden.

Das demokratische Gemeinwesen ist zur Hülle ausgedünnt, hinter der ein totalitärer Überwachungsstaat waltet, bestehend aus einer kleinen korrupten und dekadenten Elite von Technokraten und Finanzkapitalisten, die die Bevölkerung über Gehirnimplantate manipuliert und auf ihre Rolle als Konsumenten und User verengt, was erzähltechnisch bei der Einführung jeder neuen Figur über ihr digitales Profil eine Fortführung findet. In dieser Welt, in der die soziale und öffentliche Infrastruktur durch zunehmende Privatisierung heruntergewirtschaftet ist, verengt sich der Lebenshorizont jedes Einzelnen auf sein nacktes Überleben und ist das Gefühlsspektrum auf Wut und Angst geschrumpft. Entsprechend werden humanistische Werte und Konzepte wie Liebe oder Freundschaft gnadenlos dekonstruiert und so schließen sich die vier Kinder nicht aus Solidarität, sondern vielmehr aus ihrer Not heraus zu einer Gemeinschaft zusammen und brechen nach London auf, um einen Rachefeldzug gegen ihre Peiniger zu führen.

Das im Frühwerk Bergs etablierte filmästhetische Erzählen arrangiert auch in „GRM" das Geschehen: Die steten Perspektiven- und Szenenwechsel erzeugen harte Schnitte in Bild und Handlung, die wiederum über die Perspektiven verbindenden Zeilensprünge syntaktisch verknüpft werden. Dergestalt fügt sich die Erzählwelt zu einem kaleidoskopischen Panorama der Gewalt zusammen, die einem konsequent zynischen Blick entspringt. Darin wird die gesamte Oberfläche der erzählten Welt auf niedere Triebe und Perversionen zurückgespiegelt, während dem Blick eine Stimme beigefügt ist, die absolut mitleidslos und nüchtern alles in die totale Perspektivlosigkeit führt. So erweist sich der „Brainfuck" im Untertitel als das eigentliche Erzählprinzip von „GRM", in dem performativ das endlose Elend auf über 600 Seiten auserzählt wird, um seine Leser elendig zurückzulassen.

Mit **„RCE – #RemoteCodeExecution"** (2022) liefert Berg den Fortsetzungsroman zu „GRM", an den er sowohl inhaltlich als auch in seinen literarischen Verfahren anschließt. Die Erzählwelt bleibt dieselbe, aber während „GRM" aus dem „Dreck", also dem untersten Segment der Unterschicht heraus erzählt, verschiebt und weitet „RCE" den Fokus hin auf die den Globus umspannende Techindustrie. „RCE" nimmt den Erzählfaden aus dem Vorgänger ein paar Jahre später wieder auf und verfolgt eine schon bekannte Gruppe von jugendlichen Computer-Nerds, Rachel, Pavel/Pjotr, Maggy und Ben, die sich nach dem gescheiterten Revolutionsversuch, mit dem der erste Teil endete, und dem Berufseinstieg in die Techwirtschaft wieder zusammenschließen, um ein letztes Komplott, die Neuerfindung des Internets, zu schmieden. Fluchtpunkt der Geschichte bildet „das Ereignis", ein globaler Reboot, der in über zweieinhalb Jahren von einem Brigadenetzwerk von Hackern ausgeführt und auf den hin die Handlung im Countdown erzählt wird.

„Remote Code Execution" werden Cyberangriffe genannt, in denen die Angreifer aus der Distanz auf ein Endgerät zugreifen, um Änderungen vorzunehmen oder etwa Programme auszuführen. Über ein Netz von diversen Programmen und Medien funktionalisieren die Hacker die RCE-Technik, um die massenmobilisierenden Verfahren neoliberaler und rechter Propaganda zu usurpieren und das Ende des digitalen Finanzkapitalismus herbeizuführen. Dabei weitet „RCE" diese Kampftechnik zur allgemeinen Struktur eines globalen neofeudalen Systems aus, in dem ein Geflecht von wenigen Monopolkonzernen die Feudalmacht stellt und die Bevölkerung mit digitaler Technologie wie etwa Nanobots im Körper zu manipulieren. Die Erzählhaltung bleibt folglich weiterhin zutiefst zynisch, und auch wenn das Ende einen Lichtblick eröffnet, bleibt kein Zweifel daran, dass hier keine Versprechungen gemacht werden.

Zwar ist auch im zweiten Teil der Romanreihe aufgrund des alles durchdringenden Leistungsoptimierungswahns das Leben der Figuren beherrscht von Angst, was dem aber nun als Kehrseite beigesellt wird, ist die Gier, die als das vorherrschende Handlungsmotiv der Machthaber des postkapitalistischen Finanzfeudalismus herausgestellt wird. Analog zu „GRM" dominieren auch in „RCE" Ohnmacht und Überforderung als wirkungsästhetischer Effekt, die in diesem Fall aus der Ausbreitung einer gigantischen Menge von Daten- und Informationsflut bestehend aus Fakten aus der Finanz- und Wirtschaftswelt, resultiert, die unüberschaubar und undurchdringlich bleiben. Dieses Wissen speist sich aus zahlreichen Gesprächen, die die Autorin mit Experten aus verschiedenen Disziplinen geführt und eine Auswahl davon in **„Nerds retten die Welt. Gespräche mit denen, die es wissen"** (2020) veröffentlicht hat.

Doch selbst das Register im Anhang von „RCE" mit den Termini technici, die im Lauftext typografisch als Hyperlinks gestaltet sind, bietet schlussendlich wenig Orientierungsleistung. Damit führt die Autorin das Erzählprinzip aus „GRM. Brainfuck" konsequent fort, indem der Text sich der Konsumierbarkeit sowie der Didaxe radikal entzieht.

Anm.: Die Darstellung stammt bis einschließl. von „Der Tag, als meine Frau einen Mann fand" von P. Günther, danach von S. Hummler.

Der vollständige Beitrag **„Sibylle Berg"** im Kritischen Lexikon zur deutschsprachigen Gegenwartsliteratur ist einzusehen unter: www.klg-lexikon.de.

Linda Koiran

Anna Kim

Anna Kims deutsche Wörter haben eine Kindheit im Gegensatz zu denen anderer deutschsprachiger Autorinnen und Autoren asiatischer Herkunft der ersten Generation (Galsan Tschinag, Yoko Tawada, Luo Lingyuan). Erlernten und perfektionierten sie als Erwachsene ihr Deutsch in Deutschland, wuchs Kim zweisprachig in Österreich auf (vergleichbar mit Que Du Luu in der Bundesrepublik). Deutsch ist, neben Koreanisch, ihre angelernte Herkunftssprache.

Innerhalb der österreichischen Gegenwartsliteratur lassen sich Kims Texte weder der Aufarbeitung des faschistischen Bodensatzes in der Gesellschaft, der Patriarchats- und Kapitalismuskritik oder dem interkulturellen Familienroman zuordnen noch in die Diskriminierungs- und Exklusionsthematik der plurikulturellen Minderheitenliteratur integrieren. Beeinflusst von den Sprachexperimenten der Wiener Gruppe, insbesondere von denen Friederike Mayröckers, zeigt sich bereits in Kims frühen Texten die Verknüpfung ihrer ungewöhnlichen poetischen Sprache mit ihrer Migrationsbiografie. Neue Wahrnehmungen eröffnen sich, wenn wie im Gedicht **„exile"** (2002) das Fremde der Sprache für das weibliche Ich wie ein sich in den Mund einfressendes „mundtuch" (12) ist; wenn, wie im Prosatext **„Verborgte Sprache"** (2004), von der Enteignung der eigenen Sprache und Stimme durch die Eltern die Rede ist; oder wenn, wie in der Kurzerzählung **„irritationen"** (2000), die weibliche Ich-Figur den Unterschied zwischen der analytischen Selbst- und der stereotypen Fremdwahrnehmung ihres asiatischen Gesichts mithilfe technischer Mittel zu erfassen versucht. Sich als Fremde zu positionieren, nicht nur um sich selbst als eine solche zu betrachten, sondern auch um die Welt als etwas Fremdes zu sehen, erweist sich als grundlegend für das Verständnis ihrer Texte. Kim schaut und schreibt zurück aus ihrer Position des Fremdseins, die es ihr ermöglicht, eine genuin andere Welt zu konstruieren.

Am deutlichsten zeigt sich das in dem fast hundertseitigen Text **„Die Bilderspur"** (2004), der in der deutschsprachigen Literaturöffentlichkeit als ein „beachtliches Sprachkunstwerk" (Nicole Katja Streitler) bezeichnet wurde. Er handelt von einer Tochter-Vater-Beziehung in einem fremden Land. Der Vater, ein Maler, lehrt seine Tochter die Sprache der Bilder und deren Geschichten, sie als sein „Heimlich-Übersetzer" (10) bringt ihm die fremde Sprache nahe. Jeder begegnet auf seine eigene Weise der Fremde: Der Vater verweigert sich ihr, bleibt in seiner vertrauten Welt verhaftet, die Tochter macht sich die Fremde vertraut. Der die Kindheit der Tochter prägende innige Austausch mit dem Vater nimmt ab. Zuerst erzeugen die wiederholten Trennungen vom Vater, der aus Heimweh regelmäßig in sein Herkunftsland zurückreist, Risse in ihr Vertrauen zu ihm und in der Stabilität ihrer Alltagswelt. Allein bei einer Frau namens Edith zurückgelassen, macht sie schmerzliche Erfahrungen des einsamen Zurückgeworfenseins auf die Bildersprache – ihr wesentlicher Halt in der Fremde. Dann wird der Vater, infolge eines zweiten Gehirnschlags, pflegebedürftig und unzurechnungsfähig. Sein fast vierjähriger Sterbeprozess setzt ein. Die geduldige Präsenz der inzwischen erwachsenen Tochter an seinem Krankenbett wird von einer wachsenden Distanzierung in dem Maße verdrängt, wie die junge Frau mit dem zunehmenden Verfall des väterlichen Körpers konfrontiert wird. „Er ist mir fremd im Sterben." (31) Kurz vor seinem Ende erkennt der Vater seine Tochter nicht mehr. Beide haben sich voneinander entfremdet. Mit seinem Tod ist die endgültige Trennung vollzogen und die Tochter nimmt „Urlaub vom Abschied" (32).

Kims Text zeichnet sich, wie bereits die Titel („Suchen, Finden, Verlieren") der drei Teile nahelegen, durch eine zirkuläre Erzählbewegung aus. Antizipationen und Retrospektiven wechseln sich ab, je nachdem wie die Tochter-Vater-Beziehung reflektiert und erinnert wird. Im ersten Teil werden bereits das Ende des Vaters und der Aufbruch der Tochter vorweggenommen. Im dritten Teil wird der „Abschied" mit einer veränderten Erzählperspektive thematisiert. Der Vater wird stellenweise als „Mieter" (72) bezeichnet, als den ihn die Mutter (ihre einzige Erwähnung im Text) im Herkunftsland kennengelernt hatte, und die Tochter als „K. wie Kind" (72). Diese Anonymisierung geht mit der durchgehend benutzten indirekten Rede einher, die die Distanz der Ich-Figur zum Vater formal verdeutlicht. Er ist ihr nur als Erinnerung präsent, und diese ist vom Zweifel an der Grenzziehung zwischen Realität und Fiktion begleitet. Im zweiten Teil thematisiert Kim die Entfremdung des Vaters von der Tochter vor dem Hintergrund des Generationenkonflikts in einer Immigrantenfamilie. Sie schreibt seine Entfremdung nicht nur seiner geistigen Verwirrtheit zu, sondern auch seinem Unverständnis für die Anpassung der Tochter an das ihm fremd gebliebene Land.

Kims Erzählung ist als Suche nach der Spur der Bilder konstruiert. Sie kommen auf drei Ebenen vor: narrativ durch die Erinnerung, thematisch durch die Suche der Ich-Figur nach einem verschwundenen Gemälde und sprachlich durch die eigenwilligen lexikalischen und syntaktischen De- und Rekonstruktionen. Die Suche konfiguriert sich als ‚Sprachspiel' mit dem Rest des Erinnerten und Erzählten, um auf das Abwesende oder Andere hinzudeuten, berücksichtigt man das eingangs vorangestellte Zitat Ludwig Wittgensteins. Es weist auf das durch den gewöhnlichen Sprachgebrauch bewirkte ‚Gefangensein' in Bildern hin, und Kims ästhetische Eigenart besteht gerade darin, aus dem normierten Gebrauch der Sprache mit ihren erstarrten Bildern herauszufinden, wie Eleonore Frey bemerkt: „Im Erzählen wird eine Welt erschaffen, die in ihrer Entstehung fortlaufend ins Schwimmen bringt, was eben noch, gesichert in einem konventionellen Sprachgebrauch, feststand."

„Die Bilderspur", ist ein dichter Text der bleibenden Spuren von Abschieden und Abwesenheiten, von der Bewusstwerdung als Emanzipationsprozess von der Sprache der Bilder – der ‚Vatersprache' – und von der Suche nach eigenen Bildern und den Bildern in einer eigenen Sprache. In diesem Sinne kann er als Künstlernovelle, in der sich Kim ihre ganz eigene Sprach-Präsenz erschafft, verstanden werden.

Von der Trauer- und Erinnerungsarbeit zu ihrer persönlichen Geschichte geht Kim in ihrem zweiten Buch **„Die gefrorene Zeit"** (2008) zur Auseinandersetzung mit der Geschichte eines traumatisierten Mannes nach dem Kosovokrieg über. Der Roman wurde als „eines der wichtigsten Bücher dieses Jahres" (Peter Landerl, 27.8.2008) hervorgehoben, und so mancher Kritiker sieht Kims „größte Leistung" darin,

"Fachsprache, Mythos, Detailreichtum, Reflexion und Poesie zu vereinen in hoch konzentrierter Form" (Rolf-Bernard Essig). In ihrem fiktiven Text thematisiert sie eindringlich einen historischen Moment des 20. Jahrhunderts – "wie bohrend fragt der Text nach der Stellung der Toten in unserem Leben" (Essig).

Kims neunteiliger Roman handelt von der Suche des Kosovo-Albaners Luan Alushi nach seiner während des Kosovokrieges entführten Frau Fahrie. Nachdem er sieben Jahre vergeblich auf sie gewartet hat, begibt er sich in der Hoffnung auf Hilfe zum Wiener Suchdienst des Internationalen Roten Kreuzes. Dort begegnet er Nora, einer jungen Frau, die die Untersuchung leitet. Sie befragt ihn nach den Richtlinien des umfangreichen Ante-Mortem-Fragebogens. Von Beginn an befolgt sie nicht die Anweisung zur Distanzierung vom Befragten, sondern lässt sich auf seine und ihre Gefühle ein. Im Verlauf der mühevollen Gespräche erfährt Nora mehr und mehr einerseits über Fahries Identität, Persönlichkeit und ihr unkonventionelles Eheleben, andererseits über Luans Leben in der langjährigen Arbeitsmigration und dann "in der Endlosschleife" (33) seines Wartens auf Fahrie. Je vertraulicher die Fragen werden, desto näher kommen sich beide, bis sie schließlich eine Liebesbeziehung eingehen. Aber Luan verhält sich so, als ob Fahrie jederzeit auftauchen und ihn seiner Treulosigkeit bezichtigen könnte, und verwischt infolgedessen Spuren seines geheim gehaltenen Zusammenseins mit Nora. Dieses "Doppelleben" zeichnet sein Leben schlechthin aus: Er wird als jemand beschrieben, der in eine untergründige Parallelwelt abgetaucht ist, in der die Zeit seines Lebens stillzustehen scheint, da sie gefroren, nur "unendlich langsam" (32) vergeht. Aus der ihn vereisenden Hoffnung auf Fahries Rückkehr findet er ein halbes Jahr später heraus, als in einem Massengrab entdeckte Gebeine als die von Fahrie identifiziert werden. Seine gemeinsam mit Nora unternommene Reise nach Prishtinë führt zur endgültigen Trennung von ihr. In dem Moment, in dem die Suche abgeschlossen ist, wird offensichtlich, dass Luans und Noras Beziehung keinen Sinn mehr hat. Denn Luan, dessen Leben aus Warten und Hoffen bestanden hatte, steht nun vor der Leere.

Wie in „Die Bilderspur" beruht die Textkonstruktion auf einer chronologischen Umkehrung der Ereignisse (d. h. am Anfang steht Luans Feststellung, dass Fahrie gefunden wurde, am Ende Noras Frage nach dem Ziel seiner Suche) und auf einer zirkulären Erzählform. Luans fortschreitendes Erinnern und die daraus hervorgehende Rekonstruktion der Vergangenheit zeigt die Bewegung eines sich wiederholenden Vor- und Zurückkreisens. In dem Maße, wie sich Fahries Identität durch Luans Erzählen herausbildet, bauen sich gleichzeitig seine Persönlichkeit und seine Beziehung zu Nora auf, der Ich-Figur, aus deren Perspektive das Geschehen erzählt wird. Ungewöhnlich in dem narrativen Akt ist der Gebrauch des Du, mit dem die Ich-Figur Luan anredet und über ihn nachdenkt. Luan wird in doppelter Hinsicht zu einem Gegenüber: als Figur außerhalb der Ich-Figur und als Objekt eines inneren Dialogs – als ob er selbst Gegenstand einer Suche in Kims Akt des Schreibens wäre.

„Was wissen wir wirklich über den Menschen, den wir lieben?" (42), fragt Kim in ihrem Text. Mithilfe des Fragebogens soll die Identität einer verschwundenen Person ermittelt werden, aber je genauer die Fragen in ihr Leben eindringen, desto mehr verschwimmt das Wissen um sie, und der Zweifel steigt auf, ob die äußeren Eigenheiten wirklich ihre Identität erfassen können. Aber die Sprache ist konstitutiv für die Identitätskonstruktion der verschwundenen Person, sie tritt an deren Stelle. Zurück bleibt das, was die dadurch entstehenden Bilder jeglicher Art – der Erinnerung, des Malens, des Imaginierens – als Spur hinterlassen. Während Kim in „Die Bilderspur" gerade „auf das Wesen des Bildes" (Kim in Isabella Hager) zurückkommen will, vollzieht sich hier ein umgekehrter Prozess: „Anders verhält sich dies im Roman, der, genau umgekehrt, durch die Sprache, die Gespräche der Suchdienstmitarbeiterin Nora mit Luan, (…) erst Bilder entstehen lässt. Wo Luan die Bilderwelten nicht bewältigen kann, diese durch den Schmerz des Verlustes, ein Schweigen überdeckt werden, geht er auch der Sprache verlustig. Was liegt im Bereich des Sagbaren, was sagt der Wortwähler wirklich, wo steckt der Sinn in einem Wort, wenn man es zerlegt – Themen, die Anna Kim in ‚Die gefrorene Zeit' präzise erarbeitet." (Hager)

Im Rahmen des Projekts „mit Sprache unterwegs: Literarische Reportagen nach Joseph Roth" reiste Kim im Februar 2010 für einige Monate nach Grönland. Es entstand ihr Reiseessay **„Invasionen des Privaten"** (2011), in dem sich erneut das zentrale Thema der Erinnerung als Spurensuche zeigt. Die begeisterte Literaturkritik bemerkte, es sei ein „sehr persönlicher, auch stilistisch beeindruckender Bericht aus Grönland (…), eine geglückte Verbindung von Reportage, Essay und Poesie" (Georg Renöckl). Der Leser wird „gefesselt von den in historische und wissenschaftliche Fakten eingebetteten Beobachtungen und Gesprächen, die höchstes literarisches Niveau erreichen, (…) und wird Lösungen für einen angemessenen Umgang mit Zuwanderung oder den neuen Formen der Kolonialisierung suchen" (Frank Riedel).

Mit Bezug auf das Eingangszitat von Julia Kristeva richtet Kim ihr Selbst- und Fremdverständnis aus, das sich wesentlich von dem in ihrem Prosatext „irritationen" unterscheidet: Der Fremde ist genuiner, geheimer Bestandteil unserer selbst, er offenbart sich uns in der Begegnung mit ihm. Er verkörpert auch einen eigenen Raum der Sprache, Kultur und Geschichte. Dieser steht im ‚zerstörerischen' Gegensatz zu unserem heimischen bzw. gewohnten Raum, in dem er die vertrauten Referenzen unseres Denkens und Fühlens grundsätzlich infrage stellt. Vor diesem Hintergrund wird zum Auslöser für Kims Infragestellung ihrer selbst die Entdeckung ihrer physiognomischen Gemeinsamkeit mit den Inuit. Diese verhilft Kim zur Distanzierung von der „europäischen Sehweise" (32) und eröffnet ihr die Reflexion über ihre Identität als eine in Europa aufgewachsene und lebende Asiatin – wie sie es in ihrem Prolog formuliert.

In ihrem Essay zeigt sich ein Erzählbogen, der, folgt man den acht Kapiteln, eine Hin- und Her-Bewegung von außen nach innen und vom Fremden zum Eigenen vollzieht. Ausgehend von der Topologie der Hauptstadt Nuuk rollt sie die Geschichte der norwegisch-dänischen Kolonisierung Grönlands bis ins 18. Jahrhundert auf. Ihre Suche nach den Spuren der Inuitkultur gestaltet sich als schwierig, zu massiv und eindringlich hat sich die Kolonisierung ausgewirkt. Auf der Grundlage historischer Texte von ausnahmslos männlichen Autoren zeichnet sie ein düsteres, zwiespältiges Bild einer hinterhältigen Kolonialherrschaft, die jedoch von offiziellen Geschichtsquellen zu einer „sanften Kolonisierung" durch „Nicht-Kolonisatoren" (17) umgedeutet wurde. Der Mangel an topologischen Spuren führt Kim zu Gesprächen mit grönländischen Frauen vielfältiger ethnischer und sozialer Provenienz. Deren Biografien enthalten zwar Spurenreste der Inuitkultur, hauptsächlich jedoch diejenigen ihrer fortschreitenden „Ausmerzung" durch eine „Politik der Assimilation" (22) im 20. Jahrhundert. Infolge der „Dänifizierung" (25) entstand eine gemischte Gesellschaft, in der sich eine Hierarchie zwischen den Kolonisierten und Kolonisatoren etablierte. Noch heute repräsentiert das Dänische das Moderne und den Fortschritt, die Inuitkultur und -sprache das Rückständige und Aussichtslose. Der Titel „Invasionen des Privaten" lässt sich insofern als ein erbarmungsloser Eroberungsmarsch ins Innere einer Person (vgl. 44) verstehen, der nicht nur die Kolonisierten betrifft, sondern sich auch auf Reisende, von denen Kim eine ist, erweitern lässt. Beide stellen den Fremden dar, der von dem Kolonisator bzw. Ansässigen, aufgrund des Fehlens gemeinsamer Referenzen zuerst als ‚leere' Person wahrgenommen wird, um dann mit bekannten Identitätszuschreibungen eingeordnet zu werden, die jedoch die Eigenart des Fremden missachten.

Kims detaillierte Zusammenfügung historischer Fakten, Interviews, persönlicher Eindrücke und Empfindungen, Reflexionen über Identität endet mit dem Rückgriff auf den in der postkolonialen Theorie neu aufgeladenen Begriff ‚Hybridität', mit dem sie sowohl die heutige Identität der Grönländerinnen und Grönländer erfasst als auch die eigene, wie das Gespräch mit ihrer „Doppelgängerin" (94) Karen am Ende des Essays aufzeigt. Grönland – die Insel zwischen Nordeuropa und Kanada, die Heimat der Inuit, Eurasier und Dänen ist für Kim zum Raum geworden, in dem sie und von dem aus sie Identität und Hybridität zusammendenkt.

Neben der Erinnerung lassen sich in Kims Texten weitere zentrale Themen herausstellen: die Beziehung von Bild und Sprache, die Identität im Spannungsfeld zwischen Eigenem und Fremdem, die Formen der Fremdheit und Entfremdung und insbesondere die Frage nach dem Sterben und Tod „unter extremen Umständen" (Kim in Dietmar Krug). Bereits in ihrer Erzählung „Die Form der Erinnerung" findet sich eine erste Thematisierung des Suizids als Inszenierung aus voyeuristischer Sicht. In ihrem Roman **„Anatomie einer Nacht"** (2012) erscheint er als thematische Fortsetzung eines ‚Todeszyklus'. Begonnen mit dem natürlichen Tod des Vaters in „Die Bilderspur", setzt er sich mit dem gewaltsamen Mord in „Die gefrorene Zeit" fort und endet mit dem Suizid mehrerer Personen in einer grönländischen Nacht. Grönland hält nämlich den traurigen Rekord der höchsten Selbstmordrate in der Welt – wie es Kim bereits in ihrem Reiseessay, das als theoretische Abhandlung zum Roman verstanden werden kann, erwähnt. In dieser abgelegenen menschenleeren Region mit seiner extremen Eislandschaft hat Kim die Handlung ihres Romans verortet. Die zahlreichen beeindruckten Pressestimmen sprechen von einem „wunderbaren Roman" mit „eigentümlicher Farbe" (Tilman Spreckelsen), von einem „Stück politischer Literatur" (Andreas Wirthensohn), oder sie stellen Kims Roman „in große Traditionen" (Paul Jandl) und lesen „diesen atmosphärisch überwältigenden Roman ebenso als grandioses Landschaftsportrait wie als anthropologische Untersuchung oder als stille, tiefgreifende Meditation" (Carsten Hueck).

In ihrem Roman verwebt Kim subtil individuelle Lebensgeschichten, die auf authentischen Gesprächen mit Grönländern beruhen, mit den Konsequenzen der Kolonialgeschichte. Ihrem Vorgehen liegt ein spezifisches Literaturverständnis zugrunde: „Ich glaube, dass es eine Aufgabe von Literatur ist, den Fokus auf Menschen und Orte zu richten, die am Rand stehen und immer Gefahr laufen, vergessen zu werden. Die Situation in Grönland ist auch das Produkt der europäischen Kolonialpolitik. Das ist ein wichtiges Kapitel unserer Geschichte. Es sind vielleicht Randgebiete, die ich beschreibe, aber keine Randerscheinungen, die beschrieben werden." (Kim in Joachim Leitner)

[...]

Die erzählte Zeit im Roman erstreckt sich über fünf Stunden zwischen dem Beginn der Nacht um 22 Uhr und dem Beginn eines neuen Tages um drei Uhr in einer Spätsommernacht vom 31. August auf den 1. September 2008. Jedes der fünf Romankapitel zeigt zu Beginn den Übergang einer Stunde zur nächsten an und ist, bis auf das erste, in fünf Teile gegliedert. Die Exaktheit der Zeitangaben geht mit der im Titel implizierten Präzision und Schärfe einher. In der fiktiven Kleinstadt Amarâq wird die Nacht, der Raum des Geheimen und der Unordnung, mit wissenschaftlichem Blick aufgeschnitten, um die untergründigen Gefühle der Gewalt, Einsamkeit, Sehnsucht und Liebe der Frauen und Männer und die verschiedenen Suizidformen ans Licht zu bringen.

Ihre Handlungsmotive erscheinen eng mit der Stadt Amarâq verknüpft. Kim beschreibt sie als „Ortsschlucker" (18), als Ort ohne „Ausgang" (18) vergleichbar mit einem Schwarzen Loch; die umgebende Landschaft als Raum, in dem „die Erde in Wahrheit nicht das Gegenteil des Himmels, sondern seine Ergänzung ist: dass am Ende der Welt die Unterscheidung zwischen Himmel und Erde aufgehoben (…) ist". (19) Hier zeigt sich der Kontrast zwischen der Begrenztheit des ausweglosen Lebens der Individuen und der grenzenlosen Öffnung des Raums der Erde hin zum Universum, insbesondere in der Nacht, wenn die Grenze – das Blau des Himmels –, die das Tageslicht zum Vorschein bringt, wegfällt. Amarâq repräsentiert einen Ort der Implosion angesichts der Undurchdringlichkeit der Nacht, seiner polaren Kälte und der Immensität der Landschaft. Er ist auch eine Metapher für die Unendlichkeit des Innenraums, auf den das Individuum zurückgeworfen wird, das ihn einschließt und letztendlich verschluckt, wenn es die Grenze zwischen Innen und Außen nicht mehr unterscheidet. Kims außergewöhnlich poetisch-philosophische Natur- und Ortsbeschreibungen haben insofern in der Narration den gleichen Stellenwert wie die Figuren. „Es gehört zu den Glücksfällen in der Literatur, wenn eine mitreißend erzählte Geschichte sich im Sinne Georg Büchners den „Geringsten" zuwendet. Verbindet sich das mit einer Sprachkunst vom Feinsten, bleibt kein Wunsch offen." (Herbert Först)

Nach dem Essay **„Der sichtbare Feind"** (2015) zur zunehmenden Bedrohung des Privaten durch die weltweite Nutzung digitaler Technologien für die staatliche Kontrolle des Individuums und der Gesellschaft wandte sich Kim erneut einem historischen Thema zu. In ihrem „fabelhaften Roman" (Tilman Spreckelsen) **„Die große Heimkehr"** (2017) steht im Mittelpunkt die Halbinsel Korea im Jahrzehnt ihrer ideologisch-geografischen Teilung als Folge des Kalten Krieges zwischen der Sowjetunion und den USA und dem daraus hervorgegangenen Bürgerkrieg zwischen dem kommunistisch-moskautreuen Norden und dem kapitalistisch-proamerikanischen Süden. Es ist eine „leidvolle Geschichte der beiden Koreas, die noch heute Wunden schlägt"

(Spreckelsen). Kim inszeniert vor dem Hintergrund der Behauptungskämpfe politisch-sozialer Bewegungen grundlegende Themen menschlicher Existenz wie Liebe, Freundschaft, Repression, Engagement, Verrat, Verfolgung und Flucht anhand der drei Hauptfiguren Yunho Kang, Mino Kim (Johnny) und Yunmee (Eve Moon).

Der Titel liest sich wie ein Glücksversprechen, das das Schwarzweiß-Foto freudestrahlender Koreaner zu Beginn des Buches dem Leser suggeriert. Die Erinnerungen des 78-jährigen Yunho zeichnen hingegen ein gegensätzliches Bild von der „großen Heimkehr". Sie offenbaren ein „grundmelancholische(s) Buch" (Spreckelsen), als dessen Leitmotiv der Blues „Solitude" der Jazzsängerin Billie Holiday steht. Weitere bekannte Jazztitel wie „Blue Moon" (21), „I Only Have Eyes for You" (520), „These Foolish Things" (550) erklingen motivisch im Roman, evozieren klassische Liebesthemen wie Sehnsucht, Untreue, Trennung. Wie der Jazz bildet auch der Hollywood-Film, den Yunho und sein Freund Johnny als Jugendliche in ihrem Heimatdorf Nonsan durch ein „Wanderkino" (36) entdecken, ein Element der US-Soft-Power-Politik, die die südkoreanische Gesellschaft bis ins 21. Jahrhundert hinein zutiefst prägt. Kim veranschaulicht auf diese Weise, wie der amerikanische ‚Way of Life' zu vorbildhaften Referenzen für ein von der asiatischen Tradition losgelöstes Lebensmodell und Identitätsmuster werden, umso mehr als im Süden die US-Armee als Befreier von der japanischen Kolonialherrschaft angesehen wird.

Die Handlung des aus 19 Kapiteln bestehenden Romans ist in zwei Teile geteilt, von dem der erste 1959 in Seoul und der zweite 1960 in Osaka spielt. Wenn auch die Ereignisse der beiden Jahre im Vordergrund stehen, so erstreckt sich der erzählte Zeitraum von Mitte der dreißiger Jahre über die Jahre des Bürgerkrieges bis zur Etablierung der Militärdiktatur Park Chung-Hees im Süden und der Konsolidierung der Alleinherrschaft Kim Il-Sungs im Norden. In die Gegenwart ist die Begegnung Yunhos mit Hanna verlegt. Ihr Treffen bildet die Rahmenhandlung des Romans.

Vergleichbar mit Nora in „Die gefrorene Zeit" und Ella in „Anatomie einer Nacht" stellt Hanna vor allem eine „Rückenfigur (…) mit Blick von außen auf das fremde Land" (Ijoma Mangold) dar. Die junge, bei deutschen Adoptiveltern aufgewachsene Koreanerin mit einem „japanischen Akzent" (16) ist in Seoul auf der Suche nach ihren biologischen Eltern. Ihr Vorhaben und ihre Persönlichkeit werden von Kim nicht narrativ ausgeführt. Hannas Rolle beschränkt sich auf die einer distanzierten Zuhörerin aus Europa.

Bei ihrem ersten Treffen übersetzt Hanna für Yunho einen amerikanischen Brief ins Koreanische und teilt ihm auf diese Weise den Tod seiner ehemaligen Geliebten Eve mit. Ihre Frage nach Eves Identität bildet den Auftakt für Yunhos Rückblick auf sein Leben, seine Liebe zu Eve und seine Freundschaft zu Johnny sowie auf seine Suche nach seinem verschwundenen Bruders Yunsu und nach seiner eigenen und der geschichtlichen Wahrheit. Yunho und Johnny verbindet eine Freundschaft aus Kindertagen, beide wachsen auf dem Lande im Westen Südkoreas auf, Yunho als Sohn einer Haushälterin und eines Hofangestellten, die bei Johnnys Vater, einem Schuldirektor, arbeiten. Prägende Momente in ihrem von Schule und vom Reisanbau geregelten Alltag sind, neben der Entdeckung des Films, die erste Liebe, der Tod von Yunhos Vater und die Begegnung mit den als „Gespenster" (32) bezeichneten Leprakranken. In den Wirren des Bürgerkrieges verschwindet Yunho von einem Tag auf den anderen. Erst Jahre später trifft er Johnny in Seoul wieder und lernt bei dieser Gelegenheit dessen Geliebte Eve kennen. Sie fasziniert Yunho. Eine vor Johnny geheim gehaltene Liebesbeziehung entsteht, eine komplizierte Dreiecksbeziehung entwickelt sich. Diese wird umso komplexer, als Yunho, aufgrund seines älteren Bruders Yunsu, der Mitglied einer nordkoreanischen Guerilla-Gruppe ist, als Regimegegner gilt und „das Leben eines illegalen Flüchtlings, immer auf der Hut des koreanischen Geheimdienstes KCIA" (250), führt, Johnny durch Zufall in die paramilitärische, regierungstreue Nord-West-Jugend-Gruppe gerät und Eve, die als Informantin für den südkoreanischen und amerikanischen Geheimdienst arbeitet, beide ausspioniert und sich für die Bewegung des Generals Park Chung-Hee engagiert.
Nachdem Johnny den Nord-West-Jugend-Informanten Jinman, der über Eves Spionageaktivitäten informiert ist, auf einer Studentendemonstration gegen die durch Wahlmanipulation erreichte Wiederwahl des südkoreanischen Präsidenten Syngman Rhees, ermordet

hat, fliehen er, Yunho und Eve nach Osaka. Dort tauchen sie in der koreanischen Community, bestehend aus Regierungsgegnern, Kommunisten und aus den unter der japanischen Kolonialregierung verschleppten Koreanern, unter. Einige Monate später, als die Schülerin Eiko spurlos verschwindet und Johnny verdächtigt wird, sie entführt zu haben, macht er sich mit deren Freundin Tomoko Lee zur „großen Heimkehr" nach Nordkorea auf. Beim Abschied vereinbart er mit Yunho einen Briefcode, um ihn über seine Ankunft und seine Lebensbedingungen zu informieren. Als Johnnys Lebenszeichen ausbleiben, kehrt Yunho nach Südkorea zurück. Aus Angst als nordkoreanischer Spion verhaftet zu werden, lebt er versteckt auf einer von Leprakranken betriebenen Hühnerfarm, bevor er als Obdachloser in Seoul Eve wiederbegegnet. Gedankenlos überreicht sie ihm, der keine Adresse hat, ihre Visitenkarte, bevor sie in Begleitung ihres Ehemannes in die USA immigriert.

Die Handlung zeichnet sich durch vielschichtig ineinander verwobene zeitliche und narrative Ebenen aus. In den Rück- und Vorausblenden verknüpft Kim vergangene narrative Ereignisse mit gegenwärtigen anhand von Vergleichen und Assoziationen. Neben der Rahmenhandlung, die sich nur punktuell weiterentwickelt, wechseln Yunhos persönliche Erinnerungsgeschichten mit teils langen historischen Retrospektiven ab: Machtpolitische Expansionsbestrebungen der westlichen Großmächte und Japans in Asien seit dem Ende des 19. Jahrhunderts, unzureichend beachtete Ereignisse aus der Zeit der japanischen Kolonialherrschaft wie die Widerstandsbewegung in Form von heimlich durchgeführten Alphabetisierungskampagnen der Landbevölkerung mit Hilfe koreanischer Studenten, aber auch die Zwangsarbeit der verschleppten Koreaner in Japan, die sexuelle Versklavung der Koreanerinnen durch das japanische Militär sowie die Kollaboration mit dem Besetzer-Regime werden thematisiert. Im sachlichen Tonfall eines Geschichtsbuches erscheinen diese Rückblicke losgelöst von jeglicher Handlungsfigur. Wenn allerdings im Verlauf der historischen Darstellungen unerwartet in der ersten Person formuliert wird, wie beim folgenden Vergleich: „Ich frage mich, ob die Beziehung zwischen Koreanern und Japanern mit jener zwischen Juden und Deutschen vergleichbar ist. Auch im Fall von Korea und Japan sind die Opfer und Täter klar definiert" (71), stellt sich die Frage, welches ‚Ich' diese Parallele zieht. Diese dem Protagonisten Yunho zuzuschreiben, setzt voraus, dass er über ein transnationales Geschichtsverständnis verfügt. Die Vermutung liegt nahe, dass Kim den Leserblick aus dem eurozentrischen Geschichtsverständnis hinauszuführen sucht, um ihn auf Parallelen zwischen dem historischen Gedächtnis Koreas bzw. Asiens und dem Europas hinzuweisen.

Kims Anliegen besteht weniger in einer chronologischen Darstellung lückenloser Geschichtszusammenhänge, als vielmehr in der „Demontage" (Zit. in: Mangold) der historischen Gewissheiten. Was ist Wahrheit? Gibt es nur eine oder verschiedene Wahrheiten? Welche Rolle spielen Wahrheit und Lügen in den Erinnerungen? Der sich erinnernde Yunho spricht diese Fragen wiederholt an, nachdem er sich infolge eines Zeitungsfotos, auf dem er seinen verschwundenen Bruder Yunsu wiederzuerkennen meint, besessen auf die Suche nach ihm und der Wahrheit macht, um zu verstehen, was geschehen ist. Er erkennt am Ende, dass die *eine* Wahrheit eine Illusion ist. „Ich begann, nach der Wahrheit zu suchen – Sie müssen verstehen, ich bin mit der Illusion aufgewachsen, es gebe sie und es gebe bloß *eine*." (121).

Die Versprechungen, die den Koreanern im Rahmen der Kampagne für die „große Heimkehr" nach Nordkorea gegeben werden, erweisen sich letztlich als Lügen. Als humanitäre Aktion gepriesen und mit Unterstützung des Internationalen Roten Kreuzes organisiert, besteht das prioritäre Ziel für die japanische Regierung darin, sich der koreanischen Kommunisten und Regimegegner in Japan zu entledigen und den Entschädigungszahlungen an die koreanischen Zwangsarbeiter zu entgehen. Die „große Heimkehr" erweist sich in Wahrheit als „ein Euphemismus, ein Schlagwort aus dem nordkoreanischen Politjargon der Sechzigerjahre des vorigen Jahrhunderts. Er spielt mit dem Wunsch nach Heimat und täuscht seine Erfüllung vor." (Paul Jandl). Sie offenbart in Wirklichkeit den zahlreichen hoffnungsvollen Rückkehrern in Nordkorea einen Albtraum, aus dem sie mehrheitlich nicht aufwachten.

[...]

Für ihren Roman hat Kim jahrelang Recherchen durchgeführt, sei es in Archiven des Internationalen Komitees des Roten Kreuzes in Genf,

Osaka und Tokio, sei es in Form von Interviews mit deren Vertretern oder von Gesprächen mit ihrer Familie in Wien, Seoul und Daejeon. Dabei fand sie zufällig heraus, dass ihr Vater „1960 einer jener Gymnasiasten war, die an den Protesten gegen die Regierung teilgenommen haben, er hat die Demonstrationen mitinitiiert. Er kommt auch als kleine Nebenfigur in meinem Roman vor." (Zit. in: Steiner) Der Roman ist ihm gewidmet, Kim hebt jedoch hervor: „Mein Interesse an der politischen Situation hat überhaupt erst das Interesse für meine Familiengeschichte geweckt." (Zit. in: Ijoma Mangold) Ein „packender politischer Krimi" (Marietta Bönning) mit auto-biografischen Elementen ist entstanden, aber auch ein Roman im Grenzbereich zwischen Fiktion und Dokument. Denn er thematisiert sowohl individuelle Lebensgeschichten als auch kollektive Erfahrungen in politisch-sozialen Zusammenhängen über mehrere Generationen. In diesem Sinne steht Kims Roman der postmemorialen Literatur nahe, in der das Erinnern und Vergessen Schwerpunkt des Erzählens ist.

Wie Kim in ihrem poetologischen Essay **„Über die Dringlichkeit"** (2017) schreibt „ist die ‚Große Heimkehr' ein Abschluss, der vorläufige Abschluss des großen Themengebiets *Individuum, Politik und Gesellschaft*, oder, anders formuliert, mit diesem Buch beende ich meine Beschäftigung mit der Fragilität der Identität, an der ich mich seit der ‚Gefrorenen Zeit', also mehr als zehn Jahre, abgearbeitet habe." (28).

In ihrem fünften Roman **„Geschichte eines Kindes"** (2022), der wie eine „schockierende zeithistorische Momentaufnahme" (Katharina Teutsch) wirkt, greift Kim erneut diese Themen erneut auf, allerdings mit einer anderen Perspektive und in einem neuen geografischen Raum. Im Vorwort schreibt sie, die vorliegende Geschichte beruhe auf einem „Geschenk", ihr liege eine ihr erzählte Geschichte, „eine wahre Begebenheit" (5) zugrunde.

Die Binnengeschichte handelt von dem Afroamerikaner Daniel (Danny) Truttmann. Zwei Jahre vor Rosa Parks Busboykott (1955) und fast zehn Jahre vor dem Civil Rights Act (1964), das die Gleichstellung der Schwarzen Amerikaner gesetzlich verankert, wird Danny 1953 in der Provinzstadt Green Bay (Wisconsin) geboren, in der fast ausschließlich Weiße deutscher, polnischer und irländischer

Abstammung leben. Unmittelbar nach seiner Geburt gibt ihn seine alleinstehende Mutter zur Adoption frei und überlässt ihn der Obhut der Sozialbehörde.

Kim hat auf die Originalakte des Sozialdienstes der Erzdiözese zurückgreifen können, in der Dannys Geschichte von der Geburt im Juli 1953 bis zur Adoption und Integration in die Adoptivfamilie im September 1959 aufgezeichnet ist. In einem Interview weist sie darauf hin, dass sie sich der Akte bedient hat, um sich „die Sprache, den Tonfall und die Art der Beschreibungen (von Menschen, Räumen, Situationen) anzuschauen", dass aber im Roman „die Behörden-Vermerke ebenso erfunden [seien] wie die Personen" (Martin Oehlen, FR). Zur Konstituierung der im Roman enthaltenen Akte hat sich Kim auch auf anthropologische Schriften der dreißiger Jahre gestützt, wie das Quellenverzeichnis am Ende des Buches aufzeigt. Die Akte unterscheidet sich typografisch, stilistisch und erzählerisch von der Rahmenhandlung. Ihr Schrifttyp evoziert ein mit der Schreibmaschine geschriebenes Dokument, die Wörter und die Syntax den Stil der Verwaltungssprache. Für Kim ist es ein prioritäres Anliegen, den administrativen Sprachstil der fünfziger Jahre wiederzugeben und darauf aufmerksam zu machen, dass der Rassismus in der heutigen Sprache zwar nicht mehr deutlich erkennbar ist, aber weiter besteht. Es geht ihr darum, „einen Blick auf die Unterseite der Sprache: auf ihre Kehrseite" (5) zu werfen.

In drei voneinander getrennten Teilen veranschaulichen die chronologisch angeordneten Aktenauszüge, wie die Freigabe des neugeborenen Säuglings zur Adoption von der Sozialarbeiterin Marlene Winkler (MW) hinausgezögert wird, da die Mutter sich weigert, die wahre Identität des Vaters anzugeben. Die aus Österreich immigrierte Sozialarbeiterin insistiert auf die Notwendigkeit, Nachforschungen im Lebensumfeld der Mutter anzustellen, in der Hoffnung, diese trügen zur Identifizierung der biologischen Merkmale des Kindes bei. Denn die Klärung seiner Herkunft ist für das Sozialamt eine unabdingbare Voraussetzung dafür, eine passende Familie für ihn zu finden, damit er unter „seinesgleichen" (52) aufwächst. Solange „in der Rubrik Rasse nichts vermerkt" (49) ist, nicht geklärt ist, ob ihn „negride", „indianische" oder „europide" (21) Merkmale auszeichnen, kann er nicht zur Adoption freigegeben werden. Denn ein „farbiges Kind sei ein Risiko", man könne „(s)einen Ruf verlieren" (56), und die „meisten Interessenten wünschen sich weißen Nachwuchs, farbige Kinder seien notorisch schwer unterzubringen". (49)

Die unter den Initialen ‚MW' signierten Fakten und Details offenbaren nicht nur das komplizierte Leben der orientierungslosen Mutter, sondern vor allem ein aus der biologischen Klassifikation der Rassenlehre stammendes Beschreibungsvokabular, das den Säugling zu einem messbaren Untersuchungsobjekt entfremdet. Der zur Zeit des NS-Regimes ausgebildete anthropologische Blick der Sozialarbeiterin sucht regelmäßig das Gesicht des Säuglings nach Beweisen seiner afrikanischen Abstammung ab. Sehr deutlich zu erkennen, ist ihr zwanghafter Anspruch, die Entwicklung der körperlichen Eigenschaften sachdienlich aufzuzeichnen, in der Hoffnung, dass sich doch noch europäische Spezifitäten ausfindig machen. Gerade dieser biologistische Sprachstil bringt die rassistische Diskriminierung zum Vorschein. „Seine Lippen sind unverändert fleischig. Die Nase (...) vereinigt die primitiven Merkmale der Knopf- und Trichternase in sich. (...) Die Merkmale des Wirtsvolks sind in seinem Fall stark ausgeprägt, das Negride schimmert aber durch." (45)

Ist die Binnengeschichte in den fünfziger Jahren angelegt, verläuft die Rahmenhandlung zwischen 2013 und 2017 – im Jahrzehnt Barack Obamas, des ersten afro-amerikanischen Präsidenten, mit dessen Name der Roman anfängt. Sie erzählt die Begegnung der Ich-Erzählerin, einer jungen koreanisch-österreichischen Schriftstellerin Franziska (Fran), mit ihrer Vermieterin Joan Truttmann, Dannys Ehefrau. Sie kommen sich allmählich näher, vertrauen sich gegenseitig ihre Beziehungserfahrungen mit der Mutter an. Beide Frauen teilen die Tatsache, dass sie ihre Mütter ab einem bestimmten Moment aus ihrem Leben ausgeschlossen haben [...]. Beide teilen mit Danny die Erfahrung, dass ihre Mütter „lieber keine gewesen wären" (88).

Einen weiteren thematischen Schwerpunkt im Roman bildet die Frage nach der Fremdheit und der Identität. Joan konfrontiert Franziska, die sich „weder (als) Asiatin noch (als) eine asiatische Österreicherin, sondern (als) Fran" (99) sieht, mit ihrem asiatischen Aussehen und fragt, ob sie ihre Herkunft nicht verleugne. Die Infragestellung ihrer gewohnten Selbstwahrnehmung und die Verleugnung ihrer asiatischen Herkunft wecken die Erinnerungen an ihre Wiener Kindheit, an die Beziehung zu ihrer Mutter, ihrem Vater und deren Ehe sowie an die Rolle der Großmutter in ihrer Erziehung. Gerade sie trägt dazu bei, dass Fran ihre Mutter aus ihrem Wiener Leben vertreibt. Das hat zur Folge, dass sie auch ihr asiatisches Aussehen aus ihrer Wahrnehmung ausblendet. Ob Kim hier auf Frantz Fanons programmatisches Essay „Schwarze Haut, Weiße Masken" (1952) zum entfremdeten Selbstverständnis der Schwarzen als Folge der im Kolonialismus begründeten Diskriminierung anspielt, sei dahingestellt. Eine Parallele bietet sich gewiss an. [...]

Kims ergreifender Roman erweist sich als die vertiefte, ansatzweise bereits in ihrem frühen Essay „Invasionen des Privaten" vorhandene, Reflexion zur Fremd- und Selbstwahrnehmung eines pluri-ethnischen und -kulturellen Individuums in einer als mono-ethnisch definierten Gesellschaft.

Der vollständige Beitrag **„Anna Kim"** im Kritischen Lexikon zur deutschsprachigen Gegenwartsliteratur ist einzusehen unter: www.klg-lexikon.de.

ANNE FLEIG

Antje Rávik Strubel

Am Anfang war das Licht. Die Wahrnehmung von Licht und Schatten, von Hell und Dunkel charakterisieren das mittlerweile umfangreiche Werk der Autorin ebenso wie die Reflexion des Lichts in seinen Abstufungen und Brechungen, zumal in seinen Beziehungen zum Wasser. Dieser Reflexion entspricht die grundlegende Spannung im Verhältnis von Sprache und Wirklichkeit, die zum einen die Frage nach den Möglichkeiten und Grenzen einer realistischen Darstellung der Wirklichkeit, zum anderen die Infragestellung einfacher Gewissheiten nach sich zieht. Ihre präzisen Sprachkunstwerke lassen sich daher als ‚Lichtspiele' analysieren. Die vielfach ausgezeichneten Texte machen auf spezifische Weise sichtbar, wie Licht die Dinge zur Erscheinung bringt, perspektiviert und dadurch die Wahrnehmung der Wirklichkeit bestimmt. Dies kann zu Erwartungen und Wünschen, aber auch Projektionen führen. Aufgabe der Literatur ist es Rávik Strubel zufolge, das Unsichtbare sichtbar zu machen, Worte für das Schweigen zu finden und sich nicht der „Hochstapelei" („X – Was ist das und kann man es noch benutzen?") verdächtig zu machen. Die bewusste Auseinandersetzung und der spielerische Umgang mit den Grenzen der Wahrnehmung als Grenze von Schein und Sein prägen insbesondere die Erzählweise und das intertextuelle Verfahren der Texte. Sie sind Kompositionen, deren Konstruktionscharakter stets durchsichtig ist, und auch in diesem Sinne Lichtspiele.

Ihrem Debüt **„Offene Blende"** hat Rávik Strubel ein Zitat des irisch-amerikanischen Autors Colum McCann vorangestellt: „Wirkliches Licht zieht sich bei der Erinnerung an Licht zurück." Das Licht ist einerseits Darstellungsmittel, dessen Einfall, Stärke und Schattierungen das Geschehen der Texte auf spezifische Weise zur Erscheinung bringt, Dinge und Zusammenhänge sichtbar macht, aber auch Grenzen verschwimmen lässt. Das Licht ist andererseits eine Metapher für die Aufhellung und Aufklärung verborgener Herrschaftsmechanismen, abgelagerter Erinnerungen und unsichtbarer Prägungen. Schließlich ist

Licht ein konkretes Thema in mehreren Romanen wie in „Offene Blende", dessen Titel bereits auf Fragen von Belichtung, Täuschung und Wahrnehmung verweist. Das schillernde Lichtspiel in der Natur, zumal in ihrem Sehnsuchtsland Schweden, ist Gegenstand in Rávik Strubels Romanen „Kältere Schichten der Luft", „Sturz der Tage in die Nacht" und „In den Wäldern des menschlichen Herzens". Ihm entspricht ein poetologisches Programm der Sichtbarmachung, das in „Fremd Gehen" in folgende Worte gefasst wird: „Am Realismus gehen die schönsten Ideen kaputt."

In ihren 2013 veröffentlichten Thesen zur **„Technik der Dichterin"** lautet die letzte: „Ertränke deine Leser und deine Vögel im Licht." Schon diese Formulierung macht die Bedeutung des Lichts, aber auch die damit verbundene Überschreitung von Grenzen sowie die Infragestellung vordergründiger Gewissheiten deutlich. Zu diesen gehören vor allem die Ich-Identität der Figuren, Geschlecht, Sexualität und Zugehörigkeit. So lautet eine weitere These: „Sei viele. Sei jung und alt, weiblich und männlich, hell und dunkel zugleich." Die Rede von der Technik auf der einen und der Dichtung beziehungsweise der Dichterin auf der anderen Seite verdeutlichen das Spannungsfeld, auf das der Begriff Lichtspiel abzielt. Es ist das Spannungsfeld von Aufklärung und romantisch getönter Sehnsucht nach Grenzüberschreitungen, dem die Poetik der Autorin zwischen Realismus und Phantastik korrespondiert.

Die für alle Texte charakteristische Infragestellung bestehender Vorannahmen speist sich bei Rávik Strubel zum einen aus der Erfahrung des Lebens in der DDR, der Revolution von 1989 und der deutschen Wiedervereinigung, zum anderen aus den Erfahrungen als Frau und Autorin in einer männlich dominierten und heteronormativ strukturierten Gesellschaft. Beide Erfahrungswelten tragen zur intensiven Reflexion von Ausschluss und Zugehörigkeit in ihren Texten bei, die häufig doppelbödige Figuren und Lebensgeschichten entwerfen wie beispielsweise die Figur der Christiane/Jo in „Offene Blende", den Protagonisten Daniel Stillmann in ihrem Roman „Fremd Gehen", Anja/Schmoll in „Kältere Schichten der Luft" oder verschiedene Figuren in „Blaue Frau" einschließlich der Erzählinstanz selbst. In diesen Figuren durchdringen sich Eigenes und Fremdes, Männlichkeit und Weiblichkeit, Wirklichkeit und Fiktion auf vielfache Weise und gehen zugleich ‚fremd'; sie bleiben Fremde oder werden zu Fremden gemacht. Die Erfahrung der Differenz prägt sämtliche Texte der Autorin und schlägt sich auch im für sie bedeutenden Thema der Reisen und Ortswechsel nieder, das auf die Suche nach einem anderen Leben zielt.

Die beiden großen Erzählstränge dieser ‚Lichtspiele' bilden die sichtbaren und unsichtbaren Prägungen der Figuren durch die DDR bzw. die Zäsur der ‚Wende' und durch Geschlechterzuschreibungen. Die Auseinandersetzung mit dem Erbe der DDR im alltäglichen Leben, die Sehnsucht nach Grenzüberschreitungen, aber auch die Errichtung neuer sozialer und kultureller Grenzen hat die Autorin in verschiedenen Romanen thematisiert. Häufig treten diese Grenzziehungen in Zusammenhang mit Fragen geschlechtlicher Identität beziehungsweise Identitätssuche auf. Die Auseinandersetzung mit den Geschlechterverhältnissen, aber auch multiplen Identitäten sowie der Inszenierung und Performativität von Geschlecht und die normativen Grenzen der Zweigeschlechtlichkeit überschreitenden Beziehungen bilden den Generalbass ihrer vielstimmigen Texte.

Bereits die beiden ersten, zeitweilig nebeneinander entstandenen Romane der Autorin stellen das Ost-West-Thema in Verbindung mit Frauenbeziehungen dar und setzen damit zwei für die Autorin wichtige Themen an den Beginn ihres Schreibens. Darüber hinaus verdeutlichen sie, dass Identitätsfragen zentrale Fragen zeitgenössischen Erzählens darstellen, die die Autorin mithilfe markanter Perspektivenwechsel und metafiktionaler Erzählungen reflektiert. Dies gilt auch für die folgenden Publikationen **„Fremd Gehen. Ein Nachtstück"**, **„Tupolew 134"** und **„Vom Dorf. Abenteuergeschichten zum Fest"**. In „Fremd gehen" und „Vom Dorf" hat sie auch das Schreiben selbst zum Thema gemacht. Die Herausgeberfiktion in „Vom Dorf" problematisiert Fragen der Autorschaft, wobei Wunder und Wahnsinn des Weihnachtsfestes in der Frage kulminieren, wer die vorliegenden „Abenteuergeschichten zum Fest" eigentlich geschrieben hat.

Die Auseinandersetzung mit Geschlechterverhältnissen und Stereotypen führt Rávik Strubel sowohl mit Blick auf die literarische Tradition von Autorinnen als auch den Literaturbetrieb und die Inszenierung und Stilisierung der vorzugsweise jungen Autorin. Die Festlegung solcher neuer Frauenbilder hat sie in ihrem Essay **„Mädchen in Betrieb-**

nahme" (2003) heftig kritisiert und es stellt sich die Frage, was sich eigentlich verändert hat, wenn sie diesen Text fast 20 Jahre später auch in ihre Essay-Sammlung **„Es hört nie auf, dass man etwas sagen muss"** (2022) aufnimmt. Neben neueren Texten, darunter die Dankesrede zum Deutschen Buchpreis, sind hier auch ihre 13 Thesen zur Technik einer Dichterin noch einmal abgedruckt. Die Differenz zwischen ihrer persönlichen Identität und der als Autorin bringt sie durch den Zusatz Rávik (zuerst Rávic) in ihrem Künstlernamen zum Ausdruck, der in mehrfacher Hinsicht ein Dazwischen bezeichnet, ein Dazwischen, das sich gleichwohl verändert und durch beständiges Nachdenken über die Sprache charakterisiert ist, wie es der Wechsel in der Schreibung des letzten Buchstabens anzeigt. Wie eng Sagen und Tun für die Autorin zusammenhängen, macht auch ein Blick auf das 2013 von ihr kuratierte Schwerpunktheft der „Neuen Rundschau" deutlich, das unter dem Titel „Was dringend getan werden muss" eine scharfe Abrechnung mit dem Literaturbetrieb präsentiert.

In ihrem (dem Schwerpunkt vorangestellten) Text „Statt eines Editorials", der als Korrespondenz mit einem der Herausgeber der „Neuen Rundschau" inszeniert ist, fragt die Autorin nach den gegenwärtigen Möglichkeiten weiblicher Autorschaft. Anlass ist die Feststellung, dass nicht nur ein „eklatant unausgewogenes Verhältnis zwischen männlicher und weiblicher Präsenz" in Zeitungen und Zeitschriften, Talkshows oder Podiumsdiskussionen vorherrscht, sondern ebenso in ihrem eigenen Verlagshaus. Dabei handelt es sich um den Fischer-Verlag, in dem auch die „Neue Rundschau" erscheint. Die von der Verfasserin konstatierte „Unterbesetzung weiblicher Namen auf vielen der Cover" führt zur Bitte an die Herausgeber, sie zukünftig mit Heften zu verschonen, die solche „Schlagseite" haben. Der leichtfüßig wirkende, aber genau durchkomponierte Text durchläuft noch einmal die historische Entwicklung feministischer Positionen, um schließlich in der Gegenwart und beim vorliegenden Heft anzugelangen – einem Heft, in dem verschiedene Autorinnen zu Wort kommen, und das damit die Antwort auf die als Frage formulierte Feststellung gibt: „Was dringend getan werden muss".

Um das Problem, als Autorin immer auf den Status als Frau reduziert zu werden, zu umgehen, fragt dieses Heft grundsätzlich „nach dem Verhältnis zwischen Ich und Welt. Zwischen Schreiben und Erfahrung" und schließt an Diskussionen über literarische Arbeit und gesellschaftliches Engagement an. Schlagwortartig liefert das essayistische Ich eine Diagnose der Gegenwart: „Rückkehr des Konservatismus, freidrehender Kapitalismus, Utopielosigkeit, die Wiederkehr der Revolte als Pose und performativer Widerspruch, Individualitätsverlust bis hin zur Versklavung des eigenen Ich". Dabei stellt Rávik Strubel auch die grundlegende Frage, wie das Schreiben in Anbetracht der sprachlichen Konstitution der Wirklichkeit, von der sie sich nicht zu lösen vermag, gelingen kann; eine Frage, die ebenfalls der „Technik der Dichterin in 13 Thesen" zugrunde liegt.

Ihr erster Roman **„Offene Blende"** (2001) ist in New York angesiedelt und vollzieht eine Bewegung von Ost nach West, wie sie auch Uwe Johnsons Protagonistin Gesine Cresspahl in „Jahrestage" unternommen hat. Schon mit der ersten Überschrift bezieht sich Rávik Strubel selbstbewusst auf dieses Vorbild und inszeniert in ihrem Debüt ein Spiel mit der literarischen Tradition, die sie zitiert, in die sie sich aber auch einschreibt. Die weiteren Kapitelüberschriften bestehen ebenso aus Romantiteln, die die Konstruktion des Textes unterstreichen und zugleich einen literarischen Reigen inszenieren, in den sich nicht nur die Protagonistinnen einreihen, sondern auch der Text selbst.

Im Zentrum steht die *amour fou* von Leah und Jo, die früher einmal Christiane hieß und aus Eisenach stammt. Sie hat die DDR 1987 verlassen und sich an einem Off-Broadway-Theater ein neues Leben aufgebaut, das mit dem vollzogenen Wechsel ins Englische einhergeht. Der Sprachwechsel verdeutlicht nicht nur den engen Zusammenhang von Sprach- und Identitätsfragen, der in ihrem neuen Namen Jo zum Ausdruck kommt; er bestimmt auch die Nummerierung der zwölf Kapitel, deren Titel auf die Ablagerung von Geschichten verweisen, wie sie auch Jo/Christiane prägen. Leah hingegen – eine Fotografin aus der alten Bundesrepublik – kommt Jahre später nach New York auf der Suche nach einem Job und neuen Herausforderungen. Die beiden Frauen verlieben sich bei ihrer ersten Begegnung ineinander und verwickeln sich in ein kompliziertes, von Bildern reflektiertes Netz aus Anziehung und Ablehnung. Der Text thematisiert, was Fotografien zeigen, aber auch verbergen; inwiefern sie Wirklichkeit abbilden, aber auch entstellen. Die Kulisse hierfür bildet New York, dessen berühmtes Licht Leah bezeichnenderweise erst ganz am Ende in der Dunkelkammer entdeckt.

Auch der zweite Roman **„Unter Schnee"** (2001) verhandelt das Verhältnis von Ost und West nach der Wende und verbindet Fragen nationaler Identität mit alternativen Geschlechteridentitäten im Rahmen einer Liebesbeziehung zweier junger Frauen. Das Geschehen ist in den tschechischen Wintersportort Harrachov verlagert, wo sich Vera und Evy zu einem gemeinsamen Skiurlaub treffen. Hier haben sie sich zwei Jahre zuvor bei einer stürmischen Abfahrt kennengelernt, doch hält ihre deutsch-deutsche Fernbeziehung dem Alltag nicht mehr stand. Da aufgrund schlechter Wetterbedingungen die Lifte abgestellt sind, gelingt es nicht, neuen Schwung in ihre Beziehung zu bringen; vielmehr prägt Stagnation die Lage. Der Roman gliedert sich in 13 miteinander verwobene Erzählungen. Die unterschiedliche Perspektivierung des Geschehens durch die beiden Protagonistinnen wird durch die Sichtweisen anderer Figuren vor Ort kontrastiert, die sich wechselseitig erhellen und kommentieren. Darüber hinaus wird die Normalität einer scheiternden Beziehung mit der Faszination konfrontiert, die das Frauenpaar für die übrigen Touristen und Dorfbewohner bedeutet. Diese beobachten die beiden in ihrem Apartment, in der Sauna oder der Bar des Dorfes. Die voyeuristischen Blicke entlarven die unausgelebten Wünsche, aber auch die Abwehr der anderen. Dagegen entdeckt das Mädchen Adina sein eigenes lesbisches Begehren, als es die Frauen bei einem Kuss beobachtet (vgl. Claudia Breger, S. 165), sodass sich selbst die Schau-Lust multiperspektivisch entfaltet.

„Fremd Gehen. Ein Nachtstück" (2002) verbindet die Geschichte zweier Freundinnen mit der Erinnerung an die DDR und mit einem seltsamen Mordfall, dessen Bedeutung auf der Ebene der Spuren, der Zeichen von Anfang an in Einzelteile zerlegt ist, nämlich die einzelnen Teile einer Frauenleiche. Dieses mysteriöse „Nachtstück" beginnt wie ein Kriminalroman, mit einem Blick auf den möglichen Mörder Daniel Stillmann, der am Fenster steht und dadurch als jemand erkannt wird, „der er nicht war". Der Protagonist verdächtigt seinerseits einen alten Mann, der sich als ehemaliger Marineoffizier der DDR entpuppt und eine eigene, mörderische Beziehung zum Wasser unterhält, da er Mitschuld an einem politisch gewollten Tod eines Kollegen trägt.

Der Text breitet eine komplexe Verschachtelung verschiedener Erzählperspektiven und Erzählebenen aus, die auch typografisch unterschieden werden. Denn sein Spiel mit Identitäten und Spiegelungen, mit Fiktion und Wirklichkeit erweist sich als die Erfindung der beiden Frauen, die einen Roman schreiben. Doch lassen sich die beiden Ebenen – das Dargestellte im Roman „Fremd Gehen" und der Roman im Roman – nur bedingt voneinander unterscheiden, da die verschiedenen Geschichten miteinander verstrickt sind. Gleichzeitig ist in der hier präsentierten, durch und durch konstruktivistischen Weltsicht, der Sinn immer schon vom Namen vorherbestimmt (vgl. S. 146).

Mit ihrem vierten Roman **„Tupolew 134"** (2005) wurde Rávik Strubel einem breiterem Publikum bekannt. Er ist ein DDR-Roman und zugleich ein Roman über die DDR, der die Grenzen des Erzählens und die Grenzen der Erinnerung auf vielfache Weise zum Thema macht. Der Text basiert auf einem realen Ereignis, nämlich der Entführung einer polnischen Linienmaschine vom Typ Tupolew 134 am 30. August 1978. Auf dem Flug von Warschau über Danzig nach Berlin-Schönefeld zwangen zwei Menschen – ein Mann und eine Frau – mittels einer Schreckschusspistole die Flugzeugbesatzung auf dem Flughafen Berlin-Tempelhof zu landen, der amerikanisches Hoheitsgebiet war. Sie wurden vor ein Militärgericht gestellt, aber letztlich frei gesprochen. Dieses Ereignis nimmt der Roman zum Anlass für eine literarische Erkundung der DDR und die Erinnerung an ein versunkenes Märchenland.

Der Text verhandelt die doppelte Geschichte einer Republikflucht, da der kurz entschlossen erfolgten Flugzeugentführung im Roman die lang geplante, aber zuletzt verratene Geschichte einer Flucht aus der DDR gegenübergestellt wird. Im Zentrum des Geschehens stehen Katja Siems, Lutz Schaper und Verona, die Kollegen in einer Lkw-Fabrik in Ludwigsfelde sind, sowie Hans Meerkopf, ein Ingenieur aus dem Westen. Die Kollegen pflegen einen freundschaftlichen Umgang, doch sowohl Lutz als auch Verona hegen uneingestandene Gefühle für Katja. Die Protagonistin beginnt eine Affäre mit Hans, der regelmäßig die Fabrik in Ludwigsfelde besucht. Ob die Liebesaffäre Katja auf den Fluchtgedanken bringt oder ob es sich womöglich umgekehrt verhält, lässt sich wie vieles andere nicht mit Gewissheit sagen. Doch vertraut sie Lutz an: „Ich lebe nicht mehr gern so." Hans besorgt falsche Ausweispapiere, die er in Polen übergeben soll, indes wird der Plan verraten. Es bleibt offen, wie es dazu kam und wer es war; sicher ist nur, dass es verschiedene Versionen der Ereignisse gibt. Zu Beginn des Romans erklärt die Erzählinstanz adressiert an eine Journalistin: „Ihre Geschichte ist wahr. Aber wie wollen Sie Wahrheit beweisen." Der metafiktionale Charakter des Textes wird auch dadurch unterstrichen, dass die Geschichte der ‚doppelten' Republikflucht durch einen doppelten Versuch der Wahrheitsfindung hervorgebracht wird, nämlich demjenigen des amerikanischen Militärgerichts, dem der Fall von der deutschen Bundesregierung übergeben wird, und dem Versuch der Presse, die 25 Jahre später darauf zurückkommt. Ähnlich wie in den Romanen der gleichaltrigen Autorin Juli Zeh kann auch hier das Gericht die Wahrheit nicht beweisen, doch lebt die Demokratie davon, genau diesen Zweifel auszuhalten.

Das Geschehen wird auf drei Zeitebenen reflektiert: der Flugzeugentführung und der darauf folgenden Gerichtsverhandlung, der Vorgeschichte sowie der Erinnerung an den Fluchtversuch 25 Jahre später. Die Schichtung der Zeitebenen wird in das Bild des Schachts gefasst und mit kurzen Überschriften wir „unten", „ganz unten" und „oben" versehen, die den Erinnerungsprozess verräumlichen. Wer die Geschichte ans Licht holen will, muss in das Bergwerk der Erinnerung fahren. Der Roman überschreitet realistische Darstellungsweisen, indem er die Vergegenwärtigung historischer Lebenswelten mit einem spröden und zugleich märchenhaften Erzählen verknüpft. Der Schacht nimmt nicht nur die romantische Vorstellung vom Unbewussten und Wunderbaren auf, sondern bezieht sich auch auf Franz Fühmanns posthum veröffentlichten Bergwerksroman „Im Berg. Bericht eines Scheiterns". Ähnlich wie bei Fühmann wird „die Erkundung der Vergangenheit mit einer schonungslosen Analyse des eigenen Tuns" (Ingeborg Gerlach, S. 68) verbunden. Während Strubel mit Fühmann romantische Motive zur kritischen Darstellung der DDR unterstreicht, kehrt die offizielle Forderung nach Realismus in der Ludwigsfelder LKW-Fabrik wieder, eine Realität freilich, der die Figuren zu entkommen suchen. Diese Reflexion der Bedingungen des Erzählens erinnert schließlich auch an Uwe Johnson, dem schon das Debüt der Autorin

Tribut gezollt hatte. Die Frage des Erzählens nach dem Ende der DDR wird so auch zur Frage nach den Grenzen und Möglichkeiten des Erzählens in der DDR, die unter Rekurs auf die sogenannte ‚romantische Wende' innerhalb der DDR-Literatur reflektiert wird.

Neben dem zentralen Thema des Lichts ist es das Wasser, und zwar sowohl in seiner Qualität als Spiegelungs- und Reflexionsfläche als auch als weiblich konnotierte, trügerische Tiefe, welches viele Texte der Autorin bestimmt. Dies hatte sich schon in „Fremd gehen" gezeigt und gilt erst recht für die Romane **„Kältere Schichten der Luft"** (2007), **„Sturz der Tage in die Nacht"** (2011) oder **„Blaue Frau"** (2021). Unter Rückgriff auf den romantischen Motiv- und Themenkomplex Wasser und Weiblichkeit inszeniert „Kältere Schichten der Luft" ein folgenreiches Spiel um wechselnde Geschlechteridentitäten, das die erzählte Welt bedroht und drastische Gegenreaktionen provoziert.

Angesiedelt ist das Geschehen in einem schwedischen Kanu-Camp, das gelangweilten Berliner Jugendlichen ein Outdoor-Erlebnis bescheren soll und dabei bewusst auf jeden Komfort verzichtet. Betrieben wird das Camp von Gestrandeten und Außenseitern, die alle auf die eine oder andere Weise ‚Wendeverlierer' sind und auf folgende Anzeige reagiert haben: „Weg mit alten Hüten! Raus aus der eigenen Haut! Lust auf was Neues? Dann auf in die Wildnis! Die Natur stellt keine Fragen. Engagierte Leute für Jugendcamp in Värmland, einem der schönsten Seengebiete Schwedens gesucht!" In der Folge führt der Text sehr genau vor, wie schwer es ist, alte Gewissheiten aufzubrechen, und welche Bedrohung zugleich von denen ausgeht, die es versuchen. So etablieren die Aussteiger im Zeltlager eine klare Hierarchie, während moralische Beliebigkeit und lauernde Aggression, die sich in Gewalt entladen, das gemeinsame Leben charakterisieren.

Im Zentrum steht die Beziehung von Anja, einer lesbischen Camp-Mitarbeiterin, und einer jungen Frau, die aus dem See zu kommen scheint, und Anja mit dem Namen Schmoll ruft. Die unbekannte, rätselhafte Frau nennt sich Siri und unterscheidet sich bereits durch ihre äußere Erscheinung deutlich von den Leuten im Camp; ihr Name verweist auf den Zaubergesang der Sirenen, sie trägt aber auch Züge der romantischen Undine-Figur. Siri fühlt sich durch Anja an ihren früheren Geliebten Schmoll, einen Schiffsjungen, erinnert und beginnt sie beziehungsweise ihn zu umwerben. Anja nimmt allmählich die Identität des Jungen an und es entspinnt sich nicht nur eine zarte Liebesgeschichte, sondern auch ein Vexierspiel verschiedener Identitäten, das die Frage umkreist, was wirklich ist oder wie es gewesen sein könnte. Am Ende heißt es über den Jungen: „Er weiß, daß diesen Tagen, in denen sie anwesend war, nichts folgen wird. Nichts außer einem langen Warten. Einem einzigen gleichförmigen Ton, der gemacht ist aus Hitze, dem Flirren der Sonne über Staubfeldern und Erntemaschinen, aus Rissen in der heißen Erde und dem Wunsch sich aufzulösen, hinein in die kälteren Schichten der Luft."

Dass diese kälteren Schichten der Luft auch die „Fröste der Freiheit" (Gisela von Wysocki) reflektieren, hatte schon die Protagonistin in „Fremd Gehen" durchblicken lassen: „,Darling', erklärte sie ruhig. ,Es muß erst kalt sein, damit das Licht schön wird. Ist dir das noch nie aufgefallen? Eiskalt. Und siehst du so, so lebe ich. Das habe ich auch zu ihm gesagt." Dieses Lebensmotto versucht sich auch die Vogelschützerin Inez in „Sturz der Tage in die Nacht" zu eigen zu machen, die von der Gesellschaft zurückgezogen auf einer kleinen schwedischen Insel lebt und Vögel beobachtet. Ihr Leben wird durcheinandergeschüttelt, als ein junger Mann namens Erik und Rainer Feldberg, ein ehemaliger Stasi-Offizier, auf der Insel erscheinen. Erik, ein Nachwendekind und „Erbe" des Ostens, erkennt schnell, dass Inez eine DDR-Vergangenheit hat, von der diese aber partout nichts preisgeben will. Inez und Erik beginnen eine von Anfang an geheimnisumwobene Liebesaffäre, während der Text aus verschiedenen Perspektiven enthüllt, dass sie Mutter und Sohn sind, sich aber nie kennengelernt haben, da die 16-jährige Inez das Kind auf Druck der Stasi sofort nach der Geburt zur Adoption freigegeben hatte. Die Stasiverstrickung wird durch Rainer Feldberg aufgedeckt, der nicht nur an der Erpressung zentral beteiligt war, sondern die alten Methoden immer noch beherrscht („Angriffsfront Intimleben") und nun im Auftrag von Felix Ton, dem früheren Geliebten von Inez und dem Vater des Jungen, nach dem ,verlorenen Sohn' fahndet. Die vermeintlich rührende Inszenierung der Vatergefühle soll dem durch und durch korrupt gezeichneten ,Wendegewinner' Ton im Wahlkampf für die CDU helfen. Inez dagegen hat sich der Beobachtung des Aufzuchtverhaltens der Trottellummen verschrieben. Der Sturz der Küken von den Steilfelsen über der Ostsee wird zum Sinnbild des Sturzes, den sie selbst verkraften musste, in den sie aber auch ihr eigenes Kind gestoßen hat; ein Fall, dessen grundstürzende Bedeutung im Titel des Romans zum Ausdruck kommt, der auf den Inzest rekurriert. Dabei liegt das bewegende Moment dieser Inzestgeschichte, die Tag und Nacht, Hell und Dunkel verkehrt, darin, dass der Inzest letztlich auch im Wissen um das Mutter-Sohn-Verhältnis aus Liebe vollzogen wird. Die Infragestellung von persönlichen und moralischen Gewissheiten wird hier sensibel auf die Spitze getrieben, Schuld und Verantwortung durchdringen sich auf vielfache Weise. Zugleich nimmt die Auseinandersetzung mit dem Erbe der DDR in diesem Roman – teilweise hoch spannende – Züge einer Abrechnung an. Für die realistische Darstellung der Stasimethoden hat sich die Autorin mit ehemaligen Mitarbeitern der Stasi getroffen; gleichzeitig wird deutlich, dass es nicht nur *eine* Geschichte gibt, sondern dass in jede Geschichte weitere eingelagert sind, die am Grund des Schachts liegen wie in „Tupolew 134" oder als Schwamm am Meeresboden versteinert sind. Auch in „Sturz der Tage in die Nacht" steht die Frage danach, was war, der Frage, was und wie es gewesen sein könnte, gegenüber: „Die Ostsee ist verspielt. Im Grunde ist sie nur ein See, aber sie öffnet sich dem Atlantik weit genug, um den Anschein eines Ozeans zu erwecken. Die Ostsee täuscht das Meer gewissermaßen nur vor." Darüber hinaus werfen Schuld und Verrat sowie die problematische Rolle des Sensationsjournalismus die ethische Frage nach Verantwortung und Wahrhaftigkeit unter den Bedingungen der SED-Diktatur, aber auch in der Bundesrepublik auf.

Ein kompliziertes Text- und Beziehungsgeflecht nicht nur über Ländergrenzen, sondern zwei Kontinente hinweg – zwischen Brandenburg, Schweden und den USA – entwirft auch der Roman **„In den Wäldern des menschlichen Herzens"** (2016), der mit den beiden vorigen Romanen eine Trilogie der Grenzüberschreitungen, insbesondere der Überschreitung von Grenzen des Geschlechts, des Begehrens und des Selbstverständlichen bildet. Diese Überschreitung führt hier zu einem kunstvoll komponierten Reigen aus Bruchstücken und Fragmenten: Die lesbischen Zweier- und Dreierkonstellationen, die den Schauplätzen des Textes korrespondieren, brechen auch die Gewissheit der Romanform auf, wie die Bezeichnung „Episodenroman" andeutet.

Der 2021 mit dem Deutschen Buchpreis ausgezeichnete Roman **„Blaue Frau"** führt mit der titelgebenden, aber unbestimmt und namenlos bleibenden Figur die Frage nach den Möglichkeiten des Romans und des Erzählens fort. So erinnert das Erscheinen der blauen Frau an Auftritte, schon beim ersten Mal erstrahlt sie im klaren Licht, immer wieder taucht sie an einer unscheinbaren Hafenbucht auf, in der schon die Schiffe für den Winter hochgezogen werden. Die blaue Frau ist eine Grenzgängerin der Elemente, aber auch des Übersetzens und der Reflexion, sie lässt die Erzählung immer wieder „innehalten", schaltet sich dazwischen und steht in Dialog mit der Ich-Erzählerin, die zugleich als Schriftstellerin kenntlich wird und Züge der Autorin Rávik Strubel trägt. Die nicht linear erzählte Handlung kreist um eine traumatische Leerstelle, die Vergewaltigung der Protagonistin Adina Schejbal, des erwachsen gewordenen Mädchens aus „Unter Schnee". Hatte dieser frühe Roman das deutsch-deutsche Verhältnis nach der Wende thematisiert, so erweitert „Blaue Frau" den Radius beträchtlich. Der Roman umkreist mit der Vergewaltigung das Machtgefälle zwischen West und Ost im Rahmen der EU und ist an jeweils randständigen Schauplätzen in Tschechien, Berlin, der Uckermark und Helsinki angesiedelt. Adina ist im offenbar menschenleeren tschechischen Riesengebirge aufgewachsen und kommt in den Nullerjahren nach Berlin, um einen Deutsch-Sprachkurs zu machen und dann zu studieren. Die Fotografin Rickie vermittelt ihr ein Praktikum in einem entlegenen Gut an der Oder, das ein zwielichtiger Unternehmer namens Razvan Stein zu einem Ort der Verständigung zwischen Ost und West ausbauen will. Er heuert dafür vorzugsweise junge Frauen aus verschiedenen ‚osteuropäischen' Ländern an, deren prekäre Arbeitsverhältnisse, ohne dass dies ganz explizit wird, vermutlich die Grenze zur Prostitution überschreiten. Auf jeden Fall ebnet der exotisierende Blick auf die weiblichen Körper aus ‚dem' Osten die Differenzen zwischen ihren Sprachen, Ländern und Geschichten ein. Dies wird besonders deutlich, als der Kulturförderer und „Multiplikator" Johann Manfred Bengel auf den Plan tritt, der mit EU-Subventionen winkt und bei seinen übergriffigen Annäherungsversuchen Adina wiederholt als Russin anspricht, bis er sie eines Nachts vergewaltigt und vermutlich anschließend in einen Kühlschrank sperrt. Am nächsten Tag versucht sie sich der Mitarbeiterin einer Schweizer Kulturstiftung anzuvertrauen, die Adina mit den Worten zurückweist: „Sind solche Anschuldigungen im Moment nicht sehr in Mode?" Der Protagonistin gelingt es zu fliehen und sich nach Finnland, dem „Scharnier zwischen Ost und West", zu retten, wo sie den estnischen EU-Abgeordneten Leonides kennenlernt. Als überzeugter Europäer und Menschenrechtsexperte prangert er immer wieder die Überheblichkeit des Westens an, erkennt aber nicht das Leid der Protagonistin. Sie ist für ihn nur einmal mehr eine Projektionsfläche, was sich auch daran zeigt, dass er wie die deutschen Männer immer neue Namen für sie erfindet. Die durch ihre Erlebnisse betäubt wirkende Adina beginnt in Helsinki allmählich, ihr Leben neu zu ordnen, Geräusche wahrzunehmen, Vergangenheit und Gegenwart zu unterscheiden. Sie lotet ihre Handlungsmöglichkeiten aus und überlegt mit Hilfe der finnischen Abgeordneten Kristiina, Anzeige gegen den Vergewaltiger zu erstatten, der weiter in der europäischen Kulturförderung aktiv ist. Doch erreichen die juristischen Fachbegriffe die Wirklichkeit der Protagonistin nicht. Am Ende sieht sie vom Gerichtsverfahren ab, sinnt aber über Vergeltung nach, während die Erzählerin mit der blauen Frau über mögliche Formen der Gewaltdarstellung spricht. Der Roman verankert einerseits die Frage des Weiterlebens nach einer Vergewaltigung im europäischen Menschenrechtsdiskurs und entlarvt andererseits das vielschichtige West-Ost-Machtgefälle, das selbst diesen Diskurs durchzieht: „Hier wird nicht gelitten, hier wird, hopphopp, weitergelebt!"

Der vollständige Beitrag **„Antje Rávik Strubel"** im Kritischen Lexikon zur deutschsprachigen Gegenwartsliteratur ist einzusehen unter: www.klg-lexikon.de.

Kalina Kupczynska

Teresa Präauer

Teresa Präauer ist schreibende Malerin, Arbeit an Bildern und Arbeit an Texten durchziehen ihre Biografie. Die literarische Kritik äußert sich über ihr Prosawerk sehr wohlwollend, sichtlich überrascht und bezaubert durch die neue Stimme der deutschsprachigen Literaturszene. Sucht man nach einem gemeinsamen Nenner der Prosatexte von Präauer, so bietet sich als Erstes der spielerische Umgang mit der Sprache an – Insa Wilke spricht von einer „Falltür, (...) die sich im vermeintlich festen Boden der gehobenen Umgangssprache auftut, sobald Teresa Präauer die Dinge und Menschen beim Wort nimmt". Ihr „Wortsog" ließ Vergleiche mit „dem frühen Peter Handke der Sechziger oder einem Rainald Goetz der Achtziger Jahre" anstellen (Marcus Böhm). Die gattungsmäßige Willkür ist ein anderes Merkmal der Prosa von Präauer – die Bezeichnung „Roman" ist als eine allgemeine Orientierung gegeben, man muss aber eigentlich von einem Genre-Mix sprechen – so wie man in der bildenden Kunst von einer Materialmischung spricht. Dahinter steht womöglich eine Collage- bzw. Experimentierlust der Zeichnerin. Auffallend eigensinnig und frei ist Teresa Präauer in der Auswahl der Themen und in der Kombination der literarischen Motive.

Schreiben ist eine luftige Angelegenheit, es kommt aus der Ferne, es vollzieht sich in den blauen Höhen des Himmels. Eine (fiktive und fiktionale) Landschaft überfliegen heißt sie er-schreiben, mit einem Flugzeug, begleitet durch eine Vogelschar – wer fliegen kann, lernt auch schreiben: Zwischen einer Vogel- und Froschperspektive erstreckt sich das Erzählen in Teresa Präauers Erstlingsroman, der 2012 mit dem aspekte-Preis ausgezeichnet wurde. Zwei Kinder, Brüder, verbringen den Sommer bei den Großeltern – sie beobachten und beleben die kleine Welt des ländlichen Häuschens, mit einem Garten, in dem Vögel leben. Die kleine Kinderwelt beschränkt sich jedoch selten auf das Hier und Jetzt – der Großvater nimmt die Brüder mit auf die Reise in die Vergangenheit, in eine Geschichte, in der er irgendwo in der weiten Welt, mit einer zierlichen Japanerin eine Notlandung und eine Liebe erlebt. Die Erinnerung ist subtil und flüchtig, Düfte, Farben und Gesten ersetzen in ihr die fehlende gemeinsame Sprache der Liebenden. Hoffnung auf eine Zukunft mit der japanischen Geliebten zeichnet sich am Horizont ab, daher arbeitet der junge Großvater an der Reparatur des Flugzeugs, um sich mit ihr Richtung Horizont zu erheben. An der Maschine hängt die Erwartung eines Zweiflugs; Erzähltechnisch schafft die Reparatur Raum für das Festhalten des Moments der entrealisierten Zweisamkeit.

Entrealisiert, ins Träumerische und Imaginäre übergehend ist der Erzählduktus des Romans, der Perspektivenwechsel – von der Erde zum Himmel und zurück – erhält das Erzählen in der Schwebe zwischen der Kinderwelt, der Geschichte des Großvaters und der Über-Sicht einer Fliegerin, die hier, so kann man es lesen, die Schreibregie führt. Jede Perspektive wird von einem Ich geführt, keine bekommt individuelle sprachliche Züge. Keine Spur von Individualisierung oder psychologischem Tiefgang bei der Beschreibung der Figuren lässt sich vernehmen – diese werden mehr skizziert als beschrieben; nicht um Charaktere geht es hier, sondern um einen Zustand der Sprache, in dem sie sich über das gewöhnliche Nacherzählen hinausbewegt und eine Eigenständigkeit – der Bilder, der Motive – beansprucht. Es ist auch die sprachliche Raffinesse, die Poetizität der gezeichneten (Luft-)Räume, die das Narrativ ästhetisch prägen. Die narrativen Stimmen verbindet die Leichtigkeit der Sprachbilder, die nicht zwischen der Sprache der Kinder und der Erwachsenen unterscheidet. So vermittelt der Roman zuweilen das melancholische Fernweh eines Saint-Exupéry, ohne dass dessen Sprachbilder sich zu symbolträchtigen Szenen fügen – bei Präauer sind sie stets durch die kindlich-surreale Lust am und die Sehnsucht nach dem Fliegen geprägt. Der leichte Hang zum Surrealen – die Brüder, die sich im Atlas der Aviatik „Männer in Vogelkostümen" anschauen (man wird an Max Ernsts Vogelwesen erinnert), um nachher auf der Wiese mit selbstgebastelten Flugzeugen das Fliegen (und Abstürzen!) zu üben – geht nicht in Visionen von fliegenden Mensch-Maschinen auf, vielmehr wird er ins Märchenhafte umgewandelt, wenn die Fliegerin mit ihrer Vogelschar unterwegs ist. Ebenso märchenhaft mutet der titelgebende „Herrscher aus Übersee" an, eine

Phantasiefigur, die der Großvater *en passant* ins Spiel bringt, ohne dass sie an Konturen gewinnt. Paul Jandl hat dem Roman „abgründige Techniken des Surrealismus" sowie „collagehafte Technik" attestiert; auch andere Rezensenten priesen die visuelle Qualität der Sprache, Swantje Karich bezeichnete den Roman als ein „Prosagemälde". Eine auditive Komponente hat dagegen Götz Fritsch dem Text abverlangt – 2016 wurde **„Für den Herrscher aus Übersee"** als Hörspiel produziert.

Im Motto zum Roman heißt es: „Ich bin mit dem Schreiben nicht nachgekommen, da hab ich mich ins Fluggerät gesetzt und bin losgeflogen" – so suggeriert der Text die Federführung der Fliegerin. In die Welt der Aviatik und der Träume entführt der Großvater-Pilot, der klassische, hier aber recht eigensinnige Märchenerzähler. Präauers Affinität zum Märchenhaften zeigte sich bereits in **„Gans im Gegenteil"** (2010), einem Kinderbuch, das sie mit Wolf Haas gemacht hat – die Autorin lieferte Zeichnungen zu dieser verspielten Geschichte über einen Fuchs, dessen Fell in falsche Richtung gewachsen ist. Gans im Gegenteil kommt dem Fuchs zu Hilfe und so erklärt sich auch ihr Name – durch ihren Trick wird das lockige Fell wieder glatt. Die Vorliebe der Autorin für Genre-Mixe zeigte sich bereits 2009 mit dem Postkarten-Set „Taubenbriefe von Stummen für anderer Vögel Küken", wo poetische Kurztexte Zeichnungen imaginärer Vögel begleiten und kommentieren.

Ihre Kenntnisse aus dem Bereich der bildenden Kunst zeigte Teresa Präauer in ihrem zweiten Roman **„Johnny und Jean"** – einem Roman über die Freundschaft im Kunstbetrieb, über Klischees zum Thema ‚Kunstbetrieb' und über Kunst. Die Kritiker schwankten bei der Genrebezeichnung zwischen Kunstsatire, Generationen- und Künstlerroman. Der Ich-Erzähler Johnny erzählt – konsequent im Präsens – über seinen Namensvetter Jean, dessen Freund er werden möchte, zu dem er hochblickt, mit dem er sich vergleicht. Angesprochen wird dabei der Alltag einer Kunsthochschule genauso wie die Konkurrenz unter angehenden Künstlern; Kreativität, das abgedroschene Zauberwort der Kunstszene, erscheint als ein zugleich belächeltes und kostbares Gut. Die Erzählperspektive des betont jungen und unsicheren Johnny zeigt die mythenumwobene Kunstwelt aus einer angenehm nüchternen Distanz, die nicht kalkuliert wirkt, weil sie aus der Unerfahrenheit der Figur resultiert.

Gekonnt wird die anfängliche Blauäugigkeit von Johnny zuweilen mit Frechheit und Übermut gewürzt – sein Jungsein wird so unterschwellig auch als gefragte Ware auf dem Kunstmarkt thematisiert.

Die Qualität des Romans besteht vor allem darin, die Phänomene der zeitgenössischen Kunstwelt in Gesprächen unter angehenden Künstlern vorurteilos zu schildern. Es wird über einen Künstler sinniert, der seine abgeschnittenen Fingernägel und Haare in Gläsern aufbewahrte, um sie anschließend auszustellen, es werden Performances des erfolgreichen Debütanten Jean geschildert (Schwarz-Weiß-Kopien von Geldscheinen zum doppelten Preis, riesige Nasen und Ohren aus Pappkarton für Ausstellungsbesucher). Am Beispiel von Jean wird klar: Zum Erfolg in der Kunstszene gehört genauso Fantasie wie ein gekonnter Umgang mit vermögenden Mäzeninnen; Selbstdarstellung und sparsamer Umgang mit dem eigenen Charisma schließen sich nicht aus, im Kunstmarkt wird laviert. „Ob man seine Kunst für Geld macht" ist ein Dilemma, das Johnny beschäftigt, sobald auch er seinen ersten Kunden trifft, und wie man seinen Wert einschätzt, „nicht zu niedrig, nicht zu hoch" (S. 185). Manierismen der Galeristen – „Ausstellungstitel nur mit Stabreim" (S. 53) – sowie vorübergehende Moden für neue Ausstellungsformate rekapituliert die Ich-Erzählung meistens kommentarlos, leichte Ironie erkennt man an den zugespitzten Formulierungen.

Allerdings – Kunst ist auch Handwerk. Drucktechniken sowie Expertenwissen über Herstellung und Anfertigung von Bildern werden zwischen Johnny und Jean ausgetauscht, als möchte der Roman gegen das Image der egoistischen Kunstakteure ankämpfen. Bezüge zur Kunstgeschichte bzw. zur Kunst des 20. Jahrhunderts erscheinen zuweilen als Namedropping – heraufbeschworen werden u.a. Louise Bourgeois, Paul Klee, Alex Katz, Gustave Courbet, Maria Lassnig, Joseph Beuys – dies gibt der Text selbstironisch zu. Hinter den Namenlisten steht eine Geschichte der Entdeckungen und Faszinationen der jungen Künstler. Johnny führt Zwiegespräche mit Salvador Dalí und Marcel Duchamp, die – fern jeder Affektiertheit – eine Auseinandersetzung mit der Avantgarde, damit auch die Aktualität bestimmter ästhetischer Fragen bezeugen. Der naive Zugang des jungen Johnny zu alten Kunstfragen entbehrt jeder intellektualistischen Tiefe, er wirkt oberflächlich, wodurch ein interessanter Eindruck der Schwebe zwischen

Ernst und Ironie entsteht. Denn Kunst wird auch ernst genommen, etwa wenn es gegen Ende des Romans heißt – nach einer längeren ekphrastischen Passage, in der ein Bild von Cranach beschrieben wird: „Bei der Bildanalyse hilft es, genau zu sein. Die Fähigkeit, ein Bild genau analysieren zu können, hilft auch später im Leben." (S. 207)

„Johnny und Jean" nimmt bekannte Topoi des Künstlerromans auf, um sie spielerisch umzuformen, dabei erfährt das Genre eine Neukontextualisierung. Die für das Genre typische Fokussierung auf ein Individuum, das im Bildungs- und Schaffensprozess sein Selbst formt und hinterfragt, bricht Präauer ironisch, indem sie in den Mittelpunkt einen jungen Künstler stellt, der Fische malt, dabei stets von einer viel erfolgreicheren Künstlerpersönlichkeit (Jean) erzählt. Die narzisstische Selbstschau fällt weg, genauso wie eine tiefgehende Auseinandersetzung mit dem eigenen Schaffensprozess und den Ansprüchen von außen. Zugleich trägt der Roman Züge einer Initiationsgeschichte, in der Johnnys Blick auf den erfolgreichen Künstlerfreund erst allmählich zum Blick auf die eigenen Möglichkeiten wird – und zwar nach einer sexuellen Initiation und dem anschließenden Liebeskummer. Die Letzteren muten oberflächlich bis kitschig an – seine sexuelle Initiation erlebt Johnny in einem dänischen Kunstmuseum – stellenweise lassen sich im Erzählton Echos der deutschen Pop-Romane der 1990er Jahre wiedererkennen.

Ihren dritten Roman **„Oh Schimmi"** hat Teresa Präauer 2015 auf Einladung Hubert Winkels' beim Bachmann-Wettbewerb vorgestellt. Die Jury zeigte sich vor allem von der Kraft der Sprachbilder (Sandra Kegel) angetan, Hubert Winkels lobte die Fähigkeit Präauers, Sprache als Maskerade zu betreiben. In der Tat – die Skurrilität der sprachlichen Ausdrücke erreicht hier avantgardistische Dimensionen; Verfremdungseffekte, stets kursiv gesetzt, bestimmen auch den Rhythmus der Ich-Erzählung des Schimmi, dessen rätselhafte Identität die Spannung des Erzählten miterzeugt. Da Schimmi derjenige ist, der das Geschehen um sich herum sprachlich registriert, hat der Leser kaum Möglichkeit, aus der verwirrenden Narration herauszusteigen. Stellenweise wechselt die Erzählperspektive in eine personale Er-Erzählung, wo über Schimmi in der dritten Person erzählt wird, was aber an der geschlossenen Sicht wenig ändert. So bleibt die Intensität erhalten, die der Sprache innewohnt, oder, um den Roman zu zitieren, in der Intensität liegt seine *„Affizienz"* (S. 174).

Schimmi stellt sich vor als „Jim, Kurzform von James" (S. 79), er lebt mit seiner Mutter in einem Tower, eigentlich lebt er aber in seiner Fantasiewelt, bevölkert durch recht vage Vorstellungen sexueller Ausschweifungen mit Callgirls, die er aus den Erwachsenensendern kennt. Er erzählt von einem Unfall beim Rodeo, in dessen Folge er nun als „körperlich *frühreif*, geistig *unterentwickelt*" bezeichnet wird (S. 150). Unklar bleibt, wie alt Schimmi ist – seine Selbstwahrnehmung als „der ausgewachsene Mann, Statur wie ein Gorilla, goldenes Lächeln, Dollars im Sack" unterscheidet sich stark von der Sicht anderer. Vergleiche mit einem Affen bzw. einem „Äffchen" (S. 143) häufen sich, die Figur selbst stellt Spekulationen über die Ableitbarkeit des Namens „Schimmi" von „Schimpanse" (S. 183) an. Es überrascht daher wenig, wenn im Finale des Romans der Held in einem King-Kong-Kostüm seine blonde Beute überfällt und die aus dem Kino bekannten Reaktionen hervorruft.

Die zwischen Mensch und Affe, Mann und Kind changierende Identität von Schimmi bestimmt den Plot dieser Prosa, dem befremdend kunstvollen Umgang mit der Sprache, dem Auskosten ihrer Fallen und Tücken wohnt eine augenzwinkernde Distanz inne. Auch die Sprache ist instabil, ihre von Schimmi aufgeblähte Oberfläche, pop-mäßig und übertrieben, verweist mit den kursivierten, manchmal fremdartigen und skurrilen Ausdrücken auf einen zweiten Boden. Dieser gehört der Reflexion, einer dem Menschen gegebenen Disposition, die ihn von anderen Arten unterscheidet. Das Mischwesen Schimmi beherrscht die Reflexion – auf seine Art. Der Leser wird stets mit seinem schiefen Blick auf die *„Siffilisation"* (S. 98) konfrontiert, der Schimmi den Dschungel gegenüberstellt. Die anthropozentrische Größenordnung wird umgedreht und der Fokus auf die Menschen gerichtet, das denkende „Äffchen" blickt aus seiner untergeordneten Position sehr genau. Es spricht von den Regeln des globalen Marktes und der Politik, in deren Diensten sein Ziehvater in den Entwicklungsländern bzw. Krisengebieten viel Geld verdient, um seiner Mutter und ihm das schicke Tower-Apartment zu sponsern. Die *„paradoxicalomatische* Logik" (S. 89) der menschlichen Welt ist, wie die Logik der Wortverdrehungen, nicht durchschaubar, sie ist beunruhigend. „Es sind *rhetorische Fragen*, die hier gestellt werden. Das heißt, es wird darauf keine Antwort erwartet." (S. 32) Die Erzähllogik des Textes suggeriert, dass die rhetorischen Signale von dem „pan-animalischen" Schimmi (S. 94) kommen; aus Kausalität wird „*Kissalität*", Korrelation mutiert zur „*Kirrelation*" (S. 149).

„*Diss* is' keine Selbstüberschätzung, / *Diss* is' Realismus, Baby! / Realismus, Baby! /" (S. 130) – in Schimmis Rap-Song hallt – ironisch, metanarrativ – die wohl problematischste Kategorie nicht nur der postmodernen Literatur, sondern auch der ‚postfaktischen' Realität. Das Setting eines solchen „Realismus"-Raps zeigt eine Disco, in der Schimmi, getrieben von Lust und Sehnsucht nach menschlichem Dschungel, einen Paarungstanz vorführt. Dass der Dschungel sich rächt, indem er Schimmi übel zurichtet, gehört *auch* zum Realismus. Die „*Schimmifikation*" (S. 151) differenziert nicht.

2018 hat Teresa Präauer eine ‚Nachhut' zum Schimmi-Roman geliefert – bei dem Essay **„Tier werden"** handelt es sich um eine Art poetologischer Vertiefung der Fährten, die in „Oh Schimmi" angelegt wurden. Suggerierte der Roman eine Metamorphose von Tier zu Mensch und zurück, so widmet sich die Autorin hier einer systematischen kulturhistorischen Suche nach animalischen Verwandlungen. Ihren Anfang nimmt diese „Forschungsbewegung" (Deutschlandfunk Kultur) bei der Figur der Harpyie, dem mythologischen Wesen mit Vogelkörper und menschlichem Kopf. Die Harpyie wird im Text zum Inbegriff der in der Kunst- wie allgemein in der Wissenschaftsgeschichte vorkommenden Hybridisierung der Arten – und ein Exemplum für langes Leben der Fabelwesen in Tierlexika. Der Fokus des Essays liegt damit auf der im Titel anvisierten Figur der Verwandlung, des Tier- und Mensch-Werdens, und darauf, wie diese sich in der Sprache manifestiert. Präauer interessiert das Wortmaterial, das Biologie und Zoologie vorgeben und zu einem System formen, das sprachlich die Natur ordnet, so forscht sie mit Mitteln der Literatur nach der „Herkunft von Schriftzeichen und Lebewesen" (Marietta Böning).

Der Essay basiert auf einer Vorlesung, die Präauer 2016 im Rahmen der Samuel-Fischer-Gastprofessur für Literatur an der Freien Universität Berlin gehalten hat. Ovids „Metamorphosen", Deleuze / Guattaris

„Tausend Plateau", Heideggers und Darwins Schriften liefern Stichworte und Gedankenkonzepte. Zu Wort kommt aber auch die bildende Künstlerin Präauer, die in Rekursen u. a. auf John Berger, Maria Lassnig und Hieronymus Bosch aufmerksam und präzise Parallelen zwischen visuellen Repräsentationen aufzeichnet. In der Literatur gelten u. a. Franz Kafka und Hugo von Hofmannsthal als Bezugsgrößen, die das Prozesshafte des Tierwerdens in der menschlichen Imagination und dem menschlichen Bewusstsein erfassten. Der Essay wurde breit und positiv rezipiert. Anerkennung fanden „Leichtigkeit und Stringenz" des Stils (Stefan Gmünder, Dafni Tokas), „Kenntnis an Beispielen, performativen Bräuchen, Riten, Schriftformen und Bildmaterial" (Böning). Präauer habe „eine Poetik des Menschlichen" (Böning) bzw. „eine Poetik des Animalischen" (Tokas) vorgelegt, die, in einer „ungezähmten Form des Denkens" (Philipp Theisohn) verfasst, dem Stoff überzeugend Rechnung trägt.

Der Band **„Das Glück ist eine Bohne und andere Geschichten"**, der Präauer die Nominierung für den Österreichischen Buchpreis (Longlist) einbrachte, erschien 2021 während der Covid-Pandemie. Dieser Umstand findet im Buch selbst kaum Erwähnung, außer in der titelgebenden Erzählung „Das Glück ist eine Bohne", zu der es im Internet ein kurzes Video von Wolfram Leitner gibt, in dem die Autorin zu sehen ist, wie sie durch menschenleere Wiener Straßen und Parks spaziert. Dort liest Präauer die Geschichte, die bewegten Bilder zeigen, wie sie nachdenklich eine gerade gepflückte Wiesenblume, aufgesammelte kleine Vogelfedern in den Fingern dreht, zufällige Fundstücke, die kurze fröhliche Momente und die gespenstische Atmosphäre der Covid-Zeit evozieren. Das Buch selbst ist nach der Aussage der Autorin „so etwas wie ein Panorama [ihrer] Interessen und Leidenschaften" (Präauer, **„weiter lesen"**, 2021), „über Jahre gesammelt" – wie das Inhaltsverzeichnis verrät –, wurden die meisten Texte bereits in Zeitungen und literarischen Magazinen veröffentlicht, zwischen 2012 und 2020. Eine editorische Notiz informiert, dass die publizierten Auftragsarbeiten für das Buch bearbeitet und neu geordnet wurden.

Es sind insgesamt 82 kurze Texte, die Eingang in dieses „Panorama" gefunden haben und die sich genremäßig nicht leicht einordnen lassen. Es finden sich Mini-Essays bzw. Kolumnen u. a. zu Mode und Kulturphänomenen wie Musik, Literatur und bildende Kunst, autobiografische Skizzen, vereinzelt auch Denkbilder. Thomas Geiger hat das Buch als „eine Art Autobiografie gegen das Licht gehalten" (Krohn/Geiger 2021) bezeichnet, denn die subjektive Note durchzieht den Band und das Teilen individueller Lebenserfahrung erscheint vielfach als Schreibmotivation. Das bedeutet auch – und besonders bei einer Autorin, die hybride Formen und Mischwesen bevorzugt –, dass die Grenze zwischen Fakt und Fiktion fließend bleibt. Erinnerungen aus Kindheit und Jugend verbinden sich mit Reminiszenzen an jeweils aktuelle popkulturelle Phänomene, die in der Nacherzählung stets etwas Fiktionales, nicht ganz Reales enthalten – darin liegt auch der literarische Reiz der Texte. Präauer geht schreibend assoziativ vor, die Geschichten leben von Wortwitzen, Sprachspielen, und von der Leichtigkeit, die zu ihrem Stilrepertoire gehört.

Auch in diesem Buch meldet sich die bildende Künstlerin zu Wort – Mini-Essays zu Begegnungen mit Kunstobjekten und Kunstideen (u. a. Gemälde von Elisabeth Payton oder Lucas Cranach) lesen sich zuweilen wie persönliche Empfehlungen, einer großen Faszination entsprungen. Das Feuilleton nahm den Band wohlwollend auf: Thomas Geiger bezeichnete ihn mit Blick auf die breit gefächerten popkulturellen Referenzen als „eine Zeitsonde" (Krohn/Geiger 2021) und attestierte ihm zugleich „existenzielle Tiefsinnigkeit". Moritz Baßler lobte „den Vorschein eines Weltzugangs jenseits souveräner hip-ironischer Posen" und die „dichte" Komposition (Baßler 2021), Sebastian Fasthuber die „entwaffnende Fröhlichkeit". Senta Wagner las die Texte als „eine Einübung in Wahrnehmung" und sah die Qualität des Bandes darin, „ein diffuses Gefühl der Zusammengehörigkeit" zu vermitteln. Alexander Kluy nannte diese Prosa „plastisch und konkret, dabei klug" und begeisterte sich für ihren sprachlichen Erfindungsgeist. Präauers Alltagsbeobachtungen seien „originell, philosophisch" und würden „stets das Außergewöhnliche in sich tragen" (Irene Prugger).

2021 kam noch ein weiteres Buch von Teresa Präauer auf den Markt, eine Auftragsarbeit: Anlässlich des 100. Geburtstags von Ilse Aichinger lud die Kulturabteilung der Stadt Wien die Autorin ein, Aichingers Werk zum Gegenstand einer literarischen Reflexion zu machen. 2016, kurz nach Aichingers Tod, schrieb Präauer einen Kommentar zu den

Nachrufen, dessen Tenor von zwei Impulsen beherrscht war: von Empörung und Verehrung. Empört klangen Präauers Worte, weil sie in den Nachrufen Substanzielles zum Werk von Aichinger vermisste und stattdessen „ein Raunen" vernahm, das aus einer fehlenden Auseinandersetzung mit deren Werk resultierte. Die Verehrung war spürbar, Präauer forderte nichts mehr als die Lektüre von Aichingers Texten, die „alles deutlich zeig(en). Jede Seite eine Mise en abyme, jede Seite in ihrer Dichte ein sogenannter Schlüssel, eine Tür, ein Fenster zu ihrem Werk" (Präauer 2016). Für das knapp 100-seitige Bändchen fand Präauer ein Kompositionsprinzip, das auf eines der letzten Fotos von Aichinger zurückgeht, auf dem die Autorin zu sehen ist, wie sie ein früheres Foto von sich betrachtet – damit schaut Aichinger wie in einen Spiegel, der die einzelnen Stationen ihres Lebens rückläufig zeigt. So beginnt **„Über Ilse Aichinger"** – nach einem kurzen Text über Präauers Erinnerung an die Autorin im Wiener Café Jelinek – mit ihrem Tod 2016, mit dem sogleich die prägnantesten poetologischen Marken Aichingers, das Verschwinden und das Schweigen, angesprochen werden. Die weiteren Etappen führen u. a. über den Unfalltod des Sohnes Clemens Eich 1998, die Erscheinung der achtbändigen Werkausgabe 1991 bei Fischer, über den Tod von Aichingers Mutter 1983 und des Ehemannes Günter Eich 1972. Die Rückschau umfasst anschließend die einzelnen Publikationen – „Schlechte Wörter" (1976), „Spiegelgeschichte" (1952), „Die größere Hoffnung" (1948) –, zwischendurch wird Aichingers Mitarbeit am Aufbau der „Hochschule für Gestaltung" in Ulm und Beschäftigung als Lektorin im Fischer Verlag (1950) erwähnt. Am Ende kommt der Anfang: die Geburt von Ilse Aichinger und ihrer Zwillingsschwester 1921 in Wien.

Eingeflochten in die rücklaufende Narration sind zwei Textausschnitte aus dem Band „Subtexte" (2006) und aus „Die größere Hoffnung" sowie ein Text aus „Schlechte Wörter" (1976). „Schlechte Wörter" als eine der meistgelesenen – obwohl, wie die Autorin suggeriert, nicht unbedingt meistverstandenen – Arbeiten Aichingers veranlasst Präauer zu einer (autobiografisch inspirierten) poetologischen Reflexion, die den anarchisch anmutenden Gestus der Auflehnung gegen die ‚Hierarchie der Wörter' aufgreift. „Schlechte Wörter" weckt in Präauer die Erinnerung an das eigene Ringen um eine „bessere Formulierung" und die Wandlung nach der Lektüre. In einem früheren Interview nach einem Zitat gefragt, das sie am meisten beeindruckt hat, nannte Präauer einen Satz aus ebendiesem Aichinger-Band: „Ich gebrauche jetzt die besseren Wörter nicht mehr", und sie fügte hinzu: „Ich versuchs" (Philipp Haibach, 2015).

2022 erschien mit **„Cranach A-Z"** ein Band mit Kommentaren, Bemerkungen, Aperçus zu Gemälden von Lucas Cranach (dem Jüngeren wie dem Älteren); Anlass war die Ausstellung „Cranach der Wilde. Die Anfänge in Wien" im Kunsthistorischen Museum in Wien (21.6.–16.10.2022). Präauer hat damit ihre langjährige Faszination für die Cranach-Malerei in systematischer Form erfasst – Verweise auf die beiden Meister aus Wittenberg finden sich bereits in „Johnny und Jean" und in „Das Glück ist eine Bohne", 2020 hat die Autorin die Kunstkolumne „Diagonal" geschrieben, wo auch die Cranachs vertreten sind. Wie der Titel suggeriert, besteht der reichlich illustrierte Band aus 25 alphabetisch geordneten Einträgen zum Werk der Cranachs. Der subjektive Fokus wird bereits beim Buchstaben „A" klar – der Eintrag heißt „Ach, Cranach": Präauer drückt dort ihre Begeisterung für „die Bildsprache" der Maler aus, in diesem Fall gilt das „Ach" dem Gemälde „Das Goldene Zeitalter" (um 1530). Es ist der eigenwillige, individuelle Blick, der dem kleinen Buch seinen Charme verleiht – Präauer wählt aus dem riesigen Fundus an Bildmotiven, biografischen Fakten und kunsthistorischen Wissensbeständen und stellt gekonnt Bezüge zur Gegenwart her. Man erfährt einiges über Auftraggeber der Cranachs, über die Geschichte ihres Signets, ihre Einkäufe und Rechnungen, über Cranachs Werkstatt, aber auch über den Raub der Gemälde, die Konsistenz der Farben, die beim Röntgen zum Vorschein kommt. Cranachs Porträts erweisen sich in Präauers Augen als „instagrammabel", sie entsprechen im Grad der Stilisierung der Porträtierten durchaus den heutigen Standards von digitalen Social-Media-Plattformen.

„Mädchen", ein knapp 80 Seiten langer Essay, ist Effekt einer Poetikvorlesung, die Teresa Präauer 2021 im Zürcher Literaturhaus in Kooperation mit dem Deutschen Seminar der Universität Zürich gehalten hat. Das Thema ergab sich für die Autorin aus dem Eindruck, das Mädchen sei als (literarische) Figur eine „Leerstelle" in ihrem Werk, was zugleich zu einer „Aufforderung und Entscheidung zum Schreiben, Nachdenken, Sich-Erinnern" wurde (Präauer, Guddelmoni/Berisha 2022). Wie schon in „Tier werden" verfährt die Autorin assoziativ, nutzt Autobiografisches, um ‚Mädchen' als ein Konstrukt und ein Konzept der Literatur, der bildenden Kunst und allgemein der Gesellschaft zu denken. Eine Struktur lässt sich dennoch erkennen, das Grundmuster wird in der ersten Szene vorgegeben: Das erzählende Ich liegt auf dem Boden eines Kinderzimmers und ist damit Gast in einer Welt aus Playmobilfiguren, Star Wars, Ninja, Gummibällen, in der ein neunjähriger Junge lebt. Aus diesem Eröffnungsbild entspannt sich eine Reihe von Gesprächen, Interaktionen, Konfrontationen, die die Leichtigkeit eines ungezwungenen Miteinander ausstrahlt – mitten im bunten Schlachtfeld wird die Erwachsene schnell zu einem Teil der Spielkulisse, als solche darf sie beobachten, sinnieren, fragen und zuhören. Ein zweites Grundmuster ist „wie ein Mantra" (Shirin Sojitrawalla) der Satz „Wer über Mädchen nachdenkt, denkt über Anfänge nach". Er ruft die Kindheit „als Aneinanderreihung von ersten Malen" (Sojitrawalla) auf den Plan, erinnert zugleich immer wieder daran, dass Mädchensein eine der Rollen ist, „die uns ohne Not im Denken und Handeln beschränken" (Präauer/Eidlhuber 2022), auch diese Rollen sind Gegenstand des Essays. Nicht zuletzt signalisiert der Satz die Offenheit des Textes, die sich aus der Vielschichtigkeit des zu beschreibenden Phänomens ‚Mädchen' ergibt – die Fäden, an denen entlang reflektiert wird, tauchen zuweilen nur ansatzweise auf, als Denkimpulse, Fragen, Zweifel. So hat es seine Richtigkeit, wenn der Text als eine „kritische Selbstbefragung und zugleich eine lockere Wanderung durch die Mädchenbilder" (Karin Cerny) gelesen wurde, denn die Letzteren, gespeist aus Literatur- und Kunstgeschichte, aber auch aus der Popkultur, liefern Stichworte für ein immer wieder neu ansetzendes „Nachdenken". Der neunjährige Junge, anfangs in seine Jungenspiele vertieft, dient im Lauf der „Selbstbefragung" auch als „Störfaktor im Erzählfluss" (Präauer, Krohn/Geiger 2022), eine polemische Stimme, nicht nur ein Mit-, sondern auch ein Gegenspieler. Mit dieser Figur macht sich Präauers poetologischer Grundzug bemerkbar: Die Charaktere verwandeln sich, entziehen sich eindeutigen Typologien – was hier bedeutet, dass ‚Mädchen' auch „nichtidentitär und nichtidentifikatorisch" (Präauer, Krohn/Geiger 2022) gedacht werden kann und soll. So feiert Präauer wiederholt „Literatur als Freiheitsraum" (Krohn/Geiger 2022), wo Figurationen des Mädchenhaften bei Annie Ernaux, Irmgard Keun, Peter Handke wie auch bei der Modebloggerin Tavi Gevinson und in Pferdemagazinen für Mädchen („Wendy") gefunden werden können.

„Mädchen" wurde für den Österreichischen Buchpreis 2022 nominiert (Longlist) und erhielt eine Reihe von positiven Rezensionen. Das Setting im Kinderzimmer des Jungen allerdings wurde auch als „arg gekünstelt" kritisiert, da nicht geeignet, „um übers Patriarchat zu reflektieren" (Cerny).

Auch im 2023 erschienenen Roman **„Kochen im falschen Jahrhundert"** finden sich einige Grundkonstellationen von Präauers Schreibstil wieder – etwa die mehrfach gepriesene Leichtigkeit und der Humor –, der Stoff mag aber überraschen. Erzählt wird ein Abend, an dem „die Gastgeberin" (die Hauptfigur) und ihr Partner drei Gäste zum Essen einladen. Die Figuren haben keine Namen, heißen „Schweizer", „Ehefrau", „Ehemann", „Partner", und repräsentieren ein großstädtisches *juste milieu*, das in der Soziologie den Namen ‚Bobo' trägt – ein Kürzel aus „Boheme" und „Bourgeoisie". Das Menu ist „nicht überambitioniert" (Daniela Strigl), es ist die Frau, die kocht, deswegen darf sie auch aus ihrer Perspektive erzählen und die Musik auswählen („Jazz, Pop, Klassik und Neue Musik"). Gesprochen wird über Essen, Wohnen, Arbeit, Migrationspolitik, Selfies werden gemacht und ins Netz gestellt, die Atmosphäre ist locker – wenn auch nicht durchgehend, denn es tauchen im Lauf der Erzählung Überraschungsgäste auf, eine Straße wird überflutet, die Polizei steht vor der Tür. Fasst man den Inhalt zusammen, ist der erste Eindruck, wie oft bei einem Kammerspiel, unspektakulär. Der Roman hat allerdings mehrere Bedeutungsebenen – es handelt sich nicht um einen, sondern um mindestens drei Abende, und da der Schluss offen ist und einen weiteren, vierten Anfang in Aussicht stellt, entsteht ein zeitlicher „Loop"-Effekt (Samira El Ouassil 2023), der eine beliebige Variation der Grundkonstellation suggeriert. Außerdem unterbrechen Passagen die Schilderung der changierenden Abendessen, in denen ein „Du" mit einer sich wiederholenden Wendung „Erinnerst du dich?" adressiert wird. Das „Du" ist nicht konkret, durch den Fokus auf Erinnertes legt es eine autobiografische Lesart nahe, welche die Autorin in einem Interview (mit Zita Bereuter) angedeutet hat. Genauso gut kann sich aber die Leserin/der Leser angesprochen fühlen, was für Insa Wilke wegen der Direktheit der Anrede zum Widerstand anregt. Die Übergänge zwischen den Passagen sind fließend – unterbrochen wird der Erzählfluss lediglich durch knappe Angaben von Zutaten wie „200 g Kirschtomaten, 1 Mini-Salatgurke", die auf einer sonst leeren Seite zuerst wie Schnipsel von Kochrezepten anmuten. Es bleibt aber nicht bei Esszutaten – Alkohol gehört dazu (mehrfach), „1 Kiste Crémant d'Alsace", andere Genüsse gehören dazu, „1 Packung Parisienne, 1 Schachtel Streichhölzer", und ein Reim darf nicht fehlen „25 Liter Cremant/pro Quadratmeter in/1 Stunde macht/1 Unwetter". Der Roman spielt mit Suspense, etwa wenn sich in einer Version des Abends vor der verspäteten Ankunft der Gäste ein erotisches Knistern zwischen der Gastgeberin und ihrem Partner ergibt, der Text spielt auch mit der literarischen Erzählkonvention einer Tischgesellschaft – diese wird „diskret, zart" parodiert (Präauer/Lesart 2023). Er streut diskursive Referenzen – auf dem Balkon der Nachbarin liegt ein „zerfleddertes Exemplar" von Bourdieus kanonischem Werk „Die feinen Unterschiede" (in polnischer Übersetzung); mit *Foodporn*, *Selfie* und Hashtags *Buy less* werden Möglichkeiten genannt, den Small Talk der Tischrunde als „Deep Talk" (Strigl) auszulegen. Die formale Raffinesse und das inhaltliche Konzept des Buches wurden in vielen Kritiken gelobt: Daniela Strigl las den Roman als „ein Stück Popliteratur und dessen satirische Verfremdung", fand Gefallen an „sinnlichen Reminiszenzen" wie an dem „ungeniert nostalgischen Grundton". Ijoma Mangold mochte die „Gegenwartsbeobachtung, formale und kühle avantgardistische Erzählsituation", bezeichnete den Text als „leichtfüßig, geistreich und witzig". Carsten Otte sprach von „lakonische(r) Prosa", die „nie nur entlarvend, sondern immer auch komisch ist", Frank Schäfer lobte die Ausgewogenheit „zwischen realistischer Milieuskizze und entlarvender Satire", auch wenn für ihn „soziologische Reflexionen zum Kochen" „ein bisschen aufgesetzt" wirkten. Es wurden Verbindungen zu Kammerstücken von Yasmina

Reza hergestellt und Paul Jandl erspürte „gruppendynamische Spannungen wie bei Eric Rohmer"; gelobt wurden die kaleidoskopartigen Komposition des Romans sowie die sinnliche Note und der Humor des Romans.

Der vollständige Beitrag **„Teresa Präauer"** im Kritischen Lexikon zur deutschsprachigen Gegenwartsliteratur ist einzusehen unter: www.klg-lexikon.de.

Juliana Kálnay

Nora Bossong

Eine verstörende Atmosphäre liegt über Nora Bossongs Prosadebüt „**Gegend**" (2006), einem „zwielichtigen Kammerspiel" (Anna Bilger), angesiedelt auf dem Grundstück einer abgeschiedenen Pension. Trommelgeräusche tönen immer wieder im Hintergrund; ein Mädchen mit Schmetterlingsspangen im Haar taucht aus dem Nichts auf und verschwindet wieder; unzählige Katzen bevölkern das Gelände und werfen Junge, die auf unterschiedliche Arten zu Tode kommen. Bossongs Erzählkunst zeigt sich in lyrischen Bildern und in einem perspektivisch verengten, suggestiv verdichteten Blick (dem „Sehschlitz der Erzählerin", so Edo Reents), durch den sich undeutliche bis mehrdeutige Figuren- und Beziehungskonstellationen offenbaren. „Gegend" überzeugt gerade durch diese Spannung von Andeutung ohne Auflösung – eine derzeit untypische Erzählweise, die auch bei Rezensenten auf viel Lob stieß.

Die junge Ich-Erzählerin fährt mit ihrem Vater in ein nicht näher benanntes südeuropäisches Land, um ihre 15-jährige Halbschwester Marie kennenzulernen. Diese lebt in einer abgelegenen Pension, die von ihrer Mutter Lo, einer ehemaligen Geliebten des Vaters, zu der seit über 14 Jahren kein Kontakt mehr bestand, geführt wird. Auch Maries jüngerer Halbbruder Fabian und Jakob, der sich sowohl als Maries Geliebter als auch als Fabians Vater entpuppt, leben dort. Das Wiedersehen und Kennenlernen gestaltet sich schwierig. Lo gibt sich zunächst nicht zu erkennen und behauptet, ein Pensionsgast zu sein, Marie reagiert abweisend. Sexuelle Spannungen in diversen, auch inzestuösen Konstellationen liegen in der Luft. Auch das Verhältnis der Ich-Erzählerin zu ihrem Vater erweist sich als problematisch. Als dieser Marie näher kommt und Zeit mit ihr verbringt, suggeriert der Eifersuchtsausbruch der Erzählerin stärkere Empfindungen als in einer Vater-Tochter-Beziehung üblich. Sie scheint ihr ganzes Umfeld mit einem sexualisierten Blick wahrzunehmen. Besonders bei der Beschreibung von Gesten tritt eine erotische Aufladung nahezu aller Figurenkonstellationen – über Verwandtschafts- und Altersgrenzen hinweg – zutage. Diese macht einen der beunruhigenden Aspekte des Romans aus. Spannung und Unruhe verstärken sich überdies, als der Vater der Ich-Erzählerin ebenso wie Lo verschwindet und es zu gewaltsamen Auseinandersetzungen unter den Halbgeschwistern kommt.

Nora Bossong stellte „Gegend" zwei Zitate aus Edgar Allan Poes „The Masque of the Red Death" und der Geschichte um Lot und seine Töchter aus der Genesis voran. Zahlreiche Rezensenten sahen in diesen Verweistexten den Schlüssel zum Verständnis von „Gegend". Das Inzest-Motiv verbindet „Gegend" mit Lot und seinen Töchtern. An den Schauerroman in Poe'scher Manier erinnern vor allem die formale Gestaltung des Debüts und Zitate wie der „Tekelili-Gesang", den der Vater der Ich-Erzählerin und Lo an einer Stelle anstimmen und der Poes „Bericht des Arthur Gordon Pym" entstammt.

Die beunruhigende Atmosphäre in „Gegend" hängt nicht nur mit den Poe'schen Reminiszenzen zusammen. So sorgt die enge Erzählperspektive dafür, dass vieles im Diffusen bleibt. Familiengeheimnisse werden nicht aufgedeckt, sondern stehen, laut Doris Plöschberger, als „Bedrohung im Raum". Beunruhigend wirkt auch die undeutliche Figurenkonstellation, die durch die Verwirrspiele der Figuren selbst verstärkt wird, während „sich die Erwachsenen wie Kinder verhalten und die Halbwüchsigen wie Erwachsene gebärden" (Paul Brodowsky).

In einem Interview mit Carola Gruber für die Literaturzeitschrift „Poet" berichtete Nora Bossong, sie habe während der Arbeit an ihrem Debütroman auch viel Lyrik geschrieben, sodass beides ineinandergriff.

2007 folgte auf den ersten Roman ein Lyrikband mit dem Titel **„Reglose Jagd"**, in dem auch ein Gedicht mit „Gegend" betitelt ist. Die Atmosphäre, die darin heraufbeschworen wird, erinnert stark an die des Romans: „(...) Nicht mehr die Vogel- oder Schlangenreliefs,/es züngeln im Gestein zerschnittne Drähte,/und auf der Haut des Jungen glänzt/ein feuchter Flaum. Niemand, der sich traut/ihn anzusprechen, so versunken, Kern um Kern/spielt der Junge, der letzte dieser Gegend."

Bossong beschreibt ihre Gedichte als kleine Geschichten, in denen sie sehr genau mit Versen, Reimandeutungen, Rhythmik, Metrik und Zeilenumbrüchen arbeite. Ihre Sprache ist einfach, zugänglich. Es finden keine experimentellen „Formzertrümmerungsfeiern" statt, wie Beate Tröger bemerkt, es werden keine „intertextuellen Bildungsspielchen ausgetragen". Stattdessen ziehen die Gedichte ihre Spannung aus der Beobachtung. Häufig sind es alltägliche Stadtszenen, die sich in ihnen abspielen: Das lyrische Ich trifft nachts unter einer Brücke auf pinkelnde Jungs oder beobachtet in der Nachbarschaft „am Fenster jene Frau, die seit drei Jahren/mit gepackten Kisten lebt". Bossong beschreibt Bilder des Stillstands wie im Gedicht „Chitin", wo ein Insekt im Schacht eines Feuerzeugs Winterschlaf hält. Auch die Sehnsucht der Stadtmenschen nach Natur tritt zutage: „einmal einen Garten", wiederholt die Mutter in „Im Gegenflug Libellen" wie ein Mantra. Andere Gedichte, wie das titelgebende „Reglose Jagd", spielen dagegen im ländlichen Raum.

Motive aus Bossongs späteren Romanen sind ebenfalls in „Reglose Jagd" zu finden. So erinnert das Gedicht „Besprechungen" an „Gesellschaft mit beschränkter Haftung". Ähnlich wie die Figur Kurt Tietjen im Roman verspürt das lyrische Ich das Bedürfnis, den Geschäftsverpflichtungen zu entfliehen: „(…) Wir sprachen in einer anderen Sprache,/bilanzierten einen Vertragspartner/unser letztes Quartal. Du erzähltest/von Haftungsbeschränkung,/neuen Fusionen, mein Name/fiel nicht. Ich hielt mich aufrecht./Ein Klang plötzlich/ließ mich aufhorchen, (…) und von neuem sehnte ich mich/fortzukommen. Doch wer zum Fliegen nur Arme hat,/breitet keine Flügel aus." Auch Bossongs zweiter Roman „Webers Protokoll" klingt in einem Vers des Gedichtes „Webers Besuch" an: „Nicht zurückholen will Weber,/wonach in der schlammigen Weserluft/die Kinder jagen."

In **„Webers Protokoll"** (2009) wechselt Bossong das erzählerische Genre und die Tonart. Es geht um die Frage nach den Verstrickungen eines deutschen Diplomaten, der während der NS-Zeit in Mailand tätig war, und um den Versuch, im Nachhinein historische Wahrheit zu rekonstruieren. Die Handlung bewegt sich auf unterschiedlichen Zeitebenen zwischen 1943 und der Gegenwart. Kurz nach Erscheinen des Romans beklagte Bossong im Interview mit Gruber, dass man sie hauptsächlich als Lyrikerin wahrnehme. Sie selbst sehe den eigenen Schaffensschwerpunkt jedoch auf der Prosa, die sie als komplexer einschätze: „Meine Gedichte scheinen auf den ersten Blick einfacher als meine Prosa zu sein. Oder vielleicht sollte ich es besser so formulieren: Innerhalb dessen, was derzeit an deutschsprachiger Prosa veröffentlich wird, stehen meine Sachen eher auf der widerspenstigen Seite, innerhalb dessen, was derzeit an Lyrik publiziert wird, eher auf der Seite des Zugänglichen."

War „Gegend" mit seinen poetischen und rätselhaften Bildern ein sehr lyrisches Prosastück, ist in „Webers Protokoll" deutlich zu erkennen, dass sich Bossongs Lyrik und Prosa weiter auseinanderentwickelt haben. Fünf Jahre lang hatte sich Bossong mit dem Stoff für „Webers Protokoll" beschäftigt, auf den sie durch Zufall in einer Akte des Auswärtigen Amts gestoßen war. Herausgekommen ist ein „erstaunlich reifer Roman", so Martin Lüdke, der die nach dem Erstling geweckten Erwartungen der Kritik übertraf. Das Gespräch einer jungen Erzählerin mit einem „uralten Diplomaten" über Konrad Weber, den der Uralte gekannt haben soll, bildet die Rahmenhandlung. Weber war 1943 stellvertretender Leiter des deutschen Generalkonsulats in Mailand. Die Erzählerin versucht, den Werdegang Webers und die Beweggründe seines Handelns zu rekonstruieren. Doch seine Spuren verlieren sich in den Akten. Unterschiedliche Zeit- und Erzählebenen wechseln sich ab, Fakten, Spekulation und Interpretation vermischen sich. Immer wieder stellt der Uralte die Schlussfolgerungen der Erzählerin infrage. „Die Skepsis gegenüber der Geschichte ist mit diesem Deutungsstreit in den Roman selbst eingebaut", konstatiert Rezensent Frank Meyer.

Als 1951 ein Beschluss zur Wiederverwendung ehemaliger Beamter in Kraft tritt, wittert Konrad Weber die Chance, in den Auswärtigen Dienst zurückzukehren. Eine Eintragung in seine Personalakte, die während der NS-Zeit vorgenommen wurde, kann sich als Vorteil für ihn erweisen, doch die Akte ist verschwunden. Was könnte es gewesen sein, das ihm damals seinen Posten kostete? Lag es daran, dass er während seiner Tätigkeit im deutschen Generalkonsulat in Mailand Gelder veruntreut hatte? Als Weber im Konsulat in Ungnade zu fallen droht, nimmt er das Angebot an, gegen Geld Pässe für Juden auszustellen, um so das fehlende Geld aufzutreiben. Doch dann werden ihm auf einer Zugfahrt verfängliche Unterlagen entwendet und Weber befürchtet, der Passhandel könne auffliegen. Nachdem er wenig später den Hinweis erhält, dass in Berlin ein Haftbefehl gegen ihn vorliegt, flieht er in die Schweiz.

1954 taucht schließlich eine Zeugin auf, die bestätigt, dass es ihr 1943 gelang, rechtzeitig aus Italien auszureisen, weil Weber ihren Pass nicht als jüdisch markierte, und Weber erhält einen Posten in Rom. Zu seinen Hauptaufgaben gehören die diplomatischen Beziehungen zum Vatikan und zu Papst Pius XII. Ein Bekannter Konrad Webers aus der Zeit in Mailand ist inzwischen Geschäftspartner der Firma Tietjen und drängt ihn, ein Tietjen-Frotteeset als Geburtstagsgeschenk für den Papst zu empfehlen. Wann genau Weber sein Amt in Rom verlassen hat, bleibt unklar. Die Erzählerin stellt fest, dass er seine Spuren in den Archiven ausgelöscht zu haben scheint. Der letzte Nachweis für seine Tätigkeit stammt aus dem Jahr 1956: Der Papst bekommt zu seinem 80. Geburtstag vom Bundeskanzler ein Lavabo für seine Privatkapelle mit einem Frotteeset der Firma Tietjen. Damit schlägt Nora Bossong eine Brücke zu ihrem nächsten Roman „Gesellschaft mit beschränkter Haftung" um die Unternehmerfamilie Tietjen.

„Webers Protokoll" ist ein ambitionierter Roman. Historische Ereignisse werden auf drei verschiedenen Zeitebenen nach und nach rekonstruiert. Dabei legt Bossong Spuren in verschiedene Richtungen aus. Im Laufe des Romans verändert sich durch dieses erzählerische Wechselspiel immer wieder das Bild, das sich der Leser vom Charakter Konrad Webers und seinen Beweggründen macht. Was brachte Weber dazu, alle Spuren seiner beruflichen Existenz auslöschen zu wollen? Ist eine gute Tat auch dann noch als solche anzurechnen, wenn sie begangen wurde, um einen kriminellen Akt zu vertuschen? War Weber Mitläufer, Opportunist oder Opfer gewisser unglücklicher Umstände? Der Roman geht diesen Fragen nach und lässt die meisten am Ende doch unbeantwortet, worin Beate Tröger gerade seine

Qualität erkennen will. Trotz aller Unterschiede erkennt man an dieser Stelle das suggestive, offene Erzählen aus „Gegend" wieder. Im Gespräch mit Anke Groenewold erklärte Bossong, sie möge keine eindeutigen Bedeutungszuschreibungen und würde deshalb auch nie ihr ganzes Wissen mit dem Leser teilen. Gewisse Leerstellen bewahrt sie sich allerdings auch für sich selbst auf, da sie den Reiz des Schreibens ausmachen.

„Webers Protokoll" wurde von der Kritik wohlwollend aufgenommen. Catharina Koller hat es insbesondere jene Spannung angetan, die sich zwischen den Generationen und den unterschiedlichen Zeitebenen offenbart und die auch noch nach Abschluss der Lektüre nachhallt. Andere Kritiker wie Michael Braun bewundern Bossongs erzählerische Begabung und die Akribie, mit der sie sich dem historischen Stoff widmet. Ähnlich wie Martin Lüdke fühlt sich Braun von ihrem Roman an das frühe Werk Wolfgang Koeppens erinnert. Wenn etwas bemängelt wird, so bezieht sich dies auf Einzelheiten, die den positiven Gesamteindruck der Rezensenten nicht schwächten, etwa die nicht ganz gelungenen Passagen zu Webers Nachkriegskarriere in Rom (Hans-Peter Kunisch).

„Sommer vor den Mauern" (2011), Bossongs zweiter Gedichtband, ist in acht Kapitel gegliedert, acht Zyklen, die in unterschiedliche geografische und auch manch religiöse Orte entführen. Ein Anhang gibt Hintergrundinformationen und erleichtert das Verständnis einiger Gedichte. Gleich zu Beginn des Zyklus „Große Exerzitien" wird man in die „Dantegegend" eingeführt. Hier sind die „Auberginen, mittsommerfarben./Aus den Steinhängen brechen/die Heiligensagen: Drüben/habe Franziskus Viten gefälscht". In anderen Zyklen nimmt Bossong den Leser mit ins chinesische „Nanjing" („man freudelt um mich kolonial-/geziertes Töchterchen") oder in die USA, wo sie für ihren nächsten Roman recherchierte. Paradigmatisch wird in „Navigation, 49th Street" verkündet: „ich wollte/das Land vom Raum aus verstehen". Kapitelüberschriften wie „Arkadien" oder „Idyllen" trügen, bemerkt Tobias Roth, immer wieder stören Irritationsmomente die Idylle. „Du nennst mich: Koronis", erklärt das lyrische Ich seinem Gegenüber am Kaffeetisch. Sie wolle nur Mädchen sein, nicht in Arkadien leben und sei zu leicht für seine Mythen.

Der titelgebende Zyklus bezieht sich auf die römische Basilika St. Paul vor den Mauern, in der Mosaikporträts bisheriger Päpste ausgestellt sind. Bossong ergänzt diese nun um ein lyrisches Porträt. „Ein kleiner Mann, so etwa Gramscis Größe", schreibt sie über Benedikt XV. und verweist auf den italienischen Kommunisten, mit dem sie sich in „36,9°", einem ihrer folgenden Romane, beschäftigte. „Zweihundertsechzig Tage in Fátima" bezieht sich dagegen auf Pius XII., den Bossong auch in „Webers Protokoll" auftreten ließ.

[...]

2012 erschien der Roman **„Gesellschaft mit beschränkter Haftung"**, der sich der Familie um das Essener Frotteewarenunternehmen Tietjen & Söhne widmet. Dieses war Anfang des 20. Jahrhunderts durch den Patriarchen Justus Tietjen gegründet worden, der während der Weltkriege ein florierendes Geschäft aufbaute. Alle Versuche, mit dem Unternehmen in den USA Fuß zu fassen, scheiterten jedoch. Nach Justus' Tod übernimmt sein Sohn Kurt – der bereits in „Webers Protokoll" erwähnt wurde – das Unternehmen. Die Romanhandlung konzentriert sich nun auf die dritte und vierte Generation der Unternehmerfamilie, repräsentiert durch Justus' Enkel Kurt sowie durch dessen 27-jährige Tochter Luise Tietjen.

Die Handlung setzt mit dem Tod Kurt Tietjens in New York ein. Ein paar Jahre zuvor war der Geschäftsführer von Tietjen & Söhne, der schon länger ein zwiespältiges Verhältnis zur Firma hatte, dort untergetaucht. Kurts Tochter Luise kann den Vater nicht zur Rückkehr bewegen und wird von ihrem Onkel gedrängt, ihr Studium zu beenden und einen Platz in der Geschäftsführung zu übernehmen. Ohne Kurts Unterschrift ist Tietjen & Söhne jedoch rechtlich nahezu handlungsunfähig. Zudem befindet sich die Firma schon seit einiger Zeit in einer finanziell prekären Lage. Luises Strategie „rote Zahlen Schwarz anzumalen" und neue Verträge zum Abbremsen des Falls zu erarbeiten, scheint zunächst Früchte zu tragen. Sie geht in ihrer neuen Rolle auf und steht kurz davor, einen Exklusivvertrag mit einer Kaufhauskette in New York abzuschließen. Dennoch ist die Insolvenz nicht zu verhindern. Im letzten Kapitel steht Luise vor der Wohnung ihres soeben verstorbenen Vaters. Sie erfährt, dass sie die Firma nicht erben wird, da eine Strafanzeige wegen Insolvenzverschleppung gegen sie vorliegt.

Karen Krüger sieht thematische Parallelen zwischen „Gesellschaft mit beschränkter Haftung" und „Webers Protokoll": So gehe es in beiden Romanen um die Frage, wie die Strukturen, in denen man arbeitet, zu Identität und Leben werden. Bei den Tietjens kommt jedoch hinzu, dass es sich um ein Familienunternehmen handelt und die Charaktere schon von Geburt an in dieses verstrickt sind. Eine solche Verflechtung von Familien- und Unternehmensgeschichte lässt Oliver Pfohlmann an Thomas Manns „Buddenbrooks" denken. Die Sprache in „Gesellschaft mit beschränkter Haftung" ist schlicht, fast kühl. Es fehlt die reizvoll suggestive Spannung Bossongs vorheriger Romane. Laut Katharina Granzin verhindere der kühle Ton allzu starke Empathie mit den Figuren und es entstehe der trügerische Eindruck, alles sei unter Kontrolle. Die Rezensionen zum Roman fallen meist sehr positiv aus. Paul Jandl findet sogar, dass er auf die Longlist des Deutschen Buchpreises gehört hätte. Lediglich einige Klischees (Jandl, Felicitas von Lovenberg) und die nicht ganz überzeugend dargestellte Entwicklung Luises zur skrupellosen Konzernchefin (Pfohlmann) werden beklagt.

Bevor Bossong ihren vierten Roman **„36,9°"** (2015) veröffentlichte, hatte sie in diversen Artikeln und Aufsätzen auf den italienischen Kommunisten und Philosophen Antonio Gramsci verwiesen, der insbesondere durch seine „Gefängnishefte" bekannt geworden ist. Bossongs Auseinandersetzung mit Gramsci mündet schließlich in diesem Roman. Wie schon in „Gesellschaft mit beschränkter Haftung" wechselt Bossong in „36,9°" kapitelweise zwischen zwei Perspektiven und Erzählsträngen. Ein Strang spielt in der Gegenwart und wird aus der Ich-Perspektive des Gramsci-Forschers Anton Stöver erzählt. Die Handlung des anderen ist zwischen 1922 und 1937 angesiedelt und schildert Gramscis Leben in der dritten Person. Bossong beginnt wie bei Kurt Tietjen mit dem Tod des Protagonisten: Am 25. April 1937 stirbt Gramsci in der Klinik Luisana nach schwerer Krankheit und über zehn Jahren Haft. Seiner Schwägerin Tatjana („Tanja") Schucht gelingt es, noch in dieser Nacht seine „Gefängnishefte" hinauszuschaffen. Anschließend springt Bossong wieder in der Zeit zurück und schildert, wie es dazu kam:

> 1922 lernt Antonio Gramsci während eines Aufenthalts im Sanatorium Silberwald, in der Nähe von Moskau, Eugenia Schucht kennen und freundet sich mit ihr an. Schon bald verliebt er sich in deren Schwester Julia, die seine Liebe erwidert. Ihn belastet nur, dass diese Liebe ihn von seinen politischen Aktivitäten ablenkt. Kurz nach ihrer Heirat reist Gramsci im Dezember 1923 im Auftrag der Kommintern nach Wien, um von dort aus die Situation in Italien nach Mussolinis Machtergreifung zu beobachten. Im Mai 1924 wird er ins italienische Parlament gewählt und gelangt im Schutz der parlamentarischen Immunität nach Rom, wo auch Julias Schwester Tanja Schucht wohnt, die bald zu seiner Vertrauten wird. Als Julia Gramsci in Begleitung von Eugenia und des gemeinsamen Sohnes Delio besucht, fühlt dieser sich in seiner Rolle als Familienvater von Eugenia verdrängt. Julia kehrt nach Moskau zurück. Nach einem Attentat auf Mussolini im Herbst 1926 und dem Verbot seiner Partei wird es für Gramsci immer gefährlicher, in Italien zu bleiben. Kurz vor seiner Parlamentsrede gegen Mussolini wird er von den Faschisten verhaftet. Gramsci verbringt die nächsten Jahre in diversen Gefängnissen und wird 1928 nach Turi, einem Spezialgefängnis für Kranke, verlegt, wo er mit der Arbeit an seinen Heften beginnt. Auch seine Schwägerin Tanja kann ihn dort besuchen. Sie wird zu seinem Sprachrohr nach Moskau, sowohl was die Partei als auch was Julia betrifft, die unter Depressionen leidet. Bossong widmet sich ausführlich der Entwicklung von Gramscis Krankheit in den nächsten Jahren, der Beschreibung seiner Leiden und seines körperlichen Verfalls. Schließlich wird Gramsci ins Gefängniskrankenhaus verlegt.

Nora Bossong hat sich intensiv mit der Biografie Antonio Gramscis beschäftigt. Bis in die Diktion hinein habe sie ihm nahekommen wollen, erklärte sie bei einer Lesung in Berlin. Bossongs Respekt vor der historischen Figur merkt man dem Roman durchaus an, wenn sie sich anhand bekannter Fakten in einzelne Szenen aus dem Leben Gramscis einzufühlen versucht. Dies geschieht in einer „flirrend-sinnlichen, mitunter sogar fiebrig scheinenden" Sprache (Pfohlmann). Anders klingt da der Gegenwartsstrang:

> Der Ich-Erzähler und Gramsci-Forscher Anton Stöver sieht seine wissenschaftliche Karriere in Göttingen in einer Sackgasse. Auch seine Ehe existiert nur noch auf dem Papier, ist von Streit, Vorwürfen und zahlreichen Affären geprägt. Als Stöver einen Anruf des römischen Professors Brevi erhält, der ihn einlädt, in Rom nach einem verschollenen Gramsci-Heft zu forschen, bedeutet dies für ihn eine willkommene Abwechslung. In Rom beginnt Stöver seine Nachforschungen im Istituto Gramsci, kommt allerdings kaum voran. Stattdessen entwickelt er eine wachsende Obsession für Tatjana Martinelli, eine junge Frau, der er mehrfach in der Bibliothek des Istituto Gramsci begegnet. Doch alle Annäherungsversuche bleiben erfolglos. Als sein Sohn erkrankt, drängt Stövers Noch-Ehefrau ihn, zurück nach Göttingen zu reisen. Trotz Brevis Versuchen, ihn davon abzuhalten, nimmt Stöver ein Taxi zum Flughafen. Seine Fixierung auf Tatjana Martinelli bringt ihn jedoch dazu, wieder auszusteigen. Stöver kollabiert und verpasst seinen Flug.

In ihren „doppelhelixhaften Erzählsträngen" (Eva Behrendt) etabliert Bossong Gramsci und Stöver als Gegenfiguren. Während Ersterer als feinfühlig Liebender dargestellt wird, der die Gefühle, die er von Julia Schucht erfährt, kaum fassen kann, ist Letzterer von seiner unwiderstehlichen Wirkung auf Frauen überzeugt. An der Art, wie Stöver seine Frau beschreibt, ist kaum etwas Liebevolles zu erkennen. Gramsci bedauert, dass ihn die Liebe zu Julia von seiner politischen Arbeit ablenkte. Bei Stöver ist es sein obsessives Begehren Tatjana Martinellis, das ihn von seinen Nachforschungen abhält. Während Gramscis Gefängnisjahre und krankheitsbedingte Leiden in Bossongs einfühlenden Beschreibungen Empathie auslösen, weckt der Ich-Erzähler Stöver beim Leser wachsende Antipathien. Die Darstellung der Stöver-Figur stößt bei den meisten Rezensenten auf harsche Kritik: „Stöver ist in seiner Arroganz derart überzeichnet, dass er plakativ wirkt", schreibt etwa Konstantin Ulmer. Allein Eva Behrendt findet, dass sich der Stöver-Strang amüsanter liest als der Leidensweg Gramscis. Ziemlich vernichtend fällt die Kritik zum Roman von Hubert Winkels aus. Er kritisiert Bossongs Entscheidung, den erzählerischen Fokus auf Gramscis Leidensgeschichte zu setzen, anstatt dessen politisches Wirken und Entwicklung zum Intellektuellen zu zeigen. Damit habe Bossong, so Winkels, das literarische Potenzial, das der Figur Gramscis innewohne, vergeudet.

Wie Bossongs vorherige Romane zeigen, interessiert sie sich für den Menschen und dafür, wie dieser von Umwelt und Rahmenbedingungen geprägt wird. Ist es nicht auch eine legitime literarische Entscheidung, sich einer historischen Figur unter diesem menschlichen Blickwinkel anzunähern? Immerhin gelingt ihr dies mit großer Empathie, leidenschaftlich und ohne „falschen nostalgischen Ton", wie Simon Strauss bemerkt.

2016 folgte die essayistische Reportage **„Rotlicht"**, für die Bossong – meist in männlicher Begleitung – in Bordellen, im Swingerclub, auf einer Erotikmesse, in einer Tantra-Praxis, einem Sexkino und einer Tabledancebar recherchierte und mit Sexarbeiterinnen, einer Kritikerin der Legalisierung von Prostitution sowie einem Pornoproduzenten sprach. Ausgangspunkt ihrer Recherchen war – so erzählt sie es Bert Rebhandl im „Standard" –, dass sie auf der Straße nach einem Stundenhotel gefragt wurde, keines kannte, aber an der Frage hängen blieb, die für sie etwas Unzeitgemäßes zu haben schien. Im Interview mit Tania Martini (taz) erklärt Bossong, wie die Beobachtung, dass Macht und Sex sich ungleich auf die Geschlechter verteile, im Laufe ihrer Recherche zentral geworden wäre. Als Höhepunkt der Lektüre heben Rebhandl wie auch Christoph Schröder (Süddeutsch Zeitung) das Kapitel hervor, in dem Bossong in einem Berliner Stundenhotel ein Gespräch mit zwei Prostituierten führt, die sich Bina und Angelina nennen. Während Schröder das hohe Reflexionsniveau und die Position des erzählenden Ichs in „Rotlicht" lobt, das keine festgefügten Maßstäbe besitze und immer wieder auch das eigene Empfinden von Erotik befrage, fällt die Kritik bei Katharina Teutsch (Frankfurter Allgemeine Zeitung) vernichtend aus: Obwohl das Buch sich mit „investigativem Wagemut brüstet", komme Bossong ihren Gesprächspartnerinnen nicht wirklich nahe. Das Thema bedürfe entweder einer „an

Sadomasochismus grenzende[r] Einfühlung", tiefer Sachkenntnis oder aber „das Okular einer neuen cyberfeministischen Theorie". Teutsch konnte nichts davon in „Rotlicht" finden und kommt zu dem Schluss, dass es durch eine wahrscheinlich ungewollte „Bagatellisierung des Rotlichts als Teil der Alltagskultur" den Frauen im Gewerbe keinen Gefallen tue.

Der Gedichtband **„Kreuzzug mit Hund"** (2018) gliedert sich in neun Zyklen, in denen sich eine „Bewegung von West nach Ost" (Uta Grossmann) vollzieht. Gleich im ersten Zyklus, der mit „Kurzes Asyl" überschrieben ist, werden politische Themen angerissen, die Bossong auch in ihrer Prosa und essayistischen Texten beschäftigen. In den Gedichten findet sich jedoch immer wieder auch eine ironische Grundierung: Europa als „verschreckte Zwergin am Ende der Welt" braucht nur etwas Zuspruch und Aufmunterung, die „Alte Tante Politik" hängt statisch in einer Gemäldegalerie und betreibt als „Zweite von rechts" ihren „Aufstand nach Vorschrift", und im Gedicht „Kurzes Asyl" werden die Migrationsbewegungen einer Herde verschreckter Zicklein auf der Suche nach der richtigen Lieferadresse beschrieben, während die Abschottungspolitik Europas zwischen den Zeilen durchscheint.

[…]

2019 erschien knapp zehn Jahre nach „Webers Protokoll" der Roman **„Schutzzone"**, in dem Bossong sich erneut mit diplomatischer Arbeit und institutioneller wie individueller Verantwortung auseinandersetzt. Diesmal ist die Handlung jedoch näher an der Gegenwart angesiedelt. Im Zentrum steht die Erzählerin Mira Weidner, die in Genf für die Vereinten Nationen arbeitet. Die Romanhandlung, die sich über unterschiedliche Stationen in Miras Biografie erstreckt, wird dabei nicht in einem zusammenhängenden Erzählbogen präsentiert. Stattdessen springt man bei der Lektüre zwischen Fragmenten, die sich zwischen 1994 und 2017 sowie an unterschiedlichen Schauplätzen (Bonn, Berlin, New York, Burundi, Genf) ereignen, hin und her. Dabei entsteht immer wieder der Eindruck, dass Mira bewusst bestimmte Zusammenhänge im Vagen oder als Leerstellen offen lassen möchte. Immerhin haben wir es hier mit einer diplomatisch geschulten Erzählerin zu tun, die beim Schreiben von Berichten für die UNO gelernt hat, die Faktenlage gemäß gewünschter Interessen darzustellen. Die einzelnen Fragmente werden in fünf Blöcke gegliedert, die Überschriften wie „Frieden", „Wahrheit", „Gerechtigkeit", „Versöhnung" und „Übergang" tragen. Im Laufe der Lektüre wird jedoch deutlich, dass der Roman die Bedeutung dieser Begriffe hinterfragt und auch Miras Glaube an sie ins Wanken gerät. Während ihrer Recherche für den Roman habe sie eine berufliche Entwicklung innerhalb der UNO vom Idealismus zum Pragmatismus zum Zynismus beobachtet, erläutert Nora Bossong in ihrem Essay „Menschenrechte für rechte Menschen" („Auch morgen", 2021). Besonders befasst habe sie sich während der Arbeit an ihrem Roman mit dem wiederholten Scheitern der Vereinten Nationen „im Anblick schlimmster Gräueltaten" sowie mit persönlicher wie institutioneller Ohnmacht.

Mira Weidner arbeitet in Genf für die Vereinten Nationen. Als Assistentin der Sonderbeauftragten für Zypern führt sie Vorgespräche für die anstehenden Verhandlungen zwischen der Republik Zypern und der Türkischen Republik Nordzypern. Im Hotel, in dem die Gespräche stattfinden, trifft sie im Februar 2017 auf Milan. Aus Rückblenden geht hervor, dass Mira den acht Jahre älteren Milan aus ihrer Kindheit kannte. 1994, als Miras Eltern sich gerade scheiden ließen, verbrachte sie einige Monate bei seinen Eltern Lucia und Darius in der Nähe von Bonn. Darius war zu dieser Zeit für das Auswärtige Amt tätig und ständig auf Reisen. Wie Mira später erfuhr, hielt er sich im April 1994 auch in Ruanda auf, als das „blutige Chaos", das später als Genozid anerkannt werden würde, begann. 2017 ist Milan im Menschenrechtsrat der Vereinten Nationen tätig und soll bald nach Den Haag versetzt werden. Mira und Milan begegnen sich in den folgenden Monaten noch einige Male und beginnen eine Affäre. Im Mai begleitet Mira ihn sogar zur Wohnungssuche nach Den Haag, bis Milans Ehefrau Teresa und sein Sohn Kolja früher als geplant dort auftauchen.

Parallel zu den Begegnungen mit Milan trifft Mira in Genf auf Sarah, die sie aus ihrer Zeit in Burundi kennt. Sarah zeigt sich desillusioniert, dass ihre Arbeit vor Ort damals nichts erreicht hätte. Sie hatte jugendliche Söldner unterrichtet in der Hoffnung, ihnen andere berufliche Perspektiven eröffnen zu können und vergewaltigte

Frauen in Dörfern mit Medikamenten zur HIV-Postexpositionsprophylaxe versorgt, bevor der Putsch 2015 die Mitarbeiter der internationalen Organisationen dazu zwang, das Land zu verlassen. In Burundi hatten Mira und Sarah zu den sogenannten „Expats" gehört, internationale Gesandte der UNO, von Botschaften, Wirtschaftsunternehmen und NGOs, die sich abends auf Poolpartys und Empfängen trafen und tagsüber Aufgaben in der Friedens- und Entwicklungsarbeit wahrnahmen, an deren Nachhaltigkeit auch vor dem Putsch niemand so recht zu glauben schien. Während dieser Zeit waren sich Sarah und Mira auch körperlich näher gekommen.

Burundi war 2012 Miras erster Einsatz für die UNO gewesen. Knapp ein Jahr zuvor hatte sie – noch davon träumend, eines Tages für die Vereinten Nationen zu arbeiten – beim Kellnern in New York einen Mitarbeiter der UNO kennengelernt, der sie als seine Assistentin einstellte. Ursprünglich hatte sie auch ihr damaliger Freund, der Historiker Wim, nach Burundi begleiten sollen, doch ihre Beziehung driftete schon seit einiger Zeit auseinander und kurz vor der Abreise hatte Wim ihr eröffnet, doch lieber in Berlin bleiben zu wollen. In Burundi sollte Mira die Wahrheitskommission zur Aufarbeitung der Völkermorde 1972, 1988 und 1993 beaufsichtigen. Mira galt nach Sarahs Worten als jemand, die Menschen zum Reden bringt. Sie befragte ehemalige Kindersoldaten in Camps, ohne sich sicher zu sein, ob das, was sie ihr erzählten, der Wahrheit entsprach oder eine von den Lügen war, die man erzählte, weil es Geld für die Geschichten gab. Außerdem suchte sie mehrfach einen gewissen General Aimé für längere Gespräche auf. Welche Rolle Aimé in den Bürgerkriegen genau gespielt hat, bleibt im Unklaren, doch es ist davon auszugehen, dass an seinen Händen Blut klebt. Auch Miras Verbindung zu Aimé bleibt im Vagen, aber es wird angedeutet, dass diese eine rein professionelle Ebene überstieg. Später tauchen diese Gespräche jedoch nie in den Akten auf. Überhaupt scheint es bei der Tätigkeit für die Vereinten Nationen wichtiger zu sein, wie etwas in Berichten dargestellt wird, als tatsächlich die Wahrheit ans Licht zu bringen. Als im Oktober 2012 fünf Leichen von Oppositionellen in einem Fluss gefunden werden, geht es primär darum, dies in Berichten nicht wie eine Katastrophe aussehen zu lassen. „Unsere Berichte

waren Beschwörungen, Sätze, die eine Wirklichkeit weniger darstellen als eine Zukunft hervorbringen sollten", heißt es. Doch Mira selbst zweifelt an dieser Zukunft und an der Sinnhaftigkeit ihrer Arbeit für eine Wahrheitskommission, die wahrscheinlich nie ein Tribunal hervorbringen würde. Während der Genozid in Ruanda längst anerkannt war und Tribunale abgehalten wurden, hatte die internationale Gemeinschaft ein Interesse daran, in Burundi nur Massaker zu sehen, denn diese zwangen die UNO nicht zum Einsatz.
Im Juli 2017 scheitern die Gespräche im Zypern-Konflikt. Mira, die üblicherweise gut darin ist, Menschen erzählen zu lassen, bis sie ihre Taktik vergessen, hatte selbst zu viel gesagt. Die Vertreterin aus Zypern wirft Mira Parteilichkeit vor. Im April 2018 wird sie nach Amman versetzt.

„Schutzzone" wurde mit mehreren Preisen ausgezeichnet, stand auf der Longlist für den Deutschen Buchpreis und genoss im Allgemeinen große Aufmerksamkeit und viel Lob von Seiten des Feuilletons. Thomas E. Schmidt („Die Zeit") schrieb, „Schutzzone" hebe sich „durch seine Ernsthaftigkeit und seine literarische Könnerschaft von der Saisonproduktion der Verlage" ab. Enno Stahl („neues deutschland") zeigte sich davon beeindruckt, wie überzeugend der Roman „durchrecherchiert" sei. Carsten Otte (taz) wiederum überzeugte die Art, wie die „moralischen Ambivalenzen auf der politischen Weltbühne mit den Doppelbödigkeiten im Alltag" verknüpft werden. Der Roman sei aktuell in einem produktiven Sinne, weil er innerhalb komplizierter und unübersichtlich gewordener Verhältnisse keine Dogmen aufstelle. Zudem passe der „melancholische Realismus" sowie die langen, oft verschachtelten, zweifelnden Sätze gut zum Thema und der Geschichte. Auch Thomas Kurianowicz („Die Welt") thematisiert die „schnörkellose Sprache", mit der es Bossong gelinge, die „Kälte der Politik in den Text einfließen zu lassen". Er bewertet es durchaus positiv, dass der Roman es einem beim Lesen schwer mache – inhaltlich, weil er keinen Platz für Hoffnung lasse, und formell durch die Leerstellen, Zeitsprünge und der fehlenden Nachvollziehbarkeit in der Entwicklung der Charaktere –, und reiht den Text ein in eine „Sprache der großen Weltliteratur", die sich nicht für das Richtige im Falschen interessiere. Christoph Schröder (SZ) hebt ebenfalls die Komplexität des Romans positiv hervor und liest das Buch, in dem Meinungen und Urteile wie auch eine psychologische Kausalität „unmerklich eliminiert" seien, als eine „dezidierte Absage an jegliche Art von Gefühligkeitsprosa". Die eurozentrische Perspektive der Erzählerin, die man dem Roman womöglich vorwerfen könne, finde sich im Text auch stets reflektiert. Lediglich Ulrike Baureithel („Die WochenZeitung") findet die Parallelsetzung von Miras Tätigkeit bei der UNO mit der Liebesgeschichte zu Milan und den Kindheitsepisoden ein wenig konstruiert und manche Bilder, wie das vom Pfau im Genfer Garten der UNO, überdeterminiert.

In dem Jahr, in dem „Schutzzone" erschien, verbrachte Bossong einige Monate in Paris, um vor Ort zu den Gelbwestenprotesten zu recherchieren. Wie sie im Interview mit Judith von Sternburg („Frankfurter Rundschau") erzählt, plante sie, aus dem Material einen Roman zu schreiben, doch dazu kam es nicht. In ihrem Text „Handtasche weg – und die bürgerliche Existenz auch" (in „Die Welt") beschreibt Bossong, wie ihr in Paris der Laptop gestohlen wurde und mit ihm, mangels einer Kopie der Manuskriptdatei, auch die „Arbeit eines halben Jahrs". Immerhin ein Essay zu den Gelbwestenprotesten ist entstanden, eine Art „Elixier der einst größer angelegten Arbeit" (Lukas Meyer-Blankenburg), der sich nun unter dem Titel „Ein Tag wird kommen" in dem 2021 erschienen Band **„Auch morgen. Politische Texte"** nachlesen lässt. Der Band versammelt eine Auswahl von Bossongs Essays und Reportagen, die zwischen 2016 und 2021 entstanden sind. Manche der Texte wurden zuvor bereits in anderen Medien abgedruckt, bei anderen handelt es sich um Erstveröffentlichungen.

Im ersten Teil des Bandes hat man den Eindruck, die Texte könnten parallel zur Recherche für den Roman „Schutzzone" entstanden sein. So besucht Bossong in „Was sind schon fünfundzwanzig Jahre" eine Gedenkveranstaltung zum Genozid in Ruanda. In „Gerechtigkeit für die Welt" beobachtet sie mehrere 2018 und 2019 abgehaltene Verfahren des Internationalen Strafgerichts in Den Haag, die sie zum Anlass nimmt, über die Funktionen und Grenzen des ICC nachzudenken und über die Interessenskonflikte, die dadurch entstehen, dass dieser zu großen Teilen von führenden Industrieländern finanziert wird. […] Aus

„Vier Versuche über das Böse" erfährt man dagegen *en passant* von dem Zufallsfund in den Archiven des Auswärtigen Amtes, der den Roman „Webers Protokoll" inspirierte: eine Notiz über eine Frühstücksverabredung in der Akte eines Diplomaten, der in den 1940er Jahren für das Deutsche Reich in Norditalien tätig gewesen war. Auf der Rückseite, als handle es sich um Schmierpapier, der Ausschnitt eines Dokuments mit Informationen über einen Zugtransit und die Erkenntnis, dass Normalität und Grauen manchmal nah beieinander liegen.

Für die Reportage „Die zerlöcherte Region" war Nora Bossong mit dem Fotografen Ingo van Aaren in Jänschwalde / Jansojce unterwegs, ein Ort, der vom Kohleabbau geprägt ist, und in dem die Interessen von Tagebauern und Klimaaktivisten aufeinanderprallen. [...]

Die Essays im letzten Teil des Bandes beschäftigen sich vermehrt mit Glaubensfragen. [...] Im Gespräch mit Thomas Thiel (FAZ) spricht Bossong über die Rolle des Ichs in ihren Reportagen: Als Beobachterin trage sie ihren eigenen Hintergrund stets in das hinein, was sie beschreibe.

Auch in **„Die Geschmeidigen. Meine Generation und der neue Ernst des Lebens"** (2022) geht Nora Bossong vom Nachdenken über die eigene Prägung aus, um auf dieser Grundlage zu überlegen, was die Generation derjenigen ausmacht, die Anfang der 2020er Jahre um die Vierzig sind und immer mehr in verantwortungsvolle Positionen rücken. Im Zuge dessen führt sie auch Gespräche mit Menschen, die zwischen 1975 und 1985 geboren sind und überwiegend Posten in Politik, Kultur und Wirtschaft bekleiden. Die Grundthese des Buches ist, dass diese Generation lange Zeit von einem „pragmatischen Individualismus" und einem aus einer relativen Behütetheit hervorgegangenem Glauben geprägt gewesen ist, dass alle Probleme lösbar seien und am Ende alles gut ausginge. Dieses „optimistische Geschichtsverständnis" sei jedoch durch ein Ohnmachtsgefühl gegenüber Einschnitten und Krisen der letzten Jahre (beispielhaft werden hier aus Bossongs eigener Erfahrung der Brexit, der Wahlsieg Trumps, der Einzug der AfD in den Bundestag, die Corona-Pandemie und die immer sichtbar werdenden Folgen des Klimawandels genannt) erschüttert worden. Während die Generation, für die Bossong den Schlüsselbegriff „geschmeidig" verwendet, erstmals in Krisensituationen Verantwortung übernimmt, befinde sich die Gesellschaft an einem Wendepunkt. „Wir sind die letzte Generation, der ein rapider und zugleich sanfter Wechsel [im Umgang mit dem Klimawandel] noch gelingen kann", schreibt Bossong. Dabei sei es gerade auch die Anpassungsfähigkeit, ihre „Geschmeidigkeit", die diese Generation dafür einsetzen könne, um zwischen den wesentlich politisierten Vorgänger- und Nachfolgegenerationen „über Gräben hinweg" zu vermitteln. Bossong analysiert eine demografische Gruppe, zu der sie sich selbst zugehörig fühlt, und spricht daher von einem „Wir". Gleichzeitig reflektiert sie mit, dass dieses Wir sich anmaßt, mit einer Stimme für andere mitzusprechen, die nicht alle diese Beobachtungen teilen. Essayistische Analysen einer Generation haben oft das Problem, dass sich die Erkenntnisse nur auf eine begrenzte Gruppe mit ähnlicher Sozialisation anwenden lassen: In dem Fall auf jene Personen, die zwischen 1975 und 1985 in (West-)Deutschland in eine Familie der Mittel- oder Oberschicht hineingeboren sind. Die Krisenerfahrungen von Gleichaltrigen in europäischen Nachbarländern oder in prekären sozioökonomischen Verhältnissen innerhalb Deutschlands etwa können sich bereits sehr von denen dieser Gruppe unterscheiden. Immerhin weiß Nora Bossong um die Grenzen einer Generationenbetrachtung und erklärt im Interview mit Aurelie von Blazekovic (SZ), sie habe sich bewusst für diese Form entschieden, die es erlaube, den Fokus auf bestimmte politische Fragen zu legen.

Der vollständige Beitrag **„Nora Bossong"** im Kritischen Lexikon zur deutschsprachigen Gegenwartsliteratur ist einzusehen unter: www.klg-lexikon.de.

Peter Langemeyer

Nino Haratischwili

Nino Haratischwilis erste deutschsprachige Veröffentlichung war ein Kinderbuch: die Erzählung **„Der Cousin und Bekina"**. Es erschien 2001, zwei Jahre, bevor die Autorin sich endgültig in Deutschland niederließ, in einer von Christian Ewald bibliophil gestalteten Ausgabe in der Köpenicker Katzengraben-Presse. Die schlichte Erzählung, die die Autorin selbst aus dem Georgischen ins Deutsche übersetzt hatte, handelt von der kleinen Meriko, deren Lieblingsschaf Bekina bei einem Familienfest, an dem auch der verwöhnte Cousin teilnimmt, auf den Mittagstisch kommt. Traurig flieht das Kind in sein „Märchenland", in die Natur, in der es mit der Erinnerung an den tödlichen Verlust allein sein kann. Ewald nutzte das assoziative ästhetische Potenzial der ornamentalen georgischen Lettern, um der düsteren Geschichte ihre Schwere zu nehmen. Spielerisch gruppierte er die Schriftzeichen um die Textzeilen herum. Besonders das georgische L, das die Schlussszene dominiert, konnte den Leser an ein lockiges Lämmchen erinnern.

Einen Namen machte Haratischwili sich jedoch erst durch ihr Bühnenschaffen, bei dem Schreiben und Regieführen eng verbunden sind. 2006 debütierte sie mit **„Z"**, einer Studienarbeit, die an der Theaterakademie Hamburg entstanden war.

Lea und Tizian, zwei Studenten, sind in einem Unigebäude eingeschlossen – Lea freiwillig, um nachzudenken, er versehentlich, weil er eingeschlafen ist. Die Zeit bis zum Morgen vertreiben sie sich mit Reden, Streiten und (Rollen-)Spielen. Themen sind die Eltern, die Familie und das Studium, Ängste und Wünsche, Liebe, Leben und Tod. Nach und nach kommen Lea und Tizian sich näher – und doch bleiben sie sich im Grunde genommen fremd. Kurz bevor das Gebäude wieder geöffnet wird, verschwindet Lea. In der Tasche, die sie zurückgelassen hat, entdeckt Tizian Tabletten, ein Messer und ein Seil – Utensilien, mit denen man sich das Leben nehmen kann.

„Z" – mit diesem Buchstaben bezeichnet Lea sich und ihre Generation, die „die Letzten, die mit der Arschkarte" sind. Sie will ihre „Rolle selbst bestimmen", weiß aber, dass es keine Rolle für sie gibt. An der Freiheit, ja der Herausforderung, sich selbst zu erfinden und ein autonomes Leben zu führen, droht sie zu zerbrechen.

Die Inszenierung wurde zu Gastspielen u. a. nach Hamburg, Heidelberg, Jena und Bremen eingeladen und machte die Autorin über die Grenzen ihrer Wahlheimat hinaus einem größeren Publikum bekannt. In den folgenden Jahren wurde das Stück von mehreren Bühnen nachgespielt. „Z" war der Auftakt für eine beispiellose Erfolgsserie. Innerhalb von zehn Jahren wurden 23 Stücke der Autorin uraufgeführt, zwölf davon in eigener Regie, neun erschienen im Druck. Ein großer Teil der Inszenierungen waren Auftragsarbeiten, von denen einige in Kooperationen mit ausländischen Theaterensembles realisiert wurden.

„Z" enthält bereits einige typische Merkmale ihres literarischen Arbeitens, mit denen Haratischwili in der Tradition des textgestützten, dramatischen Theaters mit realistischem Anspruch steht. Selbst als Bühnenautorin sieht sie sich primär als „Geschichtenerzähler" (Müller-Wesemann 2010, S. 236), wenngleich ihre Stücke gelegentlich einem seriellen Prinzip folgen und episodisch angelegt sind. Ihr Ausgangspunkt sei ein „Thema", eine „Problematik", eine „Fragestellung", zu der ihr Dialogfetzen, Personen oder ganze Szenen einfielen, die sie dann im Prozess des Schreibens ausgestalte. „Der Inhalt diktiert mir sozusagen die Form" („allmende", Juli 2013, S. 65). Ihr „Lieblingsthema" seien „Menschen" (BR-Online, 25.2.2010), genauer: zwischenmenschliche Beziehungen in einer globalisierten, von Migration und kulturellen Gegensätzen herausgeforderten Gesellschaft, die aus weiblicher Sicht dargestellt werden. Die Figuren verfügen über eine komplexe Psychologie, und oft sind es Affekte, die den Konflikt auslösen oder die in eine Katastrophe münden. Gegen den Schluss nimmt das Geschehen häufig eine überraschende Wendung. Der offenen Dramaturgie kontrastiert immer wieder eine Rahmung, die die Chronologie aufbricht, indem sie das Ende an den Anfang zurückbindet und die Dynamik der Handlung unterläuft. Haratischwili will mit ihren Stücken keine Lehren vermitteln: „Ich hasse moralisierende, aufklärerische Stücke, und ein Happy End gibt es bei mir selten." (Müller-Wesemann, a.a.O.) Ihre Texte stellen Fragen, auf die der Zuschauer selbst eine Antwort finden muss. Ein weiterer bemerkenswerter Zug sind die Nebentexte, die mit ihren poetischen Elementen und lyrischen Stilmitteln über reine Szenenanweisungen hinausgehen und sich eher an die Fantasie des Lesers als an die Bühnenrealisation des Regisseurs und die Rollengestaltung des Schauspielers wenden.

Wie in „Z" ist es in **„Drei Sekunden"** (entstanden 2006, UA 2011) ein äußeres Ereignis, das die Betroffenen zwingt, sich untereinander und mit sich selbst auseinanderzusetzen. Alte, eingespielte Beziehungen erweisen sich plötzlich als brüchig und müssen neu verhandelt werden.

Der erfolgreiche Buchverleger Julian Strawinsky hat eine Frau überfahren. Und obwohl alles darauf hindeutet, dass er an dem Unglück unschuldig ist und Charlotte Prat (wie das Unfallopfer heißt) Suizid begangen hat, wirft ihn das Ereignis völlig aus der Bahn. Julian hat den Verdacht, dass sich die Getötete ihn ausgesucht hat. Unter dieser belastenden Annahme leiden sein Beruf, seine Beziehung zu seinem Sohn Luis, der bei seiner Mutter, Julians geschiedener Ehefrau, lebt und das Verhältnis zu seiner Familie. Doch nicht nur Julians Leben verändert der Unfall. Auch die Künstlerin Patricia Prat, Charlottes Tochter, stürzt in eine Krise, verband sie doch eine Hassliebe zur Mutter. Julian wendet sich an Patricia, um Näheres über Charlottes Motive zu erfahren. Die Frage nach dem Warum bringt Julian und Patricia eng zusammen. Eine Beziehung aber scheitert an Julians Unfähigkeit, die Frau zu lieben. Während es Patricia gelingt, durch ein Bild, das sie von ihrer Mutter malt, sich von ihren Schuldgefühlen zu befreien, verstrickt Julian sich immer tiefer in den Wahn, am Tod Charlottes schuldig geworden zu sein.

Bis zuletzt bleibt es unklar, ob Charlotte mit ihrem Suizid ein Zeichen setzen und ihre Tochter strafen wollte. Die Schlussszene knüpft an den Anfang an. Julian steht mitten auf der Straße, und zwar genau dort, wo er Charlotte überfahren hat. Wie in „Z" bleibt es offen, ob die Figur sich tötet.

Für **„Mein und dein Herz (Medeia)"** (UA 2007) – ihre Diplominszenierung an der Theaterakademie Hamburg – entschied Haratischwili sich für einen Stoff aus der griechischen Mythologie: die Sage von der zauberkundigen Königstochter Medea aus Kolchis an der Schwarzmeerküste, die sich für die Untreue ihres Ehemanns Jason grausam an den gemeinsamen Kindern rächt. Haratischwili gab der antiken Vorlage allerdings eine sehr freie Interpretation.

[...]

In Haratischwilis Version ist Medea nicht das von der Männerwelt gemachte Monstrum, sondern die unbedingt Liebende, die ganz ihrer Leidenschaft verfallen ist. Anders als Jason weigert sie sich, sich den fremden Sitten und Gebräuchen anzupassen. Aber auch Jason kann Medeia nicht lassen. Wie in einer Endlosschleife sind die Figuren in ihrer tragischen Liebe gefangen. „Ich liebe dich" lautet der erste und der letzte Satz, am Anfang von Medeia, am Ende, bevor er Hand an sich legt, von Jason ausgesprochen. „Es machte Spaß, pathetisch sein zu dürfen", bekannte die Autorin zur Aufführung (von Saalfeld 2010, S. 14) und verwies damit auf einen Zug, der viele ihrer Theaterstücke auszeichnet.

Von einer Frau, die von ihrem Geliebten verlassen wird, handelt auch das Stück **„Le Petit Maître"** (UA 2007), mit dem Haratischwili der Sprung ins Repertoire des Staatstheaters gelang. Die Dreiecksgeschichte ging aus einer Kurzgeschichte hervor, die sie 2005 nach Motiven von Egon Friedell geschrieben hatte. Als *petit maître* bezeichnete man im Rokoko einen Liebhaber, der seiner Dame alle Wünsche erfüllen musste, sie aber „nicht als SEINE Dame lieben" durfte.

Paul, den es beruflich nach Paris verschlagen hat, ist unglücklich verheiratet und hat einen kleinen Sohn. Auf einer Kunstausstellung lernt er Mathilde kennen, die sich ihm als kinderlose, verheiratete Kunstjournalistin vorstellt. Zwischen Paul und Mathilde kommt es zu einer leidenschaftlichen Affäre, die sieben Jahre anhält, bis Paul versetzt wird und die Stadt verlassen muss. Doch Paul kann Mathilde nicht vergessen. Als er sich auf die Suche nach der Geliebten begibt, macht er eine überraschende Entdeckung: Mathilde ist niemals verheiratet gewesen, hat ein kleines Mädchen (das möglicherweise von ihm stammt) und verdient ihren Lebensunterhalt als lebendes Standbild. Ihre Lieblingsfigur ist Pierrot.

Die melancholische Stimmung, die die Fabel beim Rezipienten erzeugen kann, wird durch den Wechsel von epischem Bericht und szenischem Dialog gebrochen. Mit Ausnahme des 7. und des letzten Bildes werden alle Szenen, die in Paris spielen, aus erinnernder Retrospektive durch einen Monolog Pierrots eingeleitet. Das Schlusswort hat Mathilde, die auf dem Podest steht, auf dem zuvor Pierrot gestanden hat, und dem Publikum den *petit maître* erklärt, bevor sie heruntersteigt und mit dem kleinen Mädchen unter den Blicken Pauls verschwindet.

Einen zeitgeschichtlichen Handlungshintergrund wählte Haratischwili in **„Georgia"** (**„Agonie"**, UA 2007): die kriegerischen Auseinandersetzungen um die Unabhängigkeit ihres Geburtslandes in den 1990er Jahren. Das Stück handelt vom Umgang mit der geschichtlichen Vergangenheit zwischen Erinnern und Vergessen. Die Reise in das Land ihrer Herkunft wird für die emigrierte Hauptperson zu einer Reise zu sich selbst. Einige Motive, die das Stück behandelt, wurden später in den Romanen wiederaufgenommen.

[...]

„Selma, 13" (UA 2008) handelt von einer pubertären Gefühlsverwirrung, die ein junges Mädchen veranlasst, sich in einem langen Monolog mit ihrer Lebens- und Familiengeschichte auseinanderzusetzen. Selma hat dem Jungen, mit dem sie eigentlich ihr erstes sexuelles Erlebnis geplant hatte, in die Zunge gebissen und dann ihre Goldfische getötet. Deshalb ist sie in therapeutischer Behandlung. Eingeflochten in den Monolog sind Zitate aus den Medien und der Fachliteratur, die Selma gelesen hat, und die um das Problem kreisen, ob Gewalttäter ihrem freien Willen folgen oder der Triebkraft des – sei es heilbar, sei es unheilbar – Bösen ausgesetzt sind. Die Idee zu dem Stück stammte von Nina Mattenklotz, einer Studienkollegin der Autorin, und war angeregt durch öffentliche Diskussionen, die der Fall Fritzl ausgelöst hatte. Mattenklotz realisierte auch die Uraufführung.

Brüchige Existenzen, zerstörte Liebesverhältnisse, zerrüttete Ehen und trostlose Familien – das sind in Haratischwilis theatralem Kosmos wiederkehrende Konstanten. In **„Müde Menschen in einem Raum"** (UA 2008) lässt die Autorin Personen auftreten, die eine gescheiterte Beziehung hinter sich haben. Während die Männer vergeblich versuchen, das Verhältnis zu ihrer ehemaligen Partnerin wiederzubeleben, haben die Frauen resigniert. Liebe, Sex, Ehe und Familie sind daher auch die Sujets, von denen die Dialoge handeln.

[…]

Obwohl mehrere Personen des Stücks mit Kunst zu tun haben, ist es kaum als Künstlerdrama zu bezeichnen. Denn das Konfliktzentrum sind nicht der Künstler oder die Kunst, sondern Ehe- und Liebesbeziehungen. Anders liegt der Fall bei dem Stück **„Liv Stein"** (UA 2009), das das Verhältnis von Kunst und Leben zum Thema macht: Für ihre Karriere hat die Konzertpianistin Ehe und Familie vernachlässigt, sie hat als Mutter und Gattin versagt und daher die Kunst aufgegeben. „Liv Stein" – der Personenname ist sprechend – ist Haratischwilis erfolgreichstes und meistinszeniertes Schauspiel (Stand: 2017). 2008 wurde es mit dem Autorenpreis des Heidelberger Stückemarkts ausgezeichnet. Ein Jahr später setzte Haratischwili am Theater der Stadt Heidelberg die Uraufführung in Szene. Zusammen mit „Georgia", mit dem es das Interesse an der Aufdeckung vergangener Schuld teilt, erschien es 2009 in einer Buchausgabe.

[…]

Künstlerfiguren oder wenigstens Figuren, die in irgendeiner Weise mit Kunst zu tun haben, treten in Haratischwilis Stücken häufig und in unterschiedlichen thematischen Kontexten auf (Patricia in „Drei Sekunden", Mathilde in „Le Petit Maître", Nelly in „Georgia", Thea, Marlene und Lara in „Müde Menschen in einem Raum"). **„Ich, Du, Marina (Fragment einer Nacht)"** (entstanden 2007, UA 2012) ist ein imaginäres Zwiegespräch, das eine verzweifelte Schriftstellerin, die im Begriff ist, sich von dem Fensterbrett eines Moskauer Hochhauses in die Tiefe zu stürzen, mit Marina Zwetajewa führt, die 1941 durch Freitod aus dem Leben geschieden ist. Die russische Dichterin, deren Texte Haratischwili viel bedeuten („Z" ist ihr gewidmet), überzeugt die lebensmüde Frau davon, dass Schreiben Sinnstiftung und Überleben ist. In **„Algier"** (UA 2009) plant der Kameramann Malik mit seiner Freundin Cecilia einen Dokumentarfilm über seine algerische Heimatstadt zu drehen, der „Afrika Europa näher [zu] bringen" und dabei auch ihre Beziehung zu stabilisieren verspricht. Doch beides misslingt. Eine Satire auf den zeitgenössischen Kunstbetrieb ist **„Atmen"** (UA 2011), das aus einer Auftragsarbeit für das Deutsche Theater Göttingen hervorging

(„**Glückliche Hühner**", UA 2010). Die ambitionierte Videokünstlerin Jenny ist mit ihrem „intermedialen Projekt" „Death In Progress. Die Zukunft der Friedhöfe" gescheitert. Was bleibt ihr da anderes übrig, als ihr Scheitern selbst zum Gegenstand einer szenischen Präsentation zu machen, indem sie seine Ursachen dem Publikum vor laufender Kamera und im Zuschauerraum erzählt? Wie es dazu kommen kann, dass das Leben der Kunst aufgeopfert wird (vgl. „Liv Stein") behandelt das Stück „**Das Leben der Fische**" (UA 2011). Im Mittelpunkt der verschachtelten, mit Überraschungseffekten versehenen Handlung steht die Fotografin Ida, die das Opfer eines ausgeklügelten Spiels wird, das die Immobilienhändlerin Dana mit ihrem Geliebten, dem Schriftsteller Emmanuel treibt, um dessen Schreibblockade zu lösen.

Wie in „Liv Stein" geht es in „**Die zweite Frau**" (UA 2009, veröffentlicht 2013) um eine seelische Erstarrung, aus der die Betroffene sich allerdings selbst zu befreien versucht. Und wieder steht eine Figur zentral, die dazu auserkoren ist, an einer anderen Figur Rache für ein verfehltes Leben zu nehmen. Das Stück stellt verschiedene weibliche Lebensentwürfe gegenüber und verschränkt sie mit der Flüchtlingsthematik. Westlicher und östlicher Blick geraten dabei in spannungsvollen Kontrast.

[...]

Wie Henri in „Liv Stein" und Laura in „Die zweite Frau" werden die Personen in „**Zorn**" (UA 2010, veröffentlicht 2011) durch einen Affekt gesteuert. Das Stück war eine Auftragsarbeit des Deutschen Theaters Göttingen zum Thema „Lebensentwürfe und die Krise des Kapitalismus". Den Anstoß gaben aktuelle Zeitungsmeldungen. Das Stück besteht aus einer Aneinanderreihung lose miteinander verknüpfter Szenen. Acht Figuren aus unterschiedlichen gesellschaftlichen Schichten treten auf, deren Biografien sich teilweise überschneiden. Im Zorn über ihr verfehltes, unglückliches Leben tun sie sich selbst Gewalt an, unfähig, ihre Kraft für die Veränderung der äußeren Gegebenheiten einzusetzen.

[...]

Die Episoden sind teils im Monolog, teils im Dialog, teils in einer Mischform gespielt, die die Entfremdung zwischen den Figuren betont: Sie stehen zusammen auf der Bühne, sprechen aber nicht miteinander, sondern übereinander. Verstärkt wurde dieser Effekt in der zweisprachigen Aufführung, die die Autorin 2015 selbst mit einem georgisch-deutschen Ensemble am Theater Freiburg realisierte.

In **„Radio Universe"** wendet Haratischwili sich wieder Georgien zu, diesmal aus einer tagesaktuellen Perspektive. Den Anstoß gab eine Reise, die sie im August 2008 in ihr Herkunftsland unternahm, wo sie vom Ausbruch des Blitzkriegs mit Russland überrascht wurde. Während ihres Aufenthalts wechselte sie mit der Regisseurin Nina Mattenklotz E-Mails zwischen Tiflis und Hamburg – eine Kommunikationsform, die auch die Struktur des Stücks prägt, das Mattenklotz 2010 zur Uraufführung brachte.

[...]

Zwischen unmittelbarem Erleben und medienvermittelter Wirklichkeit, Betroffensein und Reflexion, privaten und gesellschaftlichen Katastrophen spannt sich der Kontrast, dem die Figuren ausgesetzt sind. Eine Vermittlung der Gegensätze unterbleibt. Die Begebenheiten werden weniger dargestellt als referiert – in Monologen, Erzählungen und Berichten. Einen ironischen Effekt hat der Auftritt des Mischlingshundes Giorgy, der auf die EU-Quarantänebestimmungen wettert, die verhindern, dass er sein Frauchen Lile nach Georgien begleiten darf – eine Reminiszenz an ein eigenes Erlebnis der Autorin, das auf Anregung der Regisseurin in das Stück aufgenommen wurde.

„Radio Universe" gehört mit „Georgia" zu einer Werkgruppe von Stücken, die sich mit dem Krieg aus westöstlicher Perspektive auseinandersetzen. Dazu zählen auch „Elektras Krieg" und „Herbst der Untertanen", die sich auf seine psychologischen, traumatisierenden Folgen konzentrieren. **„Elektras Krieg"** (UA 2012) ist eine freie Bearbeitung des antiken Mythos von der griechischen Königstochter, die ihren Bruder Orest anstachelt, die Mörder ihres Vaters Agamemnon zu töten.

[...]

Haratischwili hat den Stoff in eine zeitgemäße, anachronistische Sprache transformiert, die Gesinnungen der Figuren verändert, für Agamemnons Todesursache Suizid ins Spiel gebracht und mit Polyxena eine ‚fremdkulturelle' Frauenfigur eingeführt, die die Grausamkeiten des Kriegs selbst erlebt hat, letztlich aber zur Versöhnung bereit ist. Auch wenn der Rezipient nicht erfährt, ob Orest seine Ankündigung wahrmacht – das Stück endet düster: Für den kriegsversehrten Helden scheint es keine glückliche Zukunft zu geben.

Ganz ähnlich wie in „Elektras Krieg" stellt Haratischwili in **„Herbst der Untertanen"** (UA 2014, veröffentlicht 2015) die strikte Trennung zwischen Täter und Opfer infrage. Zeit und Ort der Handlung sind unbestimmt, zum Zeichen, dass das Geschehen jederzeit und überall spielen kann.

> Der Schauplatz ist eine herrschaftliche Villa, die vom Bürgerkrieg umtobt wird. Die Köchin Rina, die Haushälterin Kaela und die Aushilfe Luci, ein Flüchtling, warten auf die Rückkehr des Hausherrn, den General. Während die Kämpfe sich der Villa nähern, machen Rina und Kaela sich die Vorherrschaft im Haushalt streitig, wobei sie sich nicht scheuen, sich durch die Erinnerung an die verdrängte Vergangenheit gegenseitig zu demütigen. Die Haushälterin ist als junges Mädchen von Soldaten vergewaltigt worden, die Köchin hat ihren Sohn verraten, als dieser auf die Seite des Widerstands gewechselt ist. Gemeinsam zwingen Kaela und Rina Luci, sich einzugestehen, was sie zu vergessen sucht: dass ihre Eltern im Krieg getötet worden sind. In der Schlussszene schlüpfen Kaela und Rina in die Rollen von General und Generalsgattin. Zu spät müssen sie jedoch entdecken, dass Luci sich die Schusswaffe des Generals verschafft hat, mit der sie sich ihnen nähert.

Im Wechsel zwischen Rede und Rollenspiel entwirft die Autorin ein beklemmendes Szenario der Aussichtslosigkeit. Der Krieg verschont keinen, weder im Land noch im Haus, weder in der Öffentlichkeit noch im privaten Kreis, weder Männer noch Frauen, und die Geschundenen nehmen Rache, weil die „Albträume" schmerzhaft erlittener Vergangenheit nicht verarbeitet wurden. Mögen sich die eingesetzten Mittel auch unterscheiden – Frauen kämpfen genauso um die Herrschaft, wenden genauso Gewalt an wie Männer.

2010 erschien Haratischwilis erster Roman, **„Juja"**, der es auf Anhieb auf die Longlist des Deutschen Buchpreises schaffte und die Autorin über die Grenzen des Theaters hinaus in der literarischen Öffentlichkeit bekannt machte. Der Titel, der auf ein Lied der russischen Sängerin Zemfira anspielt, meint einen Menschen, „den zu lieben es sich lohnt, von dem geliebt zu werden sich noch mehr lohnt". Der Roman fächert sich in 80, mehr oder weniger umfangreiche Textblöcke auf, die jeweils mit einer Person verbunden sind, aus deren Perspektive teils in innerem Monolog, teils in erlebter Rede, teils szenisch erzählt wird. Mit der Erzählfigur wechselt auch die erzählte Zeit, die sich insgesamt über ein halbes Jahrhundert von den 1950er Jahren bis zum Beginn des 21. Jahrhunderts erstreckt.

„Juja" handelt von dem in einem von 68ern gegründeten Pariser „Undergroundverlag" erschienenen Buch „Eiszeit", einer tagebuchartigen Sammlung ebenso düsterer wie tiefsinniger Reflexionen voller mythologischer Anspielungen, das viele Leserinnen dazu verführt hat, sich wie seine unglückliche 17-jährige Autorin Jeanne Saré das Leben zu nehmen. Neben Saré, aus deren Buch zitiert wird, kommt ein „Ich" zu Wort, dass die Geschichte aufschreibt. Zu den weiteren Stimmen gehören die Studentin Olga Colert, die sich nach der Lektüre von „Eiszeit" umbringt, die australische Geschichtsdozentin Francesca Lowel, deren Mann sich und den gemeinsamen Sohn in einem Amoklauf getötet hat, und die holländische Kunstwissenschaftlerin Laura van den Ende, die von dem Studenten Jan, dessen Mutter sich erhängt hat – weil sie, wie er vermutet, „Eiszeit" gelesen hat –, dazu überredet wird, herauszufinden, was es mit dem „Mythos", der „Kultfigur" Saré und den rätselhaften Todesfällen auf sich hat. Bei ihren Recherchen in Paris entdecken Laura – auch sie hat ein traumatisches Erlebnis hinter sich: Sie hat ein totes Kind zur Welt gebracht – und Jan, dass die junge Frau nie existiert hat, sondern eine Erfindung des Schriftstellers Patrice Duchamp ist, dessen Frau Marie sich das Leben genommen hat, aus Schuldgefühlen, weil sie ihren Mann zur Veröffentlichung der Geschichte gedrängt und eine Biografie des Mädchens erfunden hat.

„Juja" ist in mehrfacher Hinsicht ein Buch über ein Buch. Zum einen, weil sich hinter der fiktiven Geschichte von „Eiszeit" die authentische (aber nicht minder fiktive) Geschichte einer gewissen Danielle Sarréra verbirgt, deren postum in den 1970er Jahren in Paris erschienene Kurzprosa („Œuvre", 1974, „Journal", 1976; dt. „Arsenikblüten", 1978) ähnliche Folgen zeitigte wie sie in „Juja" beschrieben sind. Zum anderen, weil es – fast 250 Jahre nach Goethes Kultroman „Die Leiden des jungen Werthers" (1764) – auf die zerstörerische Wirkung und Rezeption von Literatur sowie die (sozial)psychologischen Bedingungen reflektiert, die den Leser dazu disponieren, sich mit einer literarischen Gestalt wie Saré zu identifizieren. Und schließlich, weil „Juja" in der Figur des „Ich" die Frage nach der Entstehung des Romans und die Wahl des Sujets thematisiert.

Um die (Selbst-)Befreiung aus einer traumatischen Beziehung geht es auch in Haratischwilis zweitem Roman **„Mein sanfter Zwilling"** (2011). Die aus der Ich-Perspektive rückblickend erzählte Familiengeschichte besteht aus zwei Teilen. Der erste Teil – „Dort" – spielt in Norddeutschland und konzentriert sich auf das „Familiengefüge", in dem die Erzählerin aufgewachsen ist. Der Schauplatz des zweiten Teils – „Hier" – ist Georgien und erweitert den Blick auf die politische Situation.

Stella – die Erzählerin – und Mark, zwei Journalisten in den Dreißigern, sind seit sieben Jahren miteinander verheiratet und haben einen kleinen Sohn. Ihr Leben verläuft in geordneten bürgerlichen Bahnen, bis Ivo – der „sanfte Zwilling" – auftaucht, der Unruhe in den familiären Alltag bringt, indem er Stella an eine Vergangenheit erinnert, die sie glaubt, längst hinter sich gebracht zu haben. Seit der Kindheit verbindet Stella und Ivo eine selbstzerstörerische, zwischen Liebe und Hass schwankende Beziehung, über die der Leser in Rückblenden nach und nach aufgeklärt wird. Ivos Mutter Emma ist von ihrem Ehemann (Ivos Vater) erschossen worden, nachdem dieser erfahren hat, dass Frank, Stellas Vater, ihr Geliebter gewesen ist. Ivo verschlägt es daraufhin regelrecht die Sprache, Gesi, Stellas Mutter, trennt sich von ihrem Mann und beginnt in den USA ein neues Leben. Die Kinder – Stella, ihre ältere Schwester Leni und Ivo, von Frank adoptiert, bleiben in Deutschland und werden von Franks Tante Tulja aufgezogen. Doch damit sind die Ursachen des komplizierten Verhältnisses zwischen Stella und Ivo noch nicht erklärt.

Ivo überredet Stella, ihm auf eine Reise nach Georgien zu folgen. In der Familiengeschichte des mit ihm befreundeten Lado, der für die Unabhängigkeit des Landes gekämpft hat, hat er Parallelen entdeckt, von denen er sich eine ‚heilende' Wirkung für sich und Stella verspricht. Wie Ivo – angestiftet von Stella – seinem Vater die Untreue seiner Frau verraten hat, hat Maja die Tochter von Lado und Nana, ihrem Vater verraten, dass ihre in den Bürgerkriegswirren nach dem Zerfall des Sowjetimperiums umgekommene Mutter eine Affäre mit Alexej, einem russischen Militär, hat. Zu spät wird beiden – Maja wie Stella – bewusst, was sie angerichtet haben. Maja kommt bei dem Versuch, den Fehler wieder gutzumachen, um, Stella jedoch überlebt und muss ihre Schuld tragen. Und wie Ivo wird Buba, dem unehelichen Sohn von Alexej und Nana, „ein anderes Leben aufgezwungen": Er wächst bei Lado auf, der ihn für sein leibliches Kind hält. Als Ivo dann Alexej und Lado zusammenbringt um „Frieden [zu] stiften", kommt es zur Katastrophe. Lado kann die „Wahrheit", die er von Alexej erfahren hat, nicht verkraften. Auf dem Rückweg von ihrer Begegnung verwickelt er mit seinem Auto Alexej in einen Unfall; alle drei Männer verlieren das Leben. Noch einmal wiederholt sich das Schicksal: Majas Verrat zeitigt schließlich dieselben tödlichen Folgen wie der Verrat Stellas. Das Ende des Romans schließt an den Anfang an: Stella erinnert sich an das Gesicht Ivos, den sie in Georgien wiedertreffen wird, wo sie ihn verloren hat.

„Mein sanfter Zwilling" variiert das Muster des Ehebruchromans, dem Elemente eines tragischen Geschehens integriert sind. Geschildert wird die Geschichte eines doppelten Verrats, seiner fatalen familiären Folgen und des Versuchs, diese zu bewältigen: des Verrats am Ehepartner und des Verrats an der Mutter. Zum Fiasko kommt es erst, als das gemeinsame Kind den Betrug dem Betrogenen verrät, weil es die Betrügerin für die Zerstörung der Familie verantwortlich macht. Doch nicht nur Ivo ist als Kind schuldig geworden; auch Stella hat Schuld auf sich geladen, als sie Ivo zum Verrat angestiftet hat. Das Eingeständnis ihrer Reue kommt jedoch für Ivo zu spät. Der Roman lässt es offen, ob es Stella gelingt, sich von den Traumata ihrer Vergangenheit zu befreien und ein neues Leben zu beginnen.

Primär aus der Sicht Georgiens, das auch der Hauptschauplatz ist, ist der Generationenroman **„Das achte Leben (Für Brilka)"** (2014) erzählt. Eingebunden in die politische Geschichte eines Jahrhunderts, „das alle betrogen und hintergangen hat, alle die hofften", wird das Leben von acht Personen aus fünf Generationen der georgischen Familie Jaschi geschildert. Erzählt wird die Familiengeschichte aus der Ich-Perspektive im Rückblick von der 1973 geborenen Niza Jaschi, die ihr Geburtsland verlassen hat und in Berlin lebt; adressiert ist sie an ihre Nichte Brilka, den jüngsten Nachkommen, die ebenfalls ihrer Familie den Rücken kehren will und der Niza, im Nachdenken über die gemeinsame Herkunft, helfen möchte, ihre „Geschichte anders und neu zu schreiben".

Der Roman, der den Verfall der Familie mit dem Verfall der Sowjetunion und einer patriarchalischen Gesellschaftsform verschränkt, beginnt mit dem georgischen Ururgroßvater, einem Konditor, der aus Mitteleuropa das „Geheimrezept" für eine heiße Schokolade mitbringt, mit der er den Grundstein für eine erfolgreiche Schokoladenproduktion in seiner Heimat legt. Erzählt wird von Stasia, seiner Tochter, die Simon Jaschi, einen Oberleutnant der Weißen Garde heiratet, der zur Roten Armee übertritt, und von ihrer schönen Halbschwester Christine, die ein Verhältnis mit dem Geheimdienstchef eingeht und dafür von ihrem Ehemann grausig bestraft wird – er gießt ihr Säure ins Gesicht, die sie so stark entstellt, dass sie ihr Gesicht künftig unter einem Halbschleier verhüllen muss. Erzählt wird von Stasias Sohn Kostja, Weiberheld und despotisches „Familienoberhaupt", der in der Marine und schließlich im NKWD Karriere macht und mit seinen Parteiverbindungen die Geschicke seiner Familie lenkt. Erzählt wird von Kostjas Schwester Kitty, deren Freund mit den Nazis kollaboriert und die in den Westen ausgewiesen wird, wo sie sich als Sängerin Ansehen verschafft. Erzählt wird weiter von Kostjas und Nanas Tochter Elene, die sich gegen ihre privilegierte Herkunft auflehnt und zum gesellschaftlichen Außenseiter entwickelt. Und erzählt wird schließlich von Elenes beiden

Kindern, die ohne ihre leiblichen Väter aufwachsen: von Daria, die an ihrer Ehe zerbricht, und von ihrer Halbschwester Niza, die, zermürbt von dem vergeblichen Ringen um die Liebe ihres Großvaters, ihrer Mutter und ihrer Schwester, Familie und Land hinter sich lässt und im Westen ein neues Leben beginnt.

Mit der Familiengeschichte der Jaschis eng verbunden, aber als eine Art Gegenpol angelegt, ist die Familiengeschichte der Eristawis, deren Mitglieder sich der Anpassung an das sowjetische Herrschaftssystem durchgängig verweigern und dafür einen hohen Preis bezahlen. Aber auch bei den Jaschis hinterlässt die staatliche Repression ihre Spuren: Sie zeigen sich in der Zerstörung familiärer Beziehungen, in der Wiederholung selbstdestruktiver Verhaltensmuster, im Verlust der Lebenstüchtigkeit und in der Unfähigkeit zu partnerschaftlicher Liebe.

Der Roman weist neben Stilelementen des magischen Realismus – wie in den Leitmotiven der Schokoladenrezeptur, die der Familie Wohlstand, aber auch Unglück beschert, und der Gespenster der Verstorbenen, die besonders die Frauen des Romans heimsuchen –, metanarrative Schreibstrategien auf – z. B. in der Metapher des Teppichs, dessen Fäden sich zu wiederholenden Mustern verbinden, die erst im größeren Zusammenhang erkennbar werden. Den Schluss des Romans bildet das achte, „Brilka" betitelte Buch, das aus lauter leeren Seiten besteht. Er ist ein komplexes Sinnbild – dafür, dass die Zukunft der Familie Jaschi offen ist, aber auch dafür, dass Brilka die Überlieferung in die eigenen Hände nimmt, wobei sie das künstlerische Medium wechselt: Statt der Literatur wird sie den Tanz zum Ausdruck ihrer Erfahrungen und Erinnerungen wählen.

Das monumentale, fast 1300 Seiten umfassende Werk wurde von Kritik und Publikum sehr positiv aufgenommen. Im April 2017 feierte eine Bühnenfassung am Thalia Theater Hamburg erfolgreich Premiere.

Mit ihren Romanen eroberte Haratischwili sich ein neues Publikum, ohne ihr altes zu vernachlässigen oder gar aufzugeben. 2015 publizierte sie vier Theaterstücke: „Herbst der Untertanen" (s. o.), „Das Jahr von meinem schlimmsten Glück", „Kokoro" (alle drei von der Autorin in den Jahren zuvor selbst uraufgeführt) und „Schönheit". Darüber hinaus kamen einige weitere Stücke zur Aufführung, die aber ungedruckt blieben.

"Das Jahr von meinem schlimmsten Glück" (UA 2010) beginnt mit einem metatheatralen „Prolog vor dem Prolog", der eine gegen Haratischwilis Beziehungsdramen häufig geäußerte Kritik resignifiziert. Selbstbewusst bekennt sich ein aus den Frauen des Stücks bestehender Chor dazu, eine „Melodramatische/Pathetische/Kitschige/Ja/ Kitschige/Geschichte" zu erzählen. Das Stück nimmt das Motiv der leidenschaftlichen, unbedingten Liebe auf, die am fehlenden Mut des Geliebten scheitert und verknüpft es mit der Frage nach der eigenen Identität.

[...]

Der Epilog kehrt an den Schauplatz des Prologs zurück. Am Ende hat Ivy zu sich selbst gefunden.

Ging es in „Das Jahr von meinem schlimmsten Glück" um die Frage „Wer bin ich?", so handelt **„Wir ohne uns"** (UA 2012) von der Frage: „Wer bist du?" Die Szene ist ein Chatroom, in dem zwei Personen sich zu einem Spiel mit virtuellen Identitäten treffen. Die Grenze zwischen Realität und Fiktion gerät ins Schwimmen.

[...]

„Kokoro" (UA 2012) lässt sich einer Reihe von Stücken zuordnen, die sich mit Fragen der Migration aus interkultureller Perspektive befassen (vgl. „Algier", „Georgia", „Radio Universe"). In locker miteinander verbundenen Szenen präsentiert das Stück neun Menschen, deren Lebenswege sich kreuzen.

[...]

Das Stück entwirft ein Panorama des Scheiterns – im Großen der Politik wie im Kleinen des privaten Lebens, für deren Ursache die Personen kontroverse Erklärungen haben. Für Frank liegen sie im Schicksal, in „Kokoro" (japanisch für „Herz aller Dinge"), das die Menschen büßen lässt, „wenn das Gleichgewicht der Welt aus den Fugen gerät". Leila widerspricht ihm. Für sie ist der Mensch für sich selbst verantwortlich. Folgerichtig trifft sie eine Entscheidung, nämlich „für immer" in das Land ihrer Herkunft zurückzukehren, das sie verlassen hat, um ihrem Sohn ein Musikstudium zu finanzieren.

In Haratischwilis Werken begegnen immer wieder Personen, die an einer persönlichen oder auch an der politischen Geschichte leiden oder gar zu zerbrechen drohen. **„Das Land der ersten Dinge"** (UA 2014) handelt von zwei älteren Frauen, deren beschädigte Biografie untrennbar mit den historischen Verhältnissen verbunden ist, unter denen sie gelebt haben. Das Stück entstand im Rahmen des EU-geförderten Projekts „Die Kunst des Alterns".

Lara, eine pensionierte Richterin aus Westdeutschland, ist ans Bett gefesselt, Natalia, eine ehemalige Orgelspielerin aus dem Osten, ihre Pflegerin. Das Verhältnis zwischen den Frauen ist angespannt. Beide haben ihre politische Überzeugung für die Karriere eingetauscht. Aus Lara, die als linke Anwältin begonnen hat, ist eine ‚staatskonforme Beamtin' geworden, aus Natalia, Tochter eines Dissidenten, die sich für den Reformkommunismus engagiert hat, eine angepasste Musikerin, die „Bach für Breschnew" gespielt hat. Beide haben aber auch ihre Kinder verloren – Laras Tochter hat sich mit ihrer Mutter zerstritten, Natalias Sohn ist ins kriminelle Milieu abgerutscht. Ausgelöst werden ihre Erinnerungen an die Vergangenheit durch ihre Familienangehörigen, die ihnen als ‚Traumgestalten' erscheinen: durch Mika, Laras Enkel, dessen Besuch sie vergeblich erwartet, weil er vermutlich tot ist, bzw. durch David, den Ehemann von Natalia, den sie angestiftet hat, für die Staatssicherheit zu arbeiten und der sich deshalb später erhängt hat. Das Stück endet mit einer Erfüllungsvision. Lara und Natalia brechen in Laras himmelblauem Citroën in das „Land der ersten Dinge" auf, in dem alles zum ersten Mal passiert und alles, was traurig macht, vergessen ist.

Über den Realitätsstatus des Schlusses bleibt der Zuschauer genauso im Ungewissen wie darüber, ob das Vergessen schuldbeladener Vergangenheit Voraussetzung eines gelingenden Neuanfangs sein kann.
Welche fatalen Folgen ein Identitätswechsel haben kann, erkundet Haratischwili in **„Am Anfang der letzten Nacht"** (UA 2014).

Der Wunsch, geliebt zu werden, hat Sophie dazu geführt, in die Rolle ihrer verstorbenen Zwillingsschwester zu schlüpfen, einer verheißungsvollen Schauspielerin. An den Anforderungen, die die neue Rolle an sie stellt, zerbricht sie. Deshalb muss sie sich psychiatrisch behandeln lassen. Schauplatz der Handlung ist ein Hotel, in dem die Figuren des Stücks abgestiegen sind, mit denen Sophie schicksalhaft verstrickt ist. Amelie und Lukas, ein Ärzteehepaar, sind am Tod ihrer Schwester schuldig geworden – Amelie ist bei der Operation betrunken gewesen, Lukas hat sie gedeckt, um ihre zerrüttete Ehe zu retten. Mit Toni, einem entlassenen Geschäftsmann, der unter der Fuchtel seiner Ehefrau leidet, hat Sophie in der Klinik eine Affäre gehabt. Das Stück endet ambivalent. Während Amelie und Lukas auf eine Katastrophe zusteuern, bahnt sich für Sophie und Toni ein neues Liebesglück an.

Eine komische Seite erhält das Stück durch den Auftritt Amors, der aus einem Gemälde Caravaggios heraussteigt, das in einer billigen Reproduktion an der Wand des Hotelzimmers hängt, um Toni amouröse Ratschläge zu erteilen.

Auch in **„Schönheit"** (UA 2016) geht es um eine Person, die der übermächtige Wunsch, begehrt zu werden, ins Unglück stürzt. Das Stück basiert auf einem historischen Stoff, um den sich zahlreiche Legenden ranken: auf der Geschichte von der mächtigen ungarischen ‚Blutgräfin' Erzsébet Báthory, die im Jahr 1611 verhaftet und des Mordes an zahlreichen jungen Frauen angeklagt wurde.

Die seit 18 Jahren verwitwete Gräfin verliebt sich in den jungen Schauspieler Akos, der ihre Liebe erwidert – sehr zum Leidwesen ihrer Umgebung. Erst wird Akos von dem Ratsherrn Horvat Drugeth unter Druck gesetzt, der von dessen Schulden weiß und eine „angemessene Stellung" im Dienst der Gräfin wünscht. Dann wird er, als er verreist, gegenüber der Gräfin von deren Zofe Aranka bezichtigt, Frau und Kinder zu haben und sich über ihr Alter lustig zu machen. Als es zu einer Auseinandersetzung zwischen der Gräfin und ihren Bediensteten kommt, verunglückt die Zofe Csilla tödlich. Erzsébet, die vermeint, dass deren Blut sie verjüngt, fordert Horvat auf, ihr das Blut anderer Jungfrauen zu verschaffen. Der Ratsherr erkennt seine Chance und verlangt, dass sie ihn heiratet. Doch Erzsébet weigert sich. Immer noch hofft sie, Akos zurückzugewinnen. Bevor sie zur Anklage abgeholt wird, trifft sie noch einmal mit Akos zusammen, der ihr entdeckt, warum er auf Reisen war: um eine Gefängnisstrafe abzusitzen, zu der er wegen seiner Schulden verurteilt worden war.

Wenn Erzsébet am Ende scheitert, dann nicht deshalb, weil sie zur Mörderin geworden ist, sondern weil eine Intrige sie zu Fall bringt. Aus dem Epilog erfährt der Zuschauer, dass das Blut, das Horvat ihr verschafft hat, nicht von getöteten Jungfrauen, sondern von frisch geschlachteten Tieren stammte. Die Gräfin wird das Opfer einer Verleumdung, die ihr nicht nur den Geliebten, sondern auch die Macht und die Freiheit kostet.

2017 war Haratischwili an zwei Gemeinschaftsprojekten beteiligt. Zum Zyklus „10 Gebote" steuerte sie mit **„Die Nacht aus Papier"** ein spannungsgeladenes Psychodrama zum 6. Gebot bei, zum Zyklus „Ein europäisches Abendmahl" mit „Die Barbaren" einen bösen Monolog, der dem Schlagwort von der Fremdenfeindlichkeit eine neue Bedeutungsnuance abgewinnt: Feindlichkeit von Fremden gegen Fremde. Die Putzfrau Marusja, die vor vielen Jahren aus der Sowjetunion nach Deutschland immigriert ist, wollte immer schon deutscher sein als viele Deutsche. Auf ihr „Gastland" schwört sie sogar dann noch, als ihr Sohn ins Gefängnis kommt, sie ihren Job bei einer „feinen Dame" verliert und in einem Flüchtlingsheim den neuen Asylbewerbern hinterherwischen muss, über die sie ihren Hass freie Bahn lässt. Für den Theaterkritiker der Süddeutschen Zeitung war die kurze Szene, die der Darstellerin – Maria Happel – reichlich Gelegenheit zur Komik bot, der „Höhepunkt" des Abends (Kralicek, 31.1.2017).

Haratischwili hat Stücke für verschiedene Altersgruppen geschrieben. **„Löwenherzen"** (UA 2021) ist ein sozialkritisches Gegenwartsstück für Kinder. Es handelt von den Reisen eines Plüschlöwen aus dem globalen Süden nach Europa und zurück. Das Kuscheltier zirkuliert zwischen den Kindern als Gabe und hat eine wunderbare Eigenschaft: Es bringt Glück und macht seinem Besitzer Mut, sich nicht unterkriegen zulassen und eigene Entscheidungen zu treffen. Das Stück behandelt die Schattenseiten der Globalisierung und spricht eine Vielzahl brennender Zeitprobleme an wie Kinderarbeit, Überkonsum, Menschenhandel, Fluchthilfe, Zwangsheirat und Leihmutterschaft.

[…]

Mit Stück **„Phädra, in Flammen"** (2022, UA 2023) wendet die Autorin sich wieder einem Stoff der antiken Tragödie zu. Der Titel spielt auf eine Redewendung an: „in Flammen" bedeutet im Georgischen „in den Wechseljahren". Das Stück entfaltet eine Bildlichkeit, die bereits Sarah Kane in „Phaedra's Love" (UA 1996) erprobt hat (etwa „für jemanden entflammen", „nach etwas brennen", „verbrennen"). Haratischwili variiert das Motiv der unerlaubten, strafbaren Liebe, wobei diese nicht wie im Mythos Phädras Stiefsohn, sondern die Braut ihres leiblichen Sohnes betrifft. Auch wird das Begehren von der geliebten Person nicht versagt, sondern erfüllt. Und wie in der Überlieferung wird Phädra an dieser zur Verräterin.

Die Königin fühlt sich von Theseus, ihrem Mann, vernachlässigt und verliebt sich in Persea, die Demophon, ihrem Erstgeborenen, versprochen ist. Die Frauen werden beim Liebesspiel entdeckt, Phädra zur Rechenschaft gezogen und Persea eingekerkert. Panopeus, der Hohepriester, verfolgt dabei seine eigenen Interessen. Er hält es für geboten, dass Theseus abtritt, Demophon den Thron übernimmt und Persea in die Verbannung geschickt wird. Phädra aber macht er Hoffnung, dass Persea freikomme und die Krönung wie geplant stattfinden werde, wenn sie öffentlich bekenne, dass die junge Frau sie verhext habe. Doch es kommt anders als es Demophon und Phädra vorgespiegelt wird. Theseus weigert sich abzudanken. Panopeus benutzt Phädras Bekenntnis dazu, um das Volk aufzustacheln, sodass Persea getötet wird. Demophon, von allen betrogen, verzichtet schließlich auf den Thron und verlässt Athen.

Dank Persea erlebt Phädra, was es heißt, sie selbst zu sein. Doch das Verhältnis ist für die Frauen letztlich nicht lebbar. Der Aufbruch ins Neue scheitert am Alten: an dem patriarchalischen Herrschaftssystem, den religiösen Gesetzen und dem Machtstreben der Geistlichkeit. Das Ende ist blutig, nicht nur für Persea, sondern auch für Phädra, die „ein Messer vom Tisch" nimmt und „in Flammen" aufgeht, die „diesmal" aber „leuchtend rot" sind. Die Autorin hat das schreckliche Geschehen allerdings in den Nebentexten konterkariert, die eine ironische Distanz zum Haupttext herstellen und eine Inszenierung der Tragödie als Persiflage nahelegen.

Die Vorliebe Haratischwilis für tragische Konstellationen, die aus gesellschaftlichen Machtverhältnissen resultieren, spiegelt sich auch in den beiden umfangreichen Romanen, die sie 2018 und 2022 veröffentlichte und in denen sie sich ein weiteres Mal mit einem Kapitel aus der jüngeren Geschichte befasst: dem Zerfall der Sowjetunion und seinen politischen und gesellschaftlichen Folgen bis in die unmittelbare Gegenwart. Beide Romane wurden auch auf die Bühne des Hamburger Thalia Theaters gebracht (UA 2019 bzw. 2022).

„**Die Katze und der General**" handelt, angeregt durch Recherchen der 2006 in Moskau ermordeten Menschenrechtsaktivistin und Journalistin Anna Politkowskaja, von einem ungesühnten Gewaltverbrechen, das im Tschetschenienkrieg von russischen Soldaten an der Zivilbevölkerung verübt wurde. Die erzählte Zeit umfasst rund 20 Jahre und endet 2016. Die wichtigsten Schauplätze sind Tschetschenien, Berlin und Moskau. Erzählt wird in Zeitsprüngen, wechselnd zwischen auktorialer, personaler und Ich-Erzählsituation. Das „Ich" bleibt dem deutschen, auf osteuropäische Themen spezialisierten Journalisten Onno Bender – eine Art Alter Ego und Reflexionsfigur der Autorin – vorbehalten, der ein Buch über die männliche Hauptfigur plant, wobei diese ihn aber nur unter der Bedingung unterstützen will, dass er den Ereignissen bis ans Ende folgt.

Der russische Oligarch Alexander Orlow, genannt „der General", der seit einigen Jahren in Berlin lebt, hat in seiner Jugend als einfacher Soldat am Tschetschenienkrieg teilgenommen. Über seine Erlebnisse aber hat er sich stets ausgeschwiegen. Erst als seine über alles geliebte Tochter Ada sich das Leben nimmt, weil sie den Gedanken nicht erträgt, dass er Kriegsverbrechen mitverschuldet haben könnte (woraufhin sie von Onno gebracht wird, dem Orlow deshalb die Schuld am Tod seiner Tochter gibt), stellt er sich seiner Vergangenheit und einer Tat, die sein Leben von Grund auf verändert hat. Orlow hat der Vergewaltigung und Erwürgung der jungen Tschetschenin Nura beigewohnt. Dass er dabei selbst schuldig geworden ist, bleibt dem Leser zunächst verborgen. Der Mann bringt das Verbrechen zur Anzeige, zieht diese aber zurück, als sein Verteidiger ermordet wird und er von einem Offizier, der an der Schändung beteiligt gewesen ist, das Angebot erhält, sein Stellvertreter in der GUSS, der Hauptverwaltung für Sonderbauvorhaben zu werden – eine Position, die Aussicht auf „gutes Geld" bietet. Orlow willigt in das Angebot ein, besteht aber darauf, selbst die Leitung des Betriebs zu übernehmen. In einer Welt, in der man vor die Wahl gestellt werde, entweder zum Mörder zu werden oder sich selbst zu töten, gebe es „kein *Richtig* mehr", rechtfertigt er seinen Entschluss vor sich selbst. Es bleibe nur noch das „Streben nach Macht" um der Macht willen, ohne jede Ambition auf die Verbesserung von Mensch und Welt. Innerhalb kurzer Zeit steigt Orlow zu einem der reichsten Männer Russlands auf.

Als er in Berlin die vor dem Krieg in Georgien nach Deutschland geflohene Schauspielerin Sesili, genannt „die Katze", kennenlernt, die der ermordeten Tschetschenin zum Verwechseln ähnlich sieht, kommt ihm eine Idee. Vermittelt durch Onno gelingt es ihm, die junge Frau für ein Video zu gewinnen, in dem sie die Rolle Nuras spielt. Orlow stellt dieses Video den drei Mittätern zu, hoffend, dass sie mit Schuldgefühlen reagieren, und setzt sie unter Druck, sich zum Jahreswechsel am Tatort des Verbrechens im Kaukasus zu einem „Spiel" einzufinden. Auch Onno und Sesili reisen nach Tschetschenien. Der Showdown beginnt. Was bei den Mittätern misslingt, das Eingeständnis von Schuld, bewirkt die Schauspielerin bei Orlow: Überwältigt von ihrer Ähnlichkeit mit Nura gesteht er ihr, dass er die Tschetschenin selbst erwürgt hat. Die Schlussszene, die Onno und Sesili als teilnehmende Zeugen verfolgen, versammelt die Männer – Orlow eingeschlossen und von ihm erzwungen – beim Russisch Roulette.

Der Roman befasst sich mit der Entstehung eines Kriegsverbrechens und dem Verlust der Menschlichkeit. Er wirft die Fragen auf, wie individuelles Verschulden vergolten werden kann, wenn die gesellschaftliche Ordnung in Chaos versinkt, die staatliche Gerichtsbarkeit versagt und das allgemeine Gerechtigkeitsempfinden schwindet. Die Lösung des Konflikts wird als private Abrechnung inszeniert. Orlow wirft sich – kraft eigener Machtvollkommenheit – zum Richter auf und verübt Selbstjustiz, wohl wissend, dass er schuldig geworden ist und auf die Anklagebank gehört. So überantwortet er sich und seine Mittäter dem Schicksal. Gesühnt werden seine Verbrechen dadurch jedoch nicht. Denn nicht nur Nura hat er auf dem Gewissen – ist es wirklich ihr Blick, der ihn bittet, sie von ihren Qualen zu erlösen oder macht er sich, Sesili, der er davon berichtet, und dem Leser etwas vor? –, sondern etwa auch den Geliebten seiner Ehefrau Sonja, den er von seinen Leuten liquidieren lässt. Der Kreislauf der Gewalt wird fortgesetzt. Es bleibt ungeklärt, wie Gerechtigkeit ohne Gewalt hergestellt werden kann, wenn der Ausnahmezustand zur Regel geworden ist.

Der Eindruck der Literaturkritik war zwiespältig. Wurde der Roman zum einen für die mitreißende Handlung, eindrücklichen Charaktere und an einen Thriller erinnernde Spannungsdramaturgie gelobt, so warf man ihm zum anderen eine konstruierte Fabel (Lutz, 6.9.2018; von Sternburg, 13.9.2018; Mäder, 6.10.2018), unglaubwürdige Figurenpsychologie (Hieber, 1.9.2018; Lutz, 6.9.2018) und klischeehafte Sprache (Lutz, 6.9.1018; Porombka, 17.9.2018) vor. Auch die schonungslose, Dezenz vermissende Darstellung von Gewaltexzessen weckte Widerspruch. Dennoch kam der Roman auf die Shortlist des Deutschen Buchpreises und wurde ein großer Publikumserfolg.

Fast einhellig war dagegen die Zustimmung zum folgenden Roman – **„Das mangelnde Licht"** –, in dem die Autorin ihre Auseinandersetzung mit der blutigen Geschichte der Sowjetunion bzw. Russlands aus der Perspektive Georgiens fortsetzt. Auch mit dem Thema der unverarbeiteten Vergangenheit und ihren traumatischen Auswirkungen auf die Gegenwart beschäftigt sie sich weiter. Der Roman handelt von vier Freundinnen – der rebellischen Dina, der ehrgeizigen Ira, der sinnlichen Nene und der nachdenklichen, auf Ausgleich bedachten Keto –, die in den letzten Dezennien des 20. Jahrhunderts in Tiflis aufwachsen. Die Ereignisse werden episodenhaft, wechselnd zwischen verschiedenen Zeitebenen und in grober Chronologie von der Ich-Erzählerin Keto geschildert. Die erzählte Zeit reicht von 1987 bis 2019.

Auslöser der Erzählungen sind Fotoarbeiten der verstorbenen Dina, die auf einer Ausstellung in Brüssel präsentiert werden, bei der Keto, Ira und Nene sich nach 20 Jahren zum ersten Mal wiedersehen. Der Leser erfährt, wie die Mädchen sich kennenlernen, wie ihre Geschicke sich verstricken und wie sie immer tiefer in den Strudel von Krieg, Korruption und Gewalt gezogen werden, in dem das Land unterzugehen droht. Er erfährt von Iras unerwiderter Liebe zu Nene, von Nenes Zwangsverheiratung und der Ermordung ihres Liebhabers, von dem zerstörerischen Einfluss, den die Familienbande auf das Verhältnis der Freundinnen nehmen, und was ihre Berufswahl motiviert: Dina wird Journalistin und Fotografin, Ira Juristin und Keto Restauratorin. Für Nene aber zählt, dass sie sich (hetero)sexuell ausleben kann.

Zum tragischen Wendepunkt im Roman kommt es als Rati, Ketos Bruder und Dinas Geliebter, wegen angeblichen Rauschgiftbesitzes verhaftet wird. Keto gelingt es, das Lösegeld aufzutreiben, mit dem Rati von den korrupten Behörden aus dem Gefängnis freigekauft werden soll. Auf dem Weg zur Geldübergabe aber werden sie und Dina Zeugen, wie zwei Marodeure einen Mann zu erschießen drohen, der seine Geldschulden nicht begleichen kann. Keto will fliehen (und wird ihren Impuls später bereuen), Dina aber beschließt, das für die Befreiung Ratis vorgesehene Geld für die Auslösung des Mannes zu verwenden. Um erneut Geld für die Rettung Ratis aufzutreiben, geht sie ein Verhältnis mit Zotne, Nenes Bruder, ein, der in sie verliebt ist, mit Rati aber in einem brutalen Kampf um die Macht in der Unterwelt verstrickt ist. Es kommt zu einer komplizierten Doppelbeziehung mit den verfeindeten Männern. Als Rati, der in den Drogenhandel eingestiegen ist, um Zotne das Monopol streitig zu machen, selbst dem Heroin verfällt und stirbt, folgt Dina ihm in den Tod.

„Das mangelnde Licht" kombiniert Züge des modernen Adoleszenz- und Entwicklungsromans und des sozialkritischen Zeitromans. Das Werk schildert die Suche nach einem freien, selbstbestimmten Leben in Zeiten politischer, sozialer und ideologischer Umbrüche, die schmerzhafte Spuren im Leben der Figuren hinterlassen haben, und spielt in den weiblichen Hauptfiguren konträre Reaktionsmuster zwischen Dableiben und Weggehen durch: Nene arrangiert sich mit den repressiven Zuständen im Land, Dina begehrt gegen sie auf, und Ira und Keto entscheiden sich für die Emigration in die USA bzw. nach

Deutschland, wo sie sich eine neue Existenz aufbauen. Dinas Fotografien aber bewahren die Erinnerung an eine nicht aufgearbeitete Vergangenheit, die durch Keto einen narrativen Ausdruck erhält.

Sie könne nicht „vom Leben erzählen", wenn sie sich „nicht zunächst seiner hässlichsten Fratze zugewendet habe" („Das letzte Fest", unveröffentlicht), bekennt Haratischwili in ihrer Rede anlässlich der Lessingtage am Thalia Theater in Hamburg (2021). Das Erzählen aber bildet den Kern ihres literarischen Werkes, sei es im Roman oder im Drama. „Wir haben genug dekonstruiert und auseinandergenommen", schließt sie ihre Dankesrede zur Verleihung des Bertolt-Brecht-Preises (2018), „jetzt sollten wir erzählen und wieder zusammensetzen, was auseinandergefallen ist." Ihre Kritik gilt der Postdramatik und dem „nicht mehr dramatischen Theatertext" (Poschmann), die sich von der Erzählung – der dramatischen Fabel – verabschieden und sich reflexiv auf sich selbst beziehen, aber auch dem epischen Theater Brechts, mit dem sie zwar den Anschluss an die dramatische Fabel teilt, dessen Einwände gegen die „Einfühlung", das „Pathos", den „emotionale(n) Genuss" und die „Heilung durch Geschichten" sie aber zurückweist. Das sind auf tradierte Gestaltungsweisen verweisende Stichwörter, mit denen sie nicht nur ihre poetologische Position als Theater-, sondern auch als Romanautorin verortet.

Der vollständige Beitrag **„Nino Haratischwili"** im Kritischen Lexikon zur deutschsprachigen Gegenwartsliteratur ist einzusehen unter: www.klg-lexikon.de.

Biogramme

Sibylle Berg, geboren am 2.6.1962 in Weimar, stellte sie 1984 einen Ausreiseantrag aus der DDR. Nach ihrer Übersiedlung in den Westen lebte sie zunächst von Gelegenheitsjobs, seit 1997 veröffentlicht sie Prosa, seit 2000 auch Theaterstücke. 2012 erhielt sie die Schweizer Staatsbürgerschaft. Seit 2013 lehrt sie Dramaturgie an der Zürcher Hochschule der Künste. Sibylle Berg lebt in Zürich.

Nora Bossong, geboren am 9.1.1982 in Bremen, studierte Kulturwissenschaft, Philosophie und Komparatistik an der Universität Potsdam, der Humboldt-Universität zu Berlin und der Universität La Sapienza in Rom, außerdem studierte sie 2001–2005 am Deutschen Literaturinstitut in Leipzig. Nach ihrem Romandebüt 2006 wurde sie mit zahlreichen Stipendien und Preisen ausgezeichnet. Sie verfasste Gedichte für den Politikteil der ZEIT, bloggte für das Goethe-Institut und schreibt regelmäßig für die Kolumnen „10 nach 8" (Zeit-Online, ehemals: „10vor8" faz.de) und „Freitext" (Zeit-Online). Nora Bossong lebt in Berlin und Rom.

Karen Duve, geboren am 16.11.1961 in Hamburg, brach nach dem Abitur eine Ausbildung als Steuerinspektoranwärterin ab und ging anschließend verschiedenen Gelegenheitsjobs nach, u.a. war sie Korrektorin; 13 Jahre lang fuhr sie in Hamburg Taxi. Seit 1990 ist sie freie Schriftstellerin, neben ihrem literarischen Werk im engeren Sinne hat sie einen Comic sowie Lexika zu Tieren und Pflanzen aus Mythologie, Literatur, Film usw. veröffentlicht. Im Rahmen ihrer publizistischen Tätigkeit schreibt sie auch Artikel für Zeitschriften und Magazine. Duve lebt seit 2009 auf einem Hof in der Märkischen Schweiz, Brandenburg.

Nino Haratischwili, geboren am 8.6.1983 in Tiflis (Georgien), ging 1995 mit ihrer Mutter, der Vater war 1994 gestorben, nach Deutschland, kehrte aber schon zwei Jahre später wieder nach Tiflis zurück.

Von 1998 bis 2003 leitete sie an ihrer Schule die freie, zweisprachige, deutsch-georgische Laientheatergruppe „Das Fliedertheater". Nach dem Abitur studierte sie Filmregie an der staatlichen Schule für Film und Theater in Tiflis (2000–2003). Danach Übersiedlung nach Deutschland und Studium der Theaterregie an der Theaterakademie Hamburg (Hochschule für Musik und Theater), das sie 2007 mit der Diplominszenierung ihres Stücks „Mein und dein Herz (Medea)" abschloss. Haratischwili verfasste Theaterstücke, Erzählungen und Romane; einen großen Teil ihrer Dramen brachte sie selbst zur Uraufführung. Sie lebt als freie Regisseurin, Schriftstellerin und Übersetzerin aus dem Georgischen in Berlin.

Anna Kim, geboren am 10.9.1977 in Daejeon (Südkorea) als Tochter eines Künstlers und einer Germanistin. Übersiedelung im Alter von zwei Jahren in die Bundesrepublik. Aufgrund der Gastdozenturen ihres Vaters von 1978 bis 1983 wohnten sie zuerst in Braunschweig, dann in Gießen. 1984 Umzug nach Wien. Nach der Matura studierte sie von 1995 bis 2000 Theaterwissenschaft und Philosophie an der Universität Wien. Übernahme von Regieassistenzen und -hospitanzen an verschiedenen Wiener Bühnen. Ihre ersten Prosatexte und Gedichte veröffentlichte Kim ab 1999 in österreichischen Literatur- und Kulturzeitschriften. Parallel zu ihren literarischen Texten schreibt Kim Artikel u. a. zu gesellschaftlichen Phänomenen in Korea und Japan für österreichische Tageszeitungen.

Esther Kinsky, geboren am 12.9.1956 in Engelskirchen, studierte Anglistik und Slawistik in Bonn und Toronto. Sie arbeitet seit 1986 als literarische Übersetzerin aus dem Polnischen, Russischen und Englischen; seit 2007 ist sie vorwiegend als Autorin tätig. Zwei ihrer Romane, „Sommerfrische" und „Banatsko", wurden ins Ungarische übersetzt. Nach langen Jahren in London lebt sie derzeit in Berlin und Battonya (Ungarn), nahe der Grenze zu Rumänien und Serbien.

Brigitte Kronauer, geboren am 29.12.1940 in Essen, war nach dem Studium in Köln und Aachen bis 1971 als Lehrerin in Aachen und Göttingen tätig. Ab 1974 lebte sie als freie Schriftstellerin in Hamburg. Sie war Mitglied der Deutschen Akademie für Sprache und Dichtung in Darmstadt, 2005 erhielt sie den Georg-Büchner-Preis. Brigitte Kronauer starb nach langer schwerer Krankheit am 22.7.2019 in Hamburg.

Gertrud Leutenegger, geboren am 7.12.1948 in Schwyz, wo sie auch aufwuchs; sie lebte mehrere Jahre in der französischen, dann in der italienischen Schweiz. Verschiedenste Tätigkeiten und Reisen. 1976–1979 studierte sie Regie an der Zürcher Schauspielakademie; 1978 war sie Regieassistentin von Jürgen Flimm am Hamburger Schauspielhaus. Längere Aufenthalte in Italien, England und 1987 in Japan. Gertrud Leutenegger lebt in Zürich.

Monika Maron, geboren am 3.6.1941 in Berlin, Wohnsitzwechsel 1951 von West- nach Ost-Berlin; Stieftochter des DDR-Innenministers (1955–1963) Karl Maron; nach dem Abitur arbeitete sie ein Jahr als Fräserin in einem Industriebetrieb, danach studierte sie Theaterwissenschaft und Kunstgeschichte; zwei Jahre war sie Regieassistentin beim Fernsehen, wissenschaftliche Aspirantin an einer Schauspielschule und schließlich mehrere Jahre Reporterin, zunächst bei der Frauenzeitschrift „Für Dich", später bei der „Wochenpost". Ab 1976 freiberufliche Schriftstellerin in Berlin, DDR. Im Juni 1988 verließ Monika Maron, ausgestattet mit einem Dreijahresvisum, die DDR und lebte bis 1992 in Hamburg, danach wieder in Berlin.

Teresa Präauer, geboren am 28.2.1979 in Linz, studierte Malerei am Mozarteum Salzburg sowie Germanistik in Salzburg und Berlin. Sie lebt als Autorin und bildende Künstlerin in Wien. Als bildende Künstlerin war sie an Ausstellungen und Künstlerbüchern beteiligt, sie ist Autorin von Illustrationen und Katalogtexten sowie von Zeitschriftenbeiträgen (u. a. für das Literaturmagazin Freitext von „Zeit online" und „Volltext"). Teresa Präauer lebt in Wien.

Antje Rávik Strubel, geboren am 12.4.1974 in Potsdam, machte zuerst eine Ausbildung zur Buchhändlerin in Berlin-Kreuzberg, bevor sie Literaturwissenschaft, Amerikanistik und Psychologie in Potsdam und New York studierte. 1996 ging sie mit einem Stipendium der Stiftung

Kulturfonds nach New York und arbeitete als Beleuchterin an einem Off-Broadway-Theater. Mit Erscheinen ihres Debüts „Offene Blende" fügte sie ihrem Namen den Zusatz „Rávic" bei, den sie 2021 in „Rávik" änderte. Sie übersetzte u. a. die amerikanische Autorin Joan Didion ins Deutsche, inzwischen übersetzt sie auch aus dem Schwedischen. Antje Rávik Strubel lebt in Potsdam.

> KLG EXTRAKT

auch als eBook

Carola Hilmes (Hg.)
Schriftstellerinnen I
183 Seiten
ISBN 978-3-86916-587-5

»Schriftstellerinnen I« stellt Werke wichtiger, nach 1945 geborener Autorinnen vor; darunter die gesellschaftskritischen, feministisch engagierten Romane und Theatertexte Elfriede Jelineks, die Reiseerzählungen, Porträts und literarischen Adaptionen der Fabuliererin Felicitas Hoppe sowie die experimentellen Gedichte, Essays und Geschichten von Yoko Tawada.

Mit Beiträgen über: Ulrike Draesner, Ulla Hahn, Barbara Honigmann, Felicitas Hoppe, Elfriede Jelinek, Yoko Tawada.

et+k
edition text+kritik · 81673 München
www.etk-muenchen.de

> **KLG EXTRAKT**

(auch als eBook)

Carola Hilmes (Hg.)
Schriftstellerinnen II
192 Seiten
ISBN 978-3-86916-631-5

Die aus Rumänien stammende Nobelpreisträgerin Herta Müller steht für ein politisch engagiertes Schreiben. Mit Emine Sevgi Özdamar kommt eine wichtige Stimme der deutsch-türkischen Literatur zu Wort und mit Judith Hermann eine Autorin des sogenannten ›Literarischen Fräuleinwunders‹. Dea Loher hingegen ist vor allem als Theaterautorin im In- und Ausland bekannt.

Mit Beiträgen über: Esther Dischereit, Nora Gomringer, Kerstin Hensel, Judith Hermann, Dea Loher, Eva Menasse, Terézia Mora, Herta Müller, Emine Sevgi Özdamar, Judith Schalansky, Marlene Streeruwitz.

et+k

edition text+kritik · 81673 München
www.etk-muenchen.de

> **KLG EXTRAKT**

auch als eBook

Carola Hilmes (Hg.)
Schriftstellerinnen III
203 Seiten
ISBN 978-3-96707-076-7

KLG Extrakt setzt die Werkporträts mit Schriftstellerinnen wie Gila Lustiger, Monika Rinck und Alissa Walser fort, die ganz unterschiedliche Bereiche und literarische Genres abdecken.

Mit Jenny Erpenbeck, Kathrin Röggla und Juli Zeh kommen jüngere Autorinnen zu Wort, die sich in aktuelle politische Debatten einmischen.

Mit Beiträgen über: Jenny Erpenbeck, Lilian Faschinger, Angela Krauß, Sibylle Lewitscharoff, Gila Lustiger, Libuše Moníková, Monika Rinck, Kathrin Röggla, Ruth Schweikert, Alissa Walser, Juli Zeh.

et+k

edition text+kritik · 81673 München
www.etk-muenchen.de

> **KLG EXTRAKT**

auch als eBook

Carola Hilmes (Hg.)
Schriftstellerinnen IV
210 Seiten
ISBN 978-3-96707-663-9

»Schriftstellerinnen IV« setzt die Werkportäts bedeutender deutschsprachiger Autorinnen fort.

Mehrsprachigkeit und Migration ist diesmal ein zentrales Thema, das in ganz unterschiedlicher Weise eine Rolle spielt in den Werken von Ilma Rakusa, Ann Cotten und Olga Grjasnowa. Zum Bereich *nature writing* werden Julia Schoch und Silke Scheuermann vorgestellt. Vertreten sind auch realistische Erzählerinnen wie Ursula Krechel – und mit Sibylle Berg eine auch für das Theater wichtige Autorin.

et+k
edition text+kritik · 81673 München
www.etk-muenchen.de